www.ingramcontent.com/pod-product-compliance
Lightning Source LLC
Chambersburg PA
CBHW052000280526
45793CB00005B/791
9781537062976

الفكر السياسى المسيحى

تأليف
مايكل نبيل أخنوخ

أسم الكتاب : الفكر السياسى المسيحى
Christian Political Thought
المؤلف : مايكل نبيل أخنوخ
بريد الكترونى : michaelnabil24@gmail.com
https://www.facebook.com/michaelnabilakhnokh
المقاس : 25*17
عدد الصفحات : ١٣١ صفحة
الناشر :
اسم المطبعة :
رقم الإيداع :
ISBN-13: 978-1537062976
ISBN-10: 1537062972

مقدمة

السياسة في العصر الحاضر :-

أصبحت السياسة تعرف بأنها تسيير شئون الشعب ، وأصبح لها فى هذا المجال آفاق واسعة منها إذا كان الشعب يشكّل دولة بالمعنى الدستورى فإن تدبير شئونها يعنى أولاً إيجاد السلطة التي تقوم بذلك ، وفى هذا المجال فإنّ جميع دول العالم اليوم تحدد في دساتيرها آلية انبثاق السلطة وتقسّمها إلى سلطات ثلاث لتمنع الاستبداد الذى يظهر عند تجميع السلطات في يد واحدة ، كما أن أغلب الدساتير فى عصرنا هذا تجعل السلطة مؤسسة جماعية بعد أن كانت سلطة فردية ، وهذا يحتاج إلى تنظيم يضمن فعالية الدولة في القيام بواجبات السلطة ، وانطلاقا من حقّ كلّ مواطن فى أن يكون له رأيه فى تدبير شئون الدولة التى ينتمى إليها ظهرت الأحزاب السياسية التى تحدد نظرتها إلى السلطات وإلى ممارسة واجباتها في تدبير شئون الناس ، وتسعى للحصول على تأييد الجماهير لها للوصول إلى السلطة ، وحتى تستطيع هذه الأحزاب أن تنجح في مهمتها كان لابدّ من سن قوانين تنظم وجودها وحماية حريتها وتمكينها من التعبير عن أهدافها ومطالبها من خلال وسائل الإعلام الحديثة ، لذلك يمكن القول أن السياسة في هذا العصر لا بدّ أن تتناول كلّ هذه المسائل فهى أساس الحياة السياسية اليوم ، أما إذا كان الشعب يتألّف من شرائح دينية مختلفة كالمسيحيين المصريين مثلاً وتعيش كأقلية في بلاد إسلامية فإنّ هذا الواقع يطرح إشكاليات كثيرة فيما يتعلّق بتعامل هذه الشريحة مع المجتمع ومع الدولة ، وتحتاج إلى تأصيل جديد لأنّ ظروف مثل هذا الواقع اليوم اختلفت بشكل كبير عن الظروف التي عاشها المسيحيون في القرون الماضية ، وهذا هو موضوع هذا البحث .

المسيحية هي أسلوب حياة كامل يبدأ برعاية الفرد و تهذيب أخلاقه وتنظيم حياته ، ثمّ يصل إلى رعاية الأسرة منذ نشأتها وتنظيم العلاقات بين الزوجين، وبينهما وبين الأولاد ، كما تحدد طبيعة العلاقة بين الفرد المسيحى و مجتمعه و حاكمه أيضاً ، فالمسيحية تنظم أحوالها السياسية والاقتصادية والاجتماعية وترتب علاقاتها مع الجماعات الإنسانية الأخرى ، فسياسة الفرد هي أسلوب تعامله مع نفسه ومجتمعه وحاكمه ، وسياسة الشعوب هي تنظيم شئونها ، فليس هناك مسيحية سياسية و مسيحية غير سياسية ، بل هناك مسيحية و السياسة جزء منها .

أهمية الدراسة :-

لقد تناول العديد من الباحثين والدارسين العرب والأجانب تراث المسيحية سواء على المستوى الديني أو التاريخي أو الأثري لكن لم يتعرض الكثيرين لفكرهم السياسي ، ولذلك حاولت هذه الدراسة تناول قضية الديانة المسيحية و خصوصاً المسيحية الأرثوذكسية القبطية في اطار علم السياسة في مواجهة السلطة الحاكمة و صراع الطبقات و الاستقطاب والتحزب و سيطرة النخبة السياسية على مقاليد الحكم و العدوان الخارجي و الثورات الداخلية على اعتبارها جزءاً من قضية أعمق وأشمل ألا وهي علاقة الدين والدولة ، خصوصا في ظل تعاظم دور الخطاب الديني السياسي في الوقت الحالي .

منهج الدراسة :-

اعتمدت الدراسة على المنهج التاريخي لتتبع دور الدين المسيحي وأثره في التعبئة السياسية لدى المسيحيين تاريخياً حيث أن المنهج التاريخي هو المنهج الذي يستند إلى الأحداث التاريخية في فهم الحاضر والمستقبل، إذ لا يمكن فهم وإدراك اية حالة سياسية إلا بالعودة إلى جذورها التاريخية وتطورها سواء كانت حالات سلبية أو ايجابية، ومن ثم استنتاج افكار جديدة أو بناء تصورات، وتقديم تعميمات ويمكن استخدامها بشكل صحيح ، كما استعانت الدراسة بمنهج تحليل السلوك السياسي والإدراك لدى المسيحيين الأوائل وكيفية إدارتهم للأزمات السياسية مع حكامهم . و منهج تحليل السلوك السياسي يقوم على الإفادة من نتائج العلوم السلوكية في مجال الأبحاث السياسية معتبرا أن علم السياسة هو علم ديناميكي غير ثابت يركز على التفاعل بين الظواهر السياسية وبيئتها المحيطة ، حيث إنها ظواهر غير جامدة ، كما يركز هذا المنهج على توجهات ودوافع واستجابات الأفراد والجماعات وتأثير كل ذلك على سلوكهم السياسي.

أما بالنسبة للأدوات فقد ركزت الدراسة على أداة تحليل المضمون لحياة السيد المسيح و لبعض الاقتباسات المنتقاة من العظات الدينية و تاريخ الكنيسة ، حيث أن أداة تحليل المضمون يعتمد فيها المحلل مجموعة من الضوابط والقواعد العلمية المنظمة والمحددة، وترمي إلى معرفة أغراض نص ما من حيث شكله ومضمونه، وتحديد مدى اتفاق تلك الأغراض أو تعارضها مع أفق توقع محلل النص. وتعرّف دائرة المعارف الدولية للعلوم الاجتماعية تحليل المضمون على أنه أحد المناهج المستخدمة في دراسة مضمون وسائل الاتصال المكتوبة أو المسموعة بوضع خطة منظمة تبدأ باختيار عينة من النص لتحليلها وتصنيفها كمياً وكيفياً. كما اعتمدت الدراسة على المصدر الرئيسي للفكر الديني و السياسي المسيحي ألا و هو (الكتاب المقدس) إلى جانب الدراسات التاريخية لسيرة القديسين و البطاركة الأرثوذكس ، جدير بالذكر أن هذه الدراسة اعتمدت على أسلوب العينة لا الحصر الشامل للخطاب الكنسي لكافة الطوائف المسيحية .

تقسيم الدراسة :-

تنقسم الدراسة إلى ٤ أبواب رئيسية هي :-

١- نشأة المسيحية و ارتباطها منذ ظهورها بالسياسة .
٢- مقدمة مختصرة لعلم السياسة قديما و في العصر الحديث .
٣- وجود معظم مبادئ الدساتير الديمقراطية في الفكر السياسي المسيحي .
٤- المعاهدات في الكتاب المقدس .

الباب الأول : نشأة المسيحية و علاقتها بالسياسة

إذا أردنا أن نتعرّف إلى فلسطين كما بدت فى زمن السيد المسيح فيحدثنا عن ذلك معلمنا لوقا البشير فى إنجيله قائلاً : (فى السنة الخامسة عشرة من ملك طيباريوس قيصر حين كان بونسيوس بيلاطس (أى: بيلاطس البنطى) والياً على اليهودية وهيرودس تتراخساً (أى رئيس الربع) على الجليل وفيلبّس أخوه تتراخساً على بلاد أيطورية وبلاد تراخونيتس وليسانياس تترارخساً على ابيلينة وحنان وقيافا رئيسى الكهنة كانت كلمة الله على يوحنا بن زكريا فى البريّة)(لو٣: ١-٢) فيشرح لنا مناطق فلسطين: اليهودية، السامرة، الجليل ، ومنها إلى المناطق المجاورة: إيطورية، تراخونيتس وأبيلينة. أنظر الخريطة التالية :-

يحكم هذه المناطق (ملوك صغار) أو (تترارخس) أى يحكم كل واحد منهم ربع مملكة هيرودس الكبير، فيأخذون جزءاً من محاصيل الأرض ويجعلون الناس يعملون في السخرة، وهكذا يستطيعون أن يعيشوا في الرخاء و أن يجعلوا حولهم الخدم والحشم

و يخلدّوا أسماءهم فى أبنية يشيدّونها ، ففى زمن السيد المسيح شيّد هيرودس أنتيباس (تترارخس الجليل) عاصمة جديدة سمّاها طبرية (قرب بحيرة طبرية) تيّمناً بإسم الإمبراطور طيباريوس قيصر، و فى التعداد الذى يخبرنا عنه معلمنا لوقا نلاحظ مقاطعة ناقصة هى (السامرة) وقد كان يحكمها بونسيوس بيلاطس كما يحكم اليهودية وهي جزء من فلسطين (المنطقة الوسطى) و غالباً أغفل القديس لوقا هذا الاسم بسبب الخلافات بين اليهود (أو مقاطعة يهوذا التى كانت عاصمتها أورشليم) والسامريين، فالسامريين اضطهدوا كهراطقة على يد رؤساء الكهنة فى أورشليم منذ مئة سنة ق. م تقريباً، ومنذ ذلك الوقت توترت العلاقات بين اليهود والسامريين فأتهمهم اليهود بأنهم ينجسّون الأرض بحضورهم، و يبرز

النظام السياسى الذى كانت فلسطين تعيش فيه أن الإمبراطور طيباريوس هو السيّد المطلق فى حكم البلاد ، فهو يحكم عبر أشخاص يعيّنهم حيث يتم تسليم السلطة في اليهودية (أو يهوذا) والسامرة الى والٍ روماني عينه الإمبراطور، وقد تسلمّها فى سائر المناطق أبناء هيرودس الكبير الذى حكمٍ فلسطين فى الفترة (٣٧- ٦ ق. م) ثم غار الإمبراطور على سلطته فإنتزع منهم لقب الملك وأحلّ محلّه لقب تترارخس، ولم يتورّع أيضاً عن سلبهم سلطتهم ، و قد كانت اليهودية هي أفضل مثال على ذلك.

تعب أغسطس من تشكي وجهاء اليهود الذين أكثروا من البعثات إلى روما وهم يتهمّون أرخيلاوس بالتسلط والإستبداد، فعزل هذا الذى كان أبن هيرودس الكبير وأحلَّ محلّه والياً إمبراطورياً، وكان ذلك في السنة السادسة بعد المسيح، هذا التبديل فى النظام تمّ بتحريض من الوجهاء اليهود و الكهنة والشيوخ، فقد كان هيرودس الكبير قد وضع يده على سلطتهم وتوّج ملكاً، وحين عملوا على عزْل أرخيلاوس أحسّوا أنهم صاروا الرؤساء السياسيين في اليهوديّة ومحاورى روما الوحيدين، لم يكن أحد حينذاك يجروء على مجرد الشكّ فى أن روما هى التى تدير شئون البلاد ولكنها كانت أيضاً تحتاج إلى رضى رئيس الكهنة والشيوخ ليستمر حكمها فى سلام، لهذا كانت روما تساندهم من جهة وتراقب سلطتهم من جهة أخرى .

فمن الجهة الدينية يبقى رئيس الكهنة فى وظيفته طوال حياته وكانت سلطته وراثية لذا تخوّف الرومان من قوة هذه السلطة فعزلوا حنان رئيس الكهنة سنة ١٥م، وإذ أرادوا ان يظلّوا على وفاق مع الأرستقراطية اليهودية عينّوا صهره قيافا رئيس كهنة ، إذن كانت فلسطين خاضعة لسلطات عديدة تجتمع خيوطها كلها فى يد الإمبراطور فإن خسروا رضاه كان عقابهم العزل أو المنفى و هذا ما حدث لبونسيوس بيلاطس وهيرودس أنتيباس فذهبا إلى المنفى، من أجل هذا كان أصحاب السلطة يبحثون عن الغنى السريع، وكانوا قساة مع سكان يجب أن يقمعوا فيهم كل حركة تمرّد.

أما من الجهة الأقتصادية تبقى الزراعة والتجارة النشاطين المهمين اللذين يعتمد عليهما العالم القديم، فقد كانت فلسطين تنتج القمح والشعير كما اشتهرت بخمرها وزيتها، إلا أن هذا الغنى كانت تخنقه الضرائب التى يجمعها الرومان حيث يؤخذ الربع من الغلال من قبل الأرستقراطية اليهودية والوثنية ثم يتم إرساله إلى باقى مدن الإمبراطورية و طبعاً لن تنسى حصّتها، كما جعل الكهنة الذين يحكمون البلاد من أورشليم المدينة المقدّسة موضعاً تتوجّه اليه الأموال المرتبطة بالضرائب كما بالتقدميات الطوعية ، فعلى المزارع أن ينتزع كل سنة من غلّته العشر (أى عشر محصول الأرض) وبواكير كل محصول، فإذا زدنا على هذا ما تطلبه روما تصبح الحالة فى وضع لا يُطاق، لذا حاول الفلاّحون أن يتهرّبوا من واجباتهم الدينيّة مما أثار خوف عظماء الكهنة من الخسارة و قد دفعهم هذا الخوف إلى استخدام القوة فأرسلوا رجالهم يحملون غلّة أخفاها الفلاّحون داخل بيوتهم، كما كانت هناك ضريبة أخرى تُفرض على كل يهودى هي ضريبة الدرهمين[١]، ثم نجد الصناع وأصحاب الحرف وهم يتوزّعون في القرى مثل يسوع النجّار في الناصرة ، ولكن كان نتاج هذه الصناعات لا يصدَّر إلى خارج القرى لذا لم يكن يُؤمّن الربح الوفير، ولا ننسى أن مراسم الحج التي

---

[١] كان على كل يهودى ذكر أن يدفعها حين يصبح إبن عشرين سنة، وكان يدفعها كل سنة، كانت هذه الضريبة تُجمع في العالم كله وتوجّه إلى أورشليم بحماية الجيش الرومانى، و يخبرنا الإنجيل بأن السيد المسيح نفسه دفعها مع بطرس (مت ١٧: ٢٤- ٢٧).

تفرضها شريعة اليهود فى أعياد الفصح والعنصرة والمظال تجلب المال من يهود العالم كله لفائدة الأرستقراطية الكهنوتية التى تهيمن على التجارة في الهيكل، كما تمكن اليهود من ممارسة التجارة فقد كانت الجليل بمثابة ملتقى الطرق التجارية ، فمنذ أقدم العهود مرت القوافل من سوريا إلى مصر بما سمّى (طريق البحر) وقد أستعمل الرومان هذه الطرق وحسّنوها، و في هذه المنطقة الغنية زاد الشرخ بين الأغنياء والفقراء ، و فى هذه المنطقة تربى السيد المسيح له المجد **(فى تلك الأيّام جاء يسوع من الناصرة فى الجليل وتعمّد على يد يوحنا فى نهر الأردن)(مر ١ :٩) (وبعد اعتقال يوحنا جاء يسوع إلى الجليل) (مر ١ :١٤)**.

النخبة السياسية فى عصر السيد المسيح

النخبة السياسية : أقوى مجموعة من الناس في المجتمع، التي لها مكانتها المتميزة وذات اعتبار. و هى فئة اجتماعية تعتبر الأفضل من غيرها بسبب القوة أو الفن أو التدين أو الثروة التي تملكها .

تشكلت طبقات اجتماعية كونت النخبة السياسية فى عصر السيد المسيح اهمها :

الفريسيون : هم طائفة من المُعلمين للشريعة ومن المُحافظين على القوانين والنواميس بحسب حرفية التوراة والناموس الموسوي، لاسيّما في ما يتعلق بيوم السبت والطهارة الطقسيّة ودفع العشور ومُمارسة الشريعة ممارسةً دقيقة.

سماهم خصومهم بالفريسيّين بمعنى المنعزلين، وفي الآرامية (بريشى). أما أسمهم الحقيقي فهو الأحبار(حباريم ـ رفاق)، إذ كانوا هكذا يُسمّون أنفسهم.

وكان للفريسيين تأثير كبير على المجتمع اليهودي لأنهم كانوا القوة الدينية الحقيقية التي تدير الشعب روحيّا. ولم يكن هدفهم سياسيّا بل روحيّاً محضا. و تعود جذور الفريسية العميقة الى أيام عزريا ونحميا مع إعادة بناء الهيكل وأسوار أورشليم . وقد حظي الفريسيون بالتأييد الشعبي في عهد يوحنا هركانوس الأول (١٣٤-١٠٤ق. م)، ولكن ظل وضعهم السياسي غير مستقر إلى أن بدأ حكم ألكسندر سالومي، فحصلوا على مركز السيادة في السنهدريم [2]...

ويبدو أنهم تأسسوا بصورة رسمية في أيام المكابيين في القرن الثاني قبل الميلاد . وقال فيهم يسوع:**(وقال لهم: حسنًا تنبأ إشعياء عنكم أنتم المرائين كما هو مكتوب: هذا الشعب يكرمني بشفتيه، وأما قلبه فمبتعد عني بعيدًا. وباطلًا يعبدونني وهم يعلمون تعاليم هي وصايا الناس. لأنكم تركتم وصية الله وتتمسكون بتقليد الناس: غسل الأباريق والكؤوس وأمورًا أخر كثيرة مثل هذه تفعلون. ثم قال لهم: حسنًا رفضتم وصية الله لتحفظوا تقليدكم)(مر ٧: ٦-٩)**. و حذر منهم يسوع مراراً وتكراراً قائلا لهم:

(و لكن ويل لكم ايها الفريسيون لأنكم تعشرون النعنع و السذاب و كل بقل و تتجاوزون عن الحق و محبة الله كان ينبغي ان تعملوا هذه و لا تتركوا تلك . ويل لكم ايها الفريسيون لأنكم تحبون المجلس الاول في المجامع و التحيات في الاسواق)(لو ١١: ٤٢-٤٣)

---

[2] هو مجلس اليهود الكبير ، وقد أطلق المؤرخون هذا الاسم على هذا المجلس باعتباره المحكمة العليا للأمة اليهودية.وكان السنهدريم يمثل الشعب أمام الرومان، ويتكون من واحد وسبعين عضوًا، سبعين منهم مثل عدد الشيوخ الذين عاونوا موسى، والحادي والسبعون هو رئيس الكهنة.وقد قبض مجلس السنهدريم على المسيح وحاكمه (مرقس ١٤: ٤٣ ومتى ٢٦: ٥٩).وقد توقف عمل السنهدريم بعد عام ٧٠ م. وذلك بعد خراب أورشليم.

ومع كل الجدال والمواقف الحادة بينه وبينهم إلا أنه لم يمتنع دخول بيوتهم، حيث دعاه فريسي للطعام في بيته فدخل وجلس معه للطعام (لوقا ١١ : ٣٧). ودعا أيضا نفسه الى بيت أحد رؤساء الفريسيين **(و اذ جاء الى بيت احد رؤساء الفريسيين في السبت ليأكل خبزا كانوا يراقبونه) (لو ١٤ : ١)** . وصادق بعضا منهم وأعجبوا بشخصيته ودافعوا عنه مثل نيقاديموس ويوسف الرامي كما في **(ثم أن يوسف الذي من الرامة وهو تلميذ يسوع ولكن خفية لسبب الخوف من اليهود سأل بيلاطس أن يأخذ جسد يسوع فأذن بيلاطس فجاء واخذ جسد يسوع . وجاء أيضًا نيقوديموس الذي آتى أولًا إلى يسوع ليلًا وهو حامل مزيج مر وعود نحو مئة منًا.) (يو ١٩ : ٣٧-٣٩)** .

وخرج الفريسيون عن مألوفهم، وتحولت اليهودية من ديانة متحوصلة إلى ديانة كارزة، لها إرساليات تعمل، الأمر الذي أشار إليه السيد المسيح بقوله للكتبة والفريسيين **(تطوفون البحر والبر لتكسبوا دخيلًا واحدًا) (مت٢٣: ١٥)** وعلي الرغم من هذه الجهود، فقد كان عدد المتهودين ضئيلًا. وفضل الوثنيون - ممن أعجبوا بأدبيات اليهود- أن يظلوا على الهامش (كخائف الله) لأنهم لم يكونوا مستعدين للخضوع لقيود الناموس الطقسي الشديدة... وكان هؤلاء يحضرون المجامع اليهودية كموعوظين... ولعل مما ساعد على حركة الانضمام، هذه الترجمة السبعينية للعهد القديم من العبرية على اليونانية التي تمت في عهد وبرغبة بطليموس الثاني ملك مصر (٢٨٥ – ٢٤٦ق. م) لمنفعة شعبه من اليهود الذين كانوا يجهلون العبرية.

وبينما كانت قوة الصدوقيين في السنهدرين والعائلات الثرية فضلاً عن السلطات الرومانية، كانت قوة الفرسيين من الشعب، كذلك فقد كان أغلب الكتبة وهم علماء الكتاب المقدس ينتمون إليهم.

الصادوقيون (الطبقة الأرستقراطية) : طائفة من اليهود الكهنة التي نشأت قبل الهدم الثاني لهيكل سُليمان بقرنيين (كان التدمير الأخير للهيكل سنة ٧٠ ق.م). وكان معظم الصادوقيون من عائلات ارستقراطية وتجارية، يتعاملون مع الرومان بوّد واحترام من دون أن يحاولوا مُحاربتهم وإخراجهم من البلد. وكان الصادوقيون ينتمون إجمالا إلى الكهنة، ولا يرتبط أسمهم بكلمة صاديق بل بكلمة صادوق الذي جعله سليمان على رأس كهنة أورشليم، فأمّنوا خدمة الهيكل منذ ذلك الحين الى وقت الجلاء. وعرفوا باختلاف عقائدهم وتفسيراتهم الخاصة للتوراة واختلافهم مع الفريسيين ولاسيما في نكرانهم لوجود الملائكة والأرواح وقيامة الأموات و ايمانهم بالجبرية فقالوا بحرية الإرادة وإنا قادرون على أعمالنا وأننا سبب الخير وإننا نتقبل الشر من اجل حماقة أفعالنا وأن لا دخل الله في صنعنا الخير أو إعراضنا عن الشر . حصر الصدوقيين تعاليمهم في نص الكتاب قائلين أن حرف الناموس المكتوب وحده ملزم. وفي زمن أنطيوخوس أبيفانيس (١٧٥-١٦٣ ق. اسم يوناني معناه) كان عدد كبير من الكهنة محبًا للثقافة اليونانية (٢ مكابيين ٤: ١٤-١٦) وكان رؤساء الكهنة ياسون ومينيلاوس والقيموس الداعين إلى الهيلينية[3] فوق الشعب إلى جانب المكابيين للذود عن نقاوة الدين

[3] الحضارة الهلينية (وهي مستمدة من كلمة هِلين وهي الاسم العرقي الذي يطلقه اليونانيون على أنفسهم) بجدهم الأسطوري هيلين Hellen وببلادهم التي عرفت باسم بلاد هيلاس Hellas أو الهيلاد Hellad، إضافة إلى تسمية حضارة دولة المدينة City-State (Polis) لارتباط هذه الحضارة سياسياً وحضارياً بعدد من المدن التي كانت كل واحدة منها مع ريفها تعدّ دولة بكل معاني الكلمة، وكذلك حضارة العصر

اليهودي .وبانتصار هذا الفريق وتأمين المكابيين ورئاسة الكهنوت انسحبت خلفاء صادوق وأنصارهم وزجوا أنفسهم في السياسة فكانوا يصرّون على إهمالهم لعادت الشيوخ وتقاليدهم والتقرب إلى الثقافة والنفوذ اليونانيين. أما يوحنا هرقانوس وارستوبولس واسكندريناوس (١٣٥-٧٨ ق.م.) فقد أبدوا ميلًا للصدوقيين فكانت القيادة السياسية إلى حد كبير في أيديهم في زمن الرومان والهيرودوسين وكان رؤساء الكهنة انذاك منهم. فقد كانوا يتبنون موقفا علمانيا مُتحرّراً تجاه ممارسة الفريسييّن الدينية المُتشددة.

وإن الصدوقيين الذين جاؤوا إلى يوحنا المعمدان في البرية خاطبهم كما خاطب الفريسيين قائلًا: إنهم أولاد الأفاعي (مت ٣: ٧). وانضموا إلى الفريسيين ليسألوا من الرب آية من السماء (مت ١٦: ١-٤).

وحذر الرب تلاميذه من الفريقين وقد حاول الصدوقيين أن يوقعوه بشباكهم بطرحهم عليه سؤلًا محرجًا عن القيامة ولكنه رد وأسكتهم (مت ٢٢: ٢٣-٣٣). ووافق الصدوقين والفريسيون على الشكوى عليه والحكم بصلبه وكان حنانيا وقيافا صدوقيين. واتفقوا فيما بعد مع الكهنة وقائد الهيكل على اضطهاد بطرس ويوحنا (اع ٤: ١-٢٢) وكان الفريسيون في المجمع الذي حاكم بولس فأوقع الرسول بحكمته الشقاق فيما بينهم بشأن القيامة (اع ٢٣: ٦-١٠).

و مصدر دخلهم النذور التي يقدمها اليهود ،وعلى بواكير المحاصيل ،وعلى نصف الشيقل الذي كان على كل يهودي أن يرسله إلى الهيكل ،الأمر الذي يدعم الثيوقراطية الدينية التي تتمثل في الطبقة الحاكمة والجيش والكهنة ،وكانوا يحصلون على ضرائب الهيكل ،وضرائب عينية وهدايا من الجماهير اليهودية وقد حولهم ذلك إلى ارستقراطية وراثية تؤلف كتلة قوية داخل السنهدرين.

الكتبة (طبقة العلماء) : هم نساخ الشريعة ومفسروها، وهم خبراء الناموس، ويشار لهم أحيانًا بالناموسيين (مت٢٢:٣٥) وكانوا مكرسين لتنفيذ الوصايا الناموسية، لذلك كان هناك ارتباط قوي بينهم وبين الفريسيين. وكان من ينال رتبة عالية من الكتبة يسمى ربي مثل غمالائيل (أع٥:٣٤) ونيقوديموس (يو٣:١). قيل عنهم أنهم يجلسون على كرسي موسى كمفسرين للناموس. وكانوا مشيري الشعب في الأمور الدينية، وكان منهم أعضاء في السنهدريم، وكان لهم نفوذ قوي، وقد وبخهم السيد المسيح مرات كثيرة بسبب ريائهم (مت٢٣:٥-٧). وعليهم تقع مسئولية صلب المسيح واضطهاد الكنيسة الأولى. وبعضهم آمن (مت٨:١٩) و يرتقي عملهم الى زمن العودة من الجلاء البابلي وعرفوا بكونهم طبقة من مفسري الشريعة، من الكهنة واللاويين، مع وجود طبقة من أفراد الشعب الذين اختصوا بدراسة الشريعة وتفسيرها بينهم أيضا.

مصدر دخلهم بيع نسخ الأسفار المقدسة و تعليم الشعب فى مدارس .

الهيرودسيين (حزب السلطة الحاكمة): ليسوا طائفة دينية، بل هم في ولاء شديد لهيرودس وهذا منحهم نفوذا واسعًا، كانوا يقنعون الشعب بموالاة هيرودس والرومان ودفع الجزية لقيصر. كرههم اليهود لذلك، ولكنهم اتحدوا مع الفريسيين ضد المسيح (مر٣:٦+ ١٢:١٣). وكان من بين هذه الفئة صدوقيون وفريسيون.

الكلاسيكي Classical (وتعني أصوليّاً أوقديماً) وهي تسمية أطلقها المؤرخون الأوربيون والغربيون عموماً على هذه الحضارة؛ إذ عدّوا أنفسهم ورثة هذه الحضارة التي تميزت بإنجازاتها التاريخية الرائعة.

الأسينيون أو الأسينيين (المتدينين الرافضون للسلطة) : طائفة دينية يهودية، يجمعون النظام الرهباني مع ميول نسكية لأول مرة في التاريخ اليهودي. وعُرفت هذه الطائفة حديثا بعد اكتشافات كهوف قمران سنة ١٩٤٥ ميلادية في منطقة بحر الميت (أريحا) في الصحراء الاردنية. وكان الأسينيون يعيشون في مُجمّعات صغيرة، يُفضلون البتولية ويتقاسمون كل شيء مع بعضهم البعض في نظام اشتراكي رهباني في حوالي سنة ١٠٠ ق. م. وكانوا يمتنعون المشاركة في الحروب والأعمال التجارية، ويعملون من أجل قوتهم البسيط في الزراعة والأعمال اليدوية. ويستعملون الاغتسال ويحترمون السبت احتراما شديدا، ولم يكونوا يؤمنون بالذبائح الحيوانية. وكانت هذه الجماعة تكون إحدى المدارس الثلاث الرئيسية للفكر اليهودي في زمن المسيح (مع الفريسيين والصدوقيين).

يدور حول الاسم جدل كثير، فيري البعض أن الاسم مأخوذ عن الكلمة الآرامية " هاسياس " أي " الأتقياء " بينما يرى البعض الآخر أنه مشتق من الكلمة اليونانية " أجيوس " بمعنى قدوس " أو " مقدس " أو " أجوس " بمعنى " معادل " أو كلمات عبرية مختلفة بمعنى الأتقياء كما سبق أو بمعنى " يعمل" (أي أنهم منفذون للناموس) أو " شريف " أو " قوى " أو " الآسي" (أي الطبيب المعالج) أو غير ذلك. وهذا التخبط في معرفة أصل الاسم، له ما يبرره حيث أن الأسينيين Essenes أنفسهم لم يستخدموا هذا الاسم وصفا لهم. ومازال الاسم غامضا.

لم يتم ذكرهم فى الأنجيل لكن مصادر المعلومات عنهم من خلال وصف يوسيفوس المؤرخ اليهودى لهم بالأسينيين بأنهم الفريق الثالث من الفلاسفة أو مدارس الفكر الديني لليهودية المعاصرة له. وعلاوة على وصف يوسيفوس، هناك روايات أخرى عن عقائد الأسينيين وعاداتهم في كتابات معاصرة اليهودي فيلو الإسكندري، وكذلك في كتابات الكاتب الروماني بلينى الكبير، ثم بعد ذلك في أقوال هيبوليتس المبنية على مؤلفات يوسيفوس وأن كان قد استقى البعض منها مصادر أخرى[٤]

كتب يوسيفوس في سيرته الذاتية، أنه كجزء من دراسته للثقافة اليهودية – انضم إلى جماعة من البرية يتزعمها رجل اسمه بانوس، مكث معه ثلاث سنوات قبل أن يعود إلى أورشليم وينضم إلى الفريسيين و هذا الفريق الثالث من الفلاسفة كان يعتنق نظاما أضيق من الفريسيين والصدوقيين، كما كان لهم مشاعر أقوى من نحو رفقائهم. وقد رفضوا المسرات الدنيوية باعتبارها شرًا، كما اعتبروا كبح جماح النفس وضبط الانفعالات من الفضائل ورفضوا الزواج مفضلين تربية أبناء الآخرين ليشكلوهم حسب أنماط حياتهم. وبينما لم ينكروا على الآخرين الزواج، فإنهم اعتبروا أن موقفهم من الزواج هو الموقف الشرعي الوحيد أمام انحلال النساء وعدم أمانتهن بوجه عام.

---

[٤] يوسيفوس: مع أن المعروف عن هذا الكاتب الذي عاش في حوالي ٣٧ – ٩٨ م أنه كان يهدف أحيانا إلى تحوير الحقائق التاريخية لخدمة أغراضه الدفاعية وغيرها، إلا أن وصفه للأسينيين يحمل في طياته الدليل على أنه وصف صادق من شاهد عيان. وأول ما جاء عنهم في كتاباته (الحرب – الجزء الثاني – الفصل الثامن) هو ما ذكره في مؤلفه الذي كتبه عقب سقوط أورشليم (٧٠م) كما توجد إشارات كثيرة إلى الأسينيين في أجزاء مختلفة من مؤلفاته الأخرى، بالإضافة إلى ما جاء عنهم في كتابه " تاريخ اليهود " الذي كتبه في حوالي ٦٠ م.

ويستمر يوسيفوس في وصف حياة الشركة عند الأسينيين التى قامت على أساس أن امتلاك الثروة أمر مكروه، وكانوا يطلبون ممن ينضمون إليهم أن يأتوا بكل ما يمتلكون ليصبح جزءا من ممتلكات الجماعة كلها، حتى تختفي مظاهر الفقر أو الغنى بين الجماعة. وكان يقوم على تدبير شئونهم وكلاء يعينون لهذا الغرض بهدف خير الجماعة كلها. وواضح أن الأسينيين لم يكونوا مجتمعا منفصلا، بل كانوا يفضلون الاندماج في المجتمع بكل مستوياته، فكانوا يوجدون في كل مدينة كبيرة، وكانوا يلقون قبولا حسنا عند جموع الشعب اليهودي.

وكان لتقوى الأسينيين أثر قوى في يوسيفوس، فيتحدث عن عاداتهم في العبادة والخدمة. وكانوا يبدءون يومهم قبل الفجر بالصلاة، ثم يتفرقون ليقوم كل عضو منهم بمختلف الأعمال الدنيوية المؤهل لها، وكانوا مشهورين بأمانتهم ودقتهم وضميرهم الحي في القيام بواجباتهم. وفى منتصف النهار يستحمون بالماء البارد ثم يجتمعون في قاعة الطعام ليتناولوا جميعا طعاما بسيطا بعد الصلاة، ثم يستأنفون أعمالهم. وفي المساء يكررون ما فعلوه في الظهيرة من الاستحمام وتناول الطعام.

ومما يدل على دقة نظام الجماعة، عدم وجود صراع أو شغب. وكان الشيء الوحيد المتروك للحرية الفردية هو تقديم المعونة للمحتاجين والقيام بأعمال الرحمة. ومع أنه لم يكن مسموحا بأن تغلب الرحمة مكان العدالة، فقد كان الأسينيون مشهورين بالأمانة والاستقامة والإنسانية، وقلما كانت الظروف تستدعى إجراءات العدالة الصارمة، مع كل هذه المميزات التي اشتهروا بها. وكان الانضمام لهذه الجماعة يستلزم أن يقضي المبتدئ سنة تحت الاختبار، يلزم أن تظهر خلالها كل السجايا التي تهدف إليها الجماعة، وعندما يثبت أنه تتوفر فيه المؤهلات اللازمة، يقبل بعدها رسميا في جماعة الأسنيين، وعند ذلك يجب أن يتعهد بقسم أن يكون أمينا وتقيا نحو الله، وعادلا نحو الناس، وبعد ذلك يسمح له بالاشتراك في طعام الجماعة كعضو معترف به تماما في الجماعة.

وتتضح صرامة النظام عند الأسينيين، في العقوبات الموضوعة للتعديات الكبيرة، فكان المذنبون يعزلون من بين الجماعة، لأنهم كانوا مقيدين بعهود موثقة بأقسام، بعدم تناول الأطعمة العادية، فإنهم كانوا يتضورون جوعا قبل أن يستعيدوا أماكنهم بين الجماعة، وكثيرا ما كان يتم هذا بدافع الشفقة لا غير. وكانت حياتهم المشتركة تسير تحت أشراف عدد من الشيوخ الذين كانوا يفرضون الوقار الدقيق في الاجتماعات العامة.

وقدر عدد الأسينيين في فلسطين بما يزيد على ٤.٠٠٠ كما فعل يوسيفوس بعد ذلك، و يمكن إيراد ملاحظات كاتب مسيحي هو هيبوليتس (١٧٠ – ٢٣٠ م) كإضافة هامة يصف يوسيفوس الأسينيين، ففى مؤلفه " تفنيد كل الهرطقات " علق على المحبة المشتركة التي يتميز بها الأسينيون، وقد ذكر هيبوليتس، في ملحوظاته عن الذين استنكروا الزواج، أنهم لا يسمحون – بأى حال من الأحوال – بدخول المرأة في زمرتهم، حتى عندما تتقدم لتصير راهبة وتبدى كل الدلائل على عزمها على الاندماج في الحياة الجماعية على نفس الأسس الملزمة للرجال. ولكنهم كانوا يتبنون أولادا صغارا ويربونهم على المبادئ الأثينية، ولكنهم لم يكونوا يمنعونهم من الزواج متى أرادوا ذلك فيما بعد.

أما المبادئ التي كانت تحكم الشئون المالية فواضحة في ملحوظات هيبوليتس، فبينما كان الأسينيون يحتقرون الثراء، إلا أنهم لم يعترضوا إطلاقا على اقتسام ممتلكاتهم مع المحرومين الذين كانوا يقصدونهم التماسا للعون. فعند الانضمام لجماعتهم، كان يطلب من الراهب

المبتدئ أن يبيع كل ما يملك، وأن يقدم الثمن لرئيس الجماعة الذي كان مسئولا عن توزيعه حسب حاجة كل فرد ولاحظ هيبوليتس امتناع الجماعة عن استخدام الزيت على أساس أنه ينجس المدهون به.

لاحظ ان الأسينيين كانوا يعتبرون أنفسهم جنودا إسرائيليين يحاربون حربا مقدسة كما كان في أيام موسي ويشوع، كان الزواج غير مناسب لمن يتطوعون للحرب زمنا طويلا (انظر تث٢٣: ٩ ــ ١٤). وبالرغم من سلوكهم المتزمت، فلا شك فى أنه كان لهم تأثير روحى كبير على الحياة اليهودية في بداية العصر المسيحي .

متعاهدي دمشق

وهناك جماعة أخرى ازدهرت في نفس عصر الأسينيين، وكانت بينهم وبين الأسينيين وجوه شبه كثيرة ، وهى الجماعة المعروفة باسم " متعاهدي دمشق " وقد اكتشف وجود هذه الجماعة من التنقيب في خزانة أحد المجامع بالقاهرة فى سنة ١٨٩٦م. وقد نشرت بعض المخطوطات التي وجدت بها تحت عنوان: "شذرات من مؤلف صدوقي " . وهى وثيقة تروى مصير جماعة من الكهنة فى أورشليم يبدو أنهم كانوا جزءا من حركة إصلاح، وكانوا يسمون أنفسهم " أبناء صادوق "، وبقيادة شخص اسمه " الكوكب " انتقلوا إلى مكان أسموه " دمشق ــ وقد يكون هو مدينة دمشق التاريخية أولا يكون ــ وهناك انتظموا في حزب أو جماعة تعرف باسم " جماعة العهد الجديد "، وقد اندمجوا في حياة رهبانية تحت قيادة قائد مشهور أطلقوا عليه اسم " المعلم البار " وازدهرت الجماعة لنقدها لطموحات الفريسيين الدنيوية والسياسية، وبدرجة أقل لنقدها للصدوقيين أيضا ورغم ذلك احتفظت هذه الجماعة بصلتها الوثيقة بالهيكل فى أورشليم كما تدل " الشذرة الصدوقية "، فقد ظلوا يعتبرون أورشليم مدينتهم المقدسة وأن الهيكل هو مقدسهم الصحيح. وتظهر مشابهتهم للأسينيين بوضوح في إصرارهم على الولاء لناموس موسي، ولزوم التوبة كشرط للدخول إلى جماعة العهد، والتأكيد على السلوك المستقيم والاهتمامات الإنسانية وسائر الأمور التي يعتز بها الفكر الأسيني.

وعندما كان الأثريون ينقبون في كهوف قمران، كشفوا عن بعض القطع من المخطوطات في الكهف السادس ، وجدت مطابقة لجزء من " الشذرة الصدوقية " وقد تأيد هذا الكشف أيضا بالكشف فى الكهف الرابع عن سبع قطع من المخطوطات تحتوى على أجزاء من " الشذرة الصدوقية " وإذا جمعنا بين كل هذه المصادر، فإننا نجدها تدل على وجود صلة وثيقة بين الجماعة الدينية التي كتبت مخطوطات قمران، والجماعة التي خلفت لنا " الشذرة الصدوقية " وبناء على الشبه الشديد بين القيم الدينية، اعتبر الكثيرون من العلماء أن النظامين متطابقان في طبيعتهما، وقالوا إنه من المحتمل أن جماعة دمشق قد عاشت فى قمران على مدى خمسة وسبعين عاما قبل ختام فترة الاحتلال الأولى، ثم انتقلوا بعدها إلى دمشق.

ويعتقد كثيرون ممن يعتبرون جماعة دمشق جزءا من الأسينيين، أنه من المحتمل أنهم رجعوا إلى أورشليم بناء على نوع من الاتفاق ، في عهد هيرودس الكبير، ومن ثم عادوا إلى قمران بعد موته، ولكن لا يوجد دليل قاطع على ذلك كما يحوم بعض الشك حول اعتبار أصحاب " الشذرة الصدوقية " من الأسينيين حقيقة، وذلك لتأكيدهم على الذبائح الحيوانية، ولكنهم كانوا ينتمون ــ بلا شك ــ لحركة الحسيديين، ومن الواضح أنهم اعتبروا أنفسهم أبناء صادوق الحقيقيين. وتوجد بعض العناصر المشتركة في عقيدتهم وعقيدة الصدوقيين، وإن

كانوا يختلفون عنهم فى إيمانهم بالخلود (الشذرة الصدوقية ١٣: ٢٧، ١٤: ١، ٥: ٦)، وبظهور المسيا (الشذرة ٢: ١٠)، واعترافهم بالنبوات والكتابات المقدسة (هاجيو جرافا). وكانوا – مثل الفريسيين – يعترفون بوجود كائنات سماوية (الشذرة ٦: ٩، ٩ : ١٢)، وبالتعيين الإلهى السابق (الشذرة ٢: ٦ ، ١٠)، والإرادة الحرة (الشذرة ٣: ١ و٢، ٤: ٢ و ١٠) ومن الناحية الأخرى كانوا يحرمون الطلاق (الشذرة ٧: ١ و٣) وقد أدى التنقيب في خرائب أحد مقارهم فى قمران، وما اكتشف من مخطوطات في الكهوف المجاورة، إلى دراسة طبيعة الجماعة الدينية، التي عاشت في تلك البقعة. وقد أمدتنا إحدى لفائف البحر الميت " قانون الجماعة أو كتاب النظام" (مخطوطة من الكهف الأول) بأغلب المعلومات عن تكوين وتنظيم جماعة قمران، وواضح أنها نشأت كجزء من حركة الحسيديين، وتبلورت بعد زمن أنطيوكس الرابع (أبيفانس) عندما أصبحت رياسة الكهنوت والسلطتان المدنية والعسكرية في يد اسرة الأسمونيين المكابيين ، فانسحبت جماعة قمران، تحت قيادة " المعلم البار " إلى برية اليهودية احتجاجا على " زمن الشر "، ونظموا أنفسهم " كجماعة عهد " لإعداد الطريق للمجئ الإلهى في العصر الجديد. وكان من أهم ما يميز موقفهم هو رفضهم العلنى للاعتراف بكهنوت أورشليم، وقد جاء في تفسيرهم لحبقوق، حديث عن " الكاهن الشرير "، والأرجح أنه كان أسمونيا أظهر عداء خطيرا لتلك الجماعة وقائدها. وواضح أن هذه الجماعة احتفظت بجماعة من الكهنة واللاويين والصدوقيين لتأدية العبادة والذبائح الناموسية فى أورشليم عندما يطرد أولئك الكهنة غير الجديرين بخدمتهم. والخلفية التاريخية العامة لهذه الحركة هي نفسها خلفية الحركة المكابية والفترات اللاحقة بما فيها مدة حكم هيرودس الكبير. ويظن بعض العلماء أن جماعة قمران – ويعتبرون من الأسينيين في حقيقتهم – نقلوا دائرة عملهم إلى أورشليم، حتى عادوا إلى قمران بعد موت هيرودس.
وكانوا في قمران يعطون أهمية كبيرة للتطهيرات الطقسية والولائم شبه التعبدية. ويبدو أن أتباعهم كانوا يتجنبون كل اختلاط – لا لزوم له – مع العالم الخارجى، مفضلين العيش والعمل كجماعة معتمدة على ذاتها على النقيض من الأسينيين الذين كانوا كثيرى الاختلاط بالمجتمع وكان أتباع جماعة قمران يكرسون بعض ساعات النهار والليل للتأمل والدراسة في الناموس. وكانوا في تفسيرهم للناموس أكثر تدقيقا من أشد الفريسيين تزمتا، وكانوا يفسرون الأسفار الإلهية بعبارات غامضة مثل عبارات الرؤي، والتى كان عليهم أن يقوموا بدور هام لتحقيق مجئ العصر الجديد. وقد أعطى الله إرشادا معينا للمعلم البار بخصوص هذا العصر الجديد، فنقل هذه المعرفة الخاصة إلى تلاميذه، وعلى أي حال لم تتم توقعاتهم بالصورة التي كانوا يرجونها، حيث دمر مقرهم في الحرب سنة ٦٦ – سنة ٧٣ م بعد تأسيس الكنيسة المسيحية بأكثر من عشرين عاما.
والعلماء عموما يجمعون بين جماعة " الشذرة الصدوقية " وجماعة قمران على اعتبار أن كليهما من الأسينيين، ولكن توجد بعض الفوارق الهامة بين ممارسات الأسينيين وممارسات جماعة قمران فإن أتباع جماعة قمران نهجوا سبيل الاعتزال ولم يكن لهم أي تعامل مع الذين هم من خارج جماعتهم . وبينما كان الأسينيون مسالمين تماما بطبيعتهم، فإن أتباع قمران لم يكونوا كذلك إذ كانت مخطوطاتهم العسكرية دليلا على أنهم مقاتلون ذوى نظام روحى قاسى كما أن جماعة قمران لم تكن تتوجه إلى الشمس عند الفجر، كما كان يفعل الأسينيون حسب

رواية يوسيفوس، الذي لعله كان يشير إلى جماعة شبه أسينية هم " الساموسيون" (نسبة إلى مدينة ساموس – ١مك ١٥: ٢٣) الذين كانت عندهم هذه العادة.

الغيارى أو الغيورين (جماعات مسلحة لمقاومة السلطة):

جماعة سياسية قومية، يُؤمنون بمجيء المسيح القريب كمخلص يُحارب الرومان باستعمال القوّة يمثلون المقاومة الشعبية ضد المحتل ، و ذكر فى السنكسار أنة من المنتمين الى هذه الجماعة في عهد المسيح: سمعان الغيور[٥] ، أسم سمعان معناه مستمع ، ويقال أن تسمية " الغيور " هي المرادف اليوناني للكلمة العبرية " القانوي " وهذه التسمية تدل علي أنه من ضمن جماعة الغيورين الثائرين ، الذين عرفوا بتمسكهم الشديد بالطقوس الموسوية . ويهوذا الاسخريوطي و نقتبس من كتاب تاريخ الفكر المسيحى للقس حنا الخضري "إن اسم يهوذا وأعماله وتصرفاته، تدل، بطريقة تكاد تكون مؤكده على أنه كان من جماعة الغيورين، فأولا اسمه الأسخريوطي ولقد ظن البعض أن كلمة الأسخريوطي هي نسب لأسخريوط. و هناك تفسير محتمل الذي يمكن استنتاجه بعد التحليل اللغوي لهذا الاسم << أسخريوط>> فهو أن كلمة <سيكر> التي تعني في اليونانية سكين أو خنجر أو حامل السكين أو الخنجر تشبه إلي حد كبير كلمة أسخريوط أو اسخريوطي مشتقة منها وعلي هذا يمكن القول بان عبارة يهوذا الأسخريوطي لا تعني نسبة يهوذا إلي بلدة أسخريوط بل تدل علي نسبته لجماعة حاملي الخناجر أو السكاكين. أي انه كان عضوا في حزب الغيورين المتطرف الذي كان يستعمل السيف والقسوة والعنف لتحرير البلاد" و منهم أيضا باراباس الذي اطلق سراحه بيلاطس البنطي في عيد الفصح، مع انه كان مجرماً وقاتلا. وكان الغيورين يتخذون من فينحاس بن ألعازار بن هارون الكاهن ، مثلهم الأعلى ، فقد رضي الرب عن عمله ، وقال عنه فينحاس بن ألعازار بن هارون الكاهن ، قد رد سخطي عن بني إسرائيل بكونه قد غار غيرتي في وسطهم حتى لم أفن بني إسرائيل بغيرتي . لذلك قل : هأنذا أعطيه ميثاقي ، ميثاق السلام ، فيكون له ولنسله مكن بعده ، ميثاق كهنوت أبدي لأجل أنه غار لله وكفَّر عن بني إسرائيل) (عد ٢٥ :٧- ١٣). وقد أصبحت هذه الغيرة المتقدمة مثالاً للكثيرين من القادة العظام والأنبياء والكهنة والحكماء . فقد اقتدى به متتيا بن يوحنا ، وغار للشريعة كما فعل فينحاس بزمري بن سالو (١ مكابيين ١ : ٢٤-٢٨) ، وهكذا بدأت ثورة المكابيين .

وقد أطلقت الكلمة على أعضاء حزب من المتطرفين بدأ ظهوره في ٦ م عندما قام يهوذا الجليلي (أع ٥ :٣٧) وحرض على مقاومة إجراء الرومان للاكتتاب بعد أن أصبحت اليهودية ولاية رومانية خاضعة للإمبراطور مباشرة . وقد جعل يهوذا الجليلي شعاره : أن لا يدفع يهودي الجزية لروما . أو يقدم الولاء للإمبراطور لأنه مجرد إنسان . وكان يهوذا ينادي بأن أرض إسرائيل هي الأرض المقدسة ، ويجب ألا يُعطي إنتاجها ومواردها لحاكم أجنبي ، لأنها للرب ، كما أن إسرائيل دولة ثيوقراطية وأي خروج عن الشريعة يعتبر ارتداداً . وانضم إليه كثيرون ، وكوَّنوا حزب الغيورين ، الذين كثيراً ما لجئوا للعنف ، بل للاغتيالات في بعض الأحيان ، وسبَّبوا الكثير من المتاعب للرومان .

و يرجح القس حنا الخضري فى دراستة تاريخ الفكر المسيحى منشورات دار الثقافة كنيسة البروتستانت [٦] (*عن الغيورين أن السيد المسيح ذكرهم بطريقة التورية فى الحديث عندما*

---

[٥] السنكسار ١٥ شهر بشنس

[٦] تاريخ الفكر المسيحى الجزء الأول للقس حنا الخضرى صـ ١٣٣: ١٤٠ طبعة دار الثقافة سنة ٢٠١٥

قال (**ماذا خرجتم الى البرية لتنظروا ، أقصبة تحركها الريح**) (**مت ١١ : ٧ - ٩**) حيث قصد السيد المسيح بكلمة (قصبة) حزب الغيورين و قد يتبادر للذهن قصب السكر الذى يزرع فى مصر و لكنة من المستحيل زراعة القصب فى الصحراء و لكن المقصود نوع من نباتات البوص كانت منتشرة فى فلسطين و لكن كلمة قصبة باللغة العبرية تعنى (Qane) و هى من الكلمات التى تنطق نطقا واحدا لكنها لها اكثر من معنى كأسلوب التورية فى اللغة العربية كمثال عندما نقول (أكلت الخبز بالجبن) فأن كلمة (جبن) لها هنا أكثر من معنى منها نتاج اللبن أو الذل و العار و اصطلاح السيد المسيح (قصبة Qane) لها معنى قريب للذهن و هو قصبة و معنى بعيد و سياسى و هو (غيورا) فالاختلاف ليس فى اللفظ و لكن فى المعنى لأن جماعة الغيورين كانت مطاردة من السلطة اليهودية و تسكن الجبال و الصحارى مثل يوحنا المعمدان و لكن هناك اختلاف كبير بينهم و الدليل على ذلك هو بقية حديث السيد المسيح عن يوحنا المعمدان موضحا أنة ليس من جماعة الغيورين و لا من النقيض لهم الأغنياء و الملوك الموجودون فى المدينة (**لكن ماذا خرجتم لتنظروا إنسانا لابسا ثيابا ناعمة . هوذا الذين يلبسون الثياب الناعمة هم فى بيوت الملوك**) (**مت ١١ : ٧ - ٩**) و اذا تتبعنا حياة السيد المسيح حتى مرحل الصلب لنجد أن المحاكمة التى حوكم فيها السيد المسيح أدانته كمقاوم لقيصر مثل اعضاء جماعة الغيورين و كعادة الرومان فى حكمهم على أحد الثوار الغيورين كانوا يضعون قصبة فى يده و كانت القصبة كما اشرنا تعنى (الغيور) و كانت عقوبة الانضمام للغيورين هى **الموت** (**و ضفروا إكليلا من الشوك ووضعوه على رأسه و قصبة فى يمينه و كانوا يجثون قدامه و يستهزئون به قائلين السلام يا ملك اليهود**) (**مت ٢٧ : ٢٩**) و لهذا السبب فقد صلب بين اثنين من اللصوص (Qanas) و قد تكلم السيد المسيح عن هذه الجماعة بطريقة غير مباشرة لأنها كانت جماعة سياسية مقاومة للسلطة الرومانية الحاكمة و يصنفها الرومان كجماعة إرهابية تعمل فى الخفاء فذكرها على لسان السيد المسيح علانية يجعله فى مواجهة السلطة الرومانية و أيضا انتقاده المباشر لهذه الجماعة يجعلهم يفكرون فى اغتياله قبل اتمام عمل الفداء على الصليب لذلك استخدم معهم طريقة التورية فى الحديث حتى لا يكشفهم للسلطة و ربما كانت طريقة التورية الغرض منها ارسال رسالة خاصة لتلاميذه المنتمين لهذه الجماعة و المؤمنين بأفكار العنف لتغيير السلطة الحاكمة للرجوع عن هذه الأفكار دون أن يقوم بإحراجهم و تعنيفهم أمام بقية التلاميذ الآخرين و من تلاميذ السيد المسيح الذين ينتمون لجماعة الغيورين سمعان الغيور و يهوذا الاسخريوطى (لو ٦ : ١٥) و لقد أشار السيد المسيح للغيورين مرة أخرى بأنهم جماعة الخناجر أى الارهابيين منفذى الاغتيالات ضد السلطة الرومانية و المتعاملين معهم من اليهود و يتضح ذلك فى مثل التينة الغير مثمرة فكلمة (تين) تحمل معنيين القريب هو ثمرة التين أما البعيد فهو خنجر أو سكين باللغة الارامية تنطق (Suko) و باليونانية (سيكا أو سيكة sika , sikah) (**و قال هذا المثل كانت لواحد شجرة تين مغروسة في كرمه فأتى يطلب فيها ثمرا و لم يجد. فقال للكرام هوذا ثلاثة سنين اتي اطلب ثمرا في هذه التينة و لم اجد اقطعها لماذا تبطل الارض ايضا. فأجاب و قال له يا سيد اتركها هذه السنة ايضا حتى انقب حولها و اضع زبلا. فان صنعت ثمرا و إلا ففيما بعد تقطعها.**) (**لو ١٣ : ٦ - ٩**) (**و في الصبح اذ كان راجعا الى المدينة جاع.فنظر شجرة تين على الطريق و جاء اليها فلم يجد فيها شيئا إلا ورقا فقط فقال لها لا يكن منك ثمر بعد الى**

الابد فيبست التينة في الحال.) (مت ٢١ : ١٨-٢٠) ،(و في الغد لما خرجوا من بيت عنيا جاع. فنظر شجرة تين من بعيد عليها ورق و جاء لعله يجد فيها شيئا فلما جاء اليها لم يجد شيئا إلا ورقا لأنه لم يكن وقت التين. فأجاب يسوع و قال لها لا يأكل احد منك ثمرا بعد الى الابد و كان تلاميذه يسمعون.) (مر ١١: ١٢-١٤) *لاحظ أن التين لا يثمر فى الصيف و من المؤكد ان السيد المسيح يعلم ذلك لكنه كان يوجه انذار الى الحزب الغيور حاملى الخناجر أنهم يجب أن يتوبوا و يرجعوا عن طريق الشر و القتل فأن اللعنة لم تكن موجهة لشجرة التين بل لما تمثله فى الواقع و هم جماعة الغيورين الذين يعبدون الله بتقوى لكنهم يخطئون فيكون ثمرهم خادع مثل شجرة التين لذلك اللعنة كانت موجه لحزب الغيورين لأنهم سيكونون السبب فى موت كثيرين فى ثورة غير محسوبة ضد الرومان و خراب أورشليم الأرضية*) لكن الكنيسة الأرثوذكسية ألتزمت بالاحتفاظ بالطابع الروحى للتفسيرات التى تناولت موضوع لعن شجرة التين لأنها ترمز للإنسان الغير روحى فالمثل تطبيقه على جماعة الغيورين حاملى الخناجر للاغتيال .

ظهور السيد المسيح على الساحة السياسية اليهودية و الرومانية

إن مولد السيد المسيح كان في بيت لحم كما اشار معلمينا متّى ولوقا ، حيث بيت لحم قائمة على بعد خمسة أميال جنوبي أورشليم، ثم يقولان إن أسرته انتقلت منها إلى الناصرة في الجليل، وقد سمي بالاسم العادي المألوف "يشوع" Yeshu`a ومعناها معيّن يهوه و نطق بالعربية يسوع .

نسب السيد المسيح الملكى :

في الواقع أن متى الإنجيلي سرد من جانبه النسب الطبيعي للسيد المسيح، بينما سرد لوقا النسب الشرعي أو الرسمي. ولتفسير هذا نقول الآتي:

نصت شريعة موسى علي أنه إن توفى رجل بدون نسل، يجب أن يدخل أخو المتوفى علي أرملة أخيه، وينجب لأخيه المتوفى نسلًا منها، أي أن الابن الذي ينجبه يصبح من الناحية الشرعية ابنًا رسميًا لأخيه المتوفى ، وإن كان يعتبر ابنًا غير طبيعيًا لهذا الأخ الذي أنجبه من صلبه. وبهذا يكون لمثل هذا الابن أبوان: أب طبيعي وهو الذي أنجبه وأب شرعي وهو عمه المتوفى بدون نسل. وهذا هو ما ورد في سفر التثنية عن هذا الأمر:

(إذا سكن أخوة معًا، ومات منهم وليس له ابن، فلا تصر امرأة الميت إلي خارج لرجل أجنبي. أخو زوجها يدخل عليها ويتخذها لنفسه زوجه، ويقوم لها بواجب أخي الزوج. والبكر الذي تلده يقوم باسم أخيه المتوفى ، لئلا يمحى اسمه من إسرائيل)(تثنية ٢٥: ٥،٦).

فإذا حدث أن هذا المتوفى بدون أولاد لم يكن له أخ، فإن أقرب أقربائه يأخذ امرأته ليقيم له نسلًا، لأن الابن الذي يولد ينسب لهذا المتوفى حسب الناموس، وإذا كان النسيب الأقرب لا يريد أن يأخذ زوجة المتوفى حسبما كلف، فإن النسيب الذي يليه في القرابة لا بُدّ أن يقبل هذا الزواج، لأن الشريعة تحرص علي إقامة نسل لذلك المتوفى بدون إنجاب بنين. وهذا النوع من الزواج يسمى (الفك)، وله مَثَل واضح في سفر راعوث في قصتها مع بوعز. وفي تفسير ذلك يقول القديس ساويرس بطريرك أنطاكية:

وبهذه الطريقة فإن يوسف خطيب القديسة العذراء ينتسب في الواقع إلي أبوين اثنين: لأنه حيث أن هالي اتخذ له امرأة ومات دون أن ينجب بنين، فإن يعقوب -الذي كان أقرب

الأنسباء إليه- تزوج امرأته لكي ينجب له نسلًا منها حسبما أمرت الشريعة. فلما أنجب منها يوسف، صار يوسف هذا أبنا شرعيًا لهالي المتوفى ، وفي نفس الوقت ابنًا طبيعيًا ليعقوب".
ومن أجل هذا قال متى من جانبه إن يوسف هو ابن يعقوب. ولوقا من الجانب الآخر قال إنه ابن هالي. أحدهما أورد النسب الطبيعي، والآخر أورد النسب الشرعي.
ومتى من جانبه ذكر الآباء الطبيعيين ليوسف ولوقا من الجانب الآخر ذكر الآباء الشرعيين.
ووصل لوقا بالنسب الشرعي للمسيح حتى ناثان بن داود، ومتى وصل بالنسب الطبيعي حتى سليمان بن داود. وتلاقي الاثنان عن داود.. وبين متى ولوقا كان المجرى يتشابه أحيانًا، ثم ينقسم متنوعًا، ثم يعود فيتحد ثم ينفصل..
وبهذا سواء من الناحية الطبيعية أو الشرعية يثبت نسب المسيح. من حيث أنه ابن لداود وابن لإبراهيم وابن لآدم .
ولا يذكر أصحاب الأناجيل إلا القليل عن شباب المسيح. فهم يقولون إنه أختُتِن حين بلغ اليوم الثامن من عمره. ولقد كان يوسف نجاراً، وإن مَن كان في ذلك العصر مَن توارث المهن ليوحى بأن يسوع قد احترف هذه الحرفة اللطيفة وقتاً ما، وكان يعرف مَن ينتمي إلى حرفته من الصناع، كما كان يعرف الملاّك ورؤساء الخدم، والمستأجرين، والأرقاء، وكل ما كان يحيط به في الريف، ويتردد ذكر هؤلاء جميعاً في أحاديثه ، والشاب متّى بلغ الثانية عشرة من عمره في بلاد الشرق أوشك أن يبلغ سن النضوج. لكنه لم يتعلم تعليماً منظماً وكان يتردد على المجمع الديني، ويستمع إلى تلاوة الاسفار المقدسة ، وكان الهواء الذي يتنفسه مشحوناً بالحماسة الدينية، وكان آلاف من اليهود ينتظرون على أحر من الجمر مجيء منقذ إسرائيل.
وكان السحر والشياطين، والملائكة، وحلول الشياطين في أجسام الآدميين، وإخراجها، والمعجزات، والنبوءات، والإطلاع على الغيب، والتنجيم، كانت كل هذه عقائد مسلَّم بها في كل مكان. وكان السحرة يطوفون بالمُدن ، ويقول معلمنا لوقا إنه في "السنة الخامسة عشرة من حكم تيبيريوس" أو بعدها بقليل جاء يسوع إلى نهر الأردن ليُعمّد على يدي يوحنا المعمدان حيث كان القديس يوحنا المعمدان يعد الطريق بالمناداة بالتوبة:(أنا صوت صارخ في البرية اعدوا طريق الرب اصنعوا سبله مستقيمة.. كل من يأتي يعترف بخطاياه حتى جاء حمل الله ليعتمد فيحمل كل هذه الخطايا وتنفتح السماء لكي يحل الروح القدس ويعلن الآب قبول هذه الذبيحة المقدمة عن خطايا العالم كله تمهيدًا لأحداث الصليب والفداء فيما بعد لذلك قال يوحنا: **(الذي أرسلني لأعمد قال لي ترى الروح نازلا ومستقرا علية فهذا هو الذي يعمد بالروح القدس وأنا قد رأيت وشهدت أن هذا هو ابن الله) (يو ١: ٣٣ - ٣٤).**
و عن يوحنا المعمدان فقد عاش كاملًا رغم شرور الجيل وعاش جريئًا في الحق ومتضعًا حرًا من كل شهوات العالم وفي النهاية نال إكليل الشهادة وكان يركز على جوهر التوبة في المناداة بثمار التوبة الحقيقية.. وهو الوحيد الذي قال (ينبغي أن ذاك يزيد وإني أنا انقص)، لذلك اظهر عظمة الله وخدامة حتى في أحقر الأعمال (حل سيور حذائه)..إذ قال (لست مستحقًا أن أحل سيور حذائه).
اما تعاليم السيد المسيح فهى استكمال لتعاليم العهد القديم . أما أساليبه، فكانت تختلف عن معلمنا يوحنا: فيسوع لم يعمّد أحداً ، ولم يعش في الصحراء ، بل عاش في العالم. ولم ينقضِ على هذا اللقاء بين يسوع ويوحنا إلا قليل من الوقت حتى أمر هيرودس أنتباس "صاحب المُدن الأربع" في الجليل بسجن يوحنا. وتقول الأناجيل إن سبب القبض على يوحنا هو انتقاد

هيرودس لأنه طلق زوجته، وتزوج هيروديا وهي لا تزال زوجة لفليب ٧ أخيه. أما يوسفوس المؤرخ فيقول إن سبب القبض عليه هو خوف هيرودس أن يكون يوحنا يستتر بستار الإصلاح الديني ليثير القلاقل السياسية في البلاد. ويروي مرقس ومتى في هذا المجال قصة سالوم إبنة هيروديا ، التي فتنت هيرودس برقصها أمامه حتى عرض عليها أن يقدم لها أية مكافئة تطلبها. ويقولان إنها طلبت إليه رأس يوحنا، بتحريض من أمها، وإن الحاكم أجابها وهو كاره إلى طلبها.ولما سجن يوحنا أخذ يسوع يكمل خدمة المعمدان ويخطب في الناس مبشراً بملكوت الله ، **(فَلَمَّا عَلِمَ الرَّبُّ أَنَّ الْفَرِّيسِيِّينَ سَمِعُوا أَنَّ يَسُوعَ يُصَيِّرُ وَيُعَمِّدُ تَلاَمِيذَ أَكْثَرَ مِنْ يُوحَنَّا. مَعَ أَنَّ يَسُوعَ نَفْسَهُ لَمْ يَكُنْ يُعَمِّدُ بَلْ تلاَمِيذُهُ . تَرَكَ الْيَهُودِيَّةَ وَمَضَى أَيْضاً إِلَى الْجَلِيلِ. وَكَانَ لاَ بُدَّ لَهُ أَنْ يَجْتَازَ السَّامِرَةَ. فَأَتَى إِلَى مَدِينَةٍ مِنَ السَّامِرَةِ يُقَالُ لَهَا سُوخَارُ، بِقُرْبِ الضَّيْعَةِ الَّتِي وَهَبَهَا يَعْقُوبُ لِيُوسُفَ ابْنِهِ. وَبَعْدَ الْيَوْمَيْنِ خَرَجَ مِنْ هُنَاكَ وَمَضَى إِلَى الْجَلِيلِ) (يو٤: ١-٥، ٤٣)** انظر أيضاً: (مت٤: ١٢، مر١: ١٤، لو ٤: ١٤) تقع منطقة الجليل في شمال فلسطين، واليهودية في الجنوب، والسامرة في المنتصف تقريباً مابين الجليل واليهودية ويقول لوقا إنه "عاد إلى الجليل"، وإنه "كان يعلم في مجامعهم"

وقد ترك المسيح اليهودية واتجه إلي الجليل لسببين:

١- حسب البشير متى، لأن المعمدان أُلقي في السجن.

٢- حسب البشير يوحنا، لأن المسيح علم أن الفريسيين سمعوا أنه يعمد تلاميذ أكثر من يوحنا. وهذا سوف يجعل الفريسيون يقاومونه، ولم يكن يريد أن يواجههم في ذلك الوقت... فترك اليهودية وذهب إلي الجليل. **(بَعْدَ الْيَوْمَيْنِ خَرَجَ مِنْ هُنَاكَ وَمَضَى إِلَى الْجَلِيلِ، لأَنَّ يَسُوعَ نَفْسَهُ شَهِدَ أَنْ: «لَيْسَ لِنَبِيٍّ كَرَامَةٌ فِي وَطَنِهِ. فَلَمَّا جَاءَ إِلَى الْجَلِيلِ قَبِلَهُ الْجَلِيلِيُّونَ إِذْ كَانُوا قَدْ عَايَنُوا كُلَّ مَا فَعَلَ فِي أُورُشَلِيمَ فِي الْعِيدِ، لأَنَّهُمْ هُمْ أَيْضاً جَاءُوا إِلَى الْعِيدِ.) (يو٤: ٤٣-٤٥)**

(مِنْ ذَلِكَ الزَّمَانِ ابْتَدَأَ يَسُوعُ يَكْرِزُ وَيَقُولُ «تُوبُوا لأَنَّهُ قَدِ اقْتَرَبَ مَلَكُوتُ السَّمَاوَاتِ». (مت٤: ١٧)

(وَبَعْدَ مَا أُسْلِمَ يُوحَنَّا جَاءَ يَسُوعُ إِلَى الْجَلِيلِ يَكْرِزُ بِبِشَارَةِ مَلَكُوتِ اللَّهِ ١٥وَيَقُولُ: «قَدْ كَمَلَ الزَّمَانُ، وَاقْتَرَبَ مَلَكُوتُ اللَّهِ، فَتُوبُوا وَآمِنُوا بِالإِنْجِيلِ». (مر١: ١٤، ١٥)

(وَرَجَعَ يَسُوعُ بِقُوَّةِ الرُّوحِ إِلَى الْجَلِيلِ. وَخَرَجَ خَبَرٌ عَنْهُ فِي جَمِيعِ الْكُورَةِ الْمُحِيطَةِ. ١٥وَكَانَ يُعَلِّمُ فِي مَجَامِعِهِمْ مُمَجَّداً مِنَ الْجَمِيعِ) (لو٤: ١٤، ١٥)

شعب الجليل : شعب الجليل كان يعيش وضعاً محتقراً ولهذا نبتت عنده الثورات التى سببها نظام إقتصادي سيطرت علية أرستوقراطية غنية مؤلّفة من كهنة ويهود محظوظين، وترك الطبقات الفقيرة تتخبّط في مشاكلها، فقد غطّت الديون هؤلاء الفلاّحين الصغار فباعوا أرضهم للملاّك الكبار وانضمّوا إلى الفقراء و المساكين أو إلى قطّاع الطرق ولهذا كان يهود أورشليم يشكّون بنقاء عرق الجليليين، وزاد احتقار اليهود لهؤلاء الجليليين لأنهم يخالفون الواجبات الديّنية الأساسية لابتعادهم عن أورشليم مما يمنعهم من القيام بالحج فى الأعياد الكبرى الثلاثة، كما كان فقرهم يمنعهم من دفع العشر، وهذا ما يجعل طعامهم نجساً من وجهه نظر الفريسيين، كما أعتبر اليهود أن أهل الجليل يجهلون الشريعة وبالتالى

---

[٧] ولنا ملاحظة علي فيلبس المذكور أعلاه. فهو ليس فيلبس المذكور في(لو٣: ١) بل أخو هيرودس أنتيباس من أبيه، وكان فيلبس هذا بدون وظيفة، حسب وصية أبيه، الذي حرمه من المُلك بسبب خيانة أمه.

لا يمارسونها **(ولكن هذا الشعب الذى لا يفهم الناموس هو ملعون)(يو٧:٤٩)**، و ففى سنة ٦ بعد ميلاد المسيح بمناسبة إحصاء قام به الرومان ثار الشعب وتبع يهوذا الجليلى، وكان سبب هذه الثورات هو جزية الرأس حيث يتم الإحصاء ويدفع كل واحد ما يتوجّب عليه، وقد تم قمع هذا التمرّد بقسوة ولكنه ظل كالنار تحت الرماد يشعلها الوطنيون من اليهود (أصحاب الخناجر) والغيورون أو المندفعون الذين كان منهم أحد تلاميذ المسيح (سمعان الغيور أو ربما يهوذا الاسخريوطى).

ونشاط يسوع جعله يتّصل بعالم الفلاّحين ، ولما بدأ الناس يتحدّثون عنه حاول أقرباؤه أن يعيدوه إلى الأمان لأنهم خافوا من ملاحقات الدولة متمثلة فى الكهنة والشيوخ والسلطة الرومانية **(أما هو النجار أبن مريم أما أخواته عندنا هنا)(مر٦: ٣)** وظلت الجليل موضع شكّ من قبل السلطة السياسية التى قمعت بشدّة كل تجمّع جليلى ، فهذا ما نستشفه من الحدث الذى وصل إلى يسوع وهو تجمّع بعض الجليليين المتحمّسين فمزج بيلاطس دماءهم بدماء ذبائحهم **(وكان حاضراً فى ذلك الوقت قوم يخبرونه عن الجليليين الذين خلط بيلاطس دمهم بذبائحهم)(لو١٣: ١)** وغالباً كانوا يحاولون صرف نظر السيد المسيح إلى مصيبة قتل الجليليين ليكف عن هجومه على الحاكم والقاضى فاشتكوا له من ظلم بيلاطس ، و ربما أرادوا أن يوقعوا به .. فإن هاجم بيلاطس اشتكوه له وإن وافق بيلاطس لصار معادياً للشعب.

فاليهود نظروا الى يسوع المعلم كنظرتهم لأنبياء اليهود الذين دائماً خلطوا تنبؤاتهم بالأحداث السياسية التى ستحدث لشعب إسرائيل لذا أعطاهم السيد المسيح مثل **(فقال إنسان شريف الجنس ذهب إلى كورة بعيدة ليأخذ لنفسه ملكاً ويرجع فدعا عشرة عبيد له وأعطاهم عشرة أمناء وقال لهم تاجروا حتى آتى وأما أهل مدينته فكانوا يبغضونه فأرسلوا وراءه سفارة قائلين لا نريد أن هذا يملك علينا ولما رجع بعدما أخذ الملك أمر أن يدعى إليه أولئك العبيد الذين أعطاهم الفضة ليعرف بما تاجر كل واحد فجاء الأول قائلاً يا سيد مناك ربح عشرة أمناء فقال له نعماً أيها العبد الصالح لأنك كنت أميناً فى القليل فليكن لك سلطان على عشر مدن ثم جاء الثانى قائلاً يا سيد مناك عمل خمسة أمناء فقال لهذا أيضاً وكن أنت على خمس مدن ثم جاء آخر قائلاً يا سيد هوذا مناك الذى كان عندى موضوعاً فى منديل لأنى كنت أخاف منك إذ أنت إنسان صارم تأخذ ما لم تضع وتحصد ما لم تزرع فقال له من فمك أدينك أيها العبد الشرير عرفت أنى إنسان صارم آخذ ما لم أضع وأحصد ما لم أزرع فلماذا لم تضع فضتى على مائدة الصيارفة فكنت متى جئت أستوفيها مع ربا ثم قال للحاضرين خذوا منه المنا وأعطوه للذى عنده العشرة الأمناء فقالوا له يا سيد عنده عشرة أمناء لأنى أقول لكم إن كل من له يعطى ومن ليس له فالذى عنده يؤخذ منه أما أعدائى أولئك الذين لم يريدوا أن أملك عليهم فأتوا بهم إلى هنا واذبحوهم قدامى)(لو١٩: ١٢–٢٧).**

المثل السابق مستوحى مما حدث قبل ميلاد المسيح بقليل ، فقد كان الأمراء ملزمون بأن يذهبوا إلى روما ليحصلوا على رتب الترقى من قيصر، وحدث هذا مع هيرودس وأرخيلاوس، وفى حالة أرخيلاوس أرسل شعبه سفارة (أى مندوبين وسفراء عن الشعب) إلى قيصر شاكين لقيصر أعماله الوحشية ورافضين ملكه، وحينما رجع أرخيلاوس من روما إنتقم منهم بالذبح و قد أعطى لهم السيد المسيح هذا المثل ليشرح لهم أنه على علم ودراية بكل

الأحداث السياسية الهامة التى حدثت من قبل مولده و أنه أتى لإصلاح ما قد هلك لكنه كان يقصد إصلاح النفوس لإعدادها للملكوت السماوى فمملكته ليست من هذا العالم .
أما المسيح فكان يرغب في أن يكون تغيير طبائع الناس وسيلة لتبديل النظم والاستغناء عن كثير من الشرائع. ، وكان يجيب عن أسئلة الفريسيين الماكرة بمهارة تكاد تضارع مهارة المحامين فى ذلك العصر رغم أنة لم يحظ بتعليم . ولكنها لم تكن مهارة خالية من الحكمة، ولم يكن في وسع أحد أن يربكه ولو هدده بالقتل، لأن قواه كانت غير عادية، و الذي يثبت هذا هو معجزاته. يتفق البشيرون الثلاثة في أن الرب دعا أربعة من تلاميذه الأولين وهم: بطرس وأندراوس ويوحنا ويعقوب. ويذكر متى ومرقس أن هذه أن الدعوة تمت عند بحيرة طبرية(بحر الجليل)، ويضيف لوقا بعض التفصيل. وقد اختار الرب هؤلاء التلاميذ ليكونوا رسلاً له، قبل الفصح الثاني بوقت وجيز. وهؤلاء الذين دعاهم، كانوا من ضمن الذين آمنوا به قبلاً. كذلك، لم يكن هؤلاء من العظماء أو الأشراف، بل كانوا من الناس العاديين، فقد كانوا يعملون بالصيد.
كان يسوع ينطلق من كفرناحوم ليكرز في كل الجليل ثم يرجع بعد ذلك إلي كفر ناحوم حيث كان يسكن. وقد فعل ذلك ربما لعدد تسع مرات، كان أطولها ماهو مذكور هنا (مر١: ٣٥-٣٩) وكذلك ما جاء في (لو٨: ١-٣، مر ٦: ٦-١٣). فلم يكتف المسيح بخدمة وشفاء الكثيرين الذين جاءوا إليه وهو في كفر ناحوم، بل أخذ يطوف كل الجليل يعلم ويشفي كل مرض وكل ضعف في الشعب.
في هذه المرة الأولي، أخذ يسوع تلاميذه معه ليدربهم في خدمة الكرازة والشفاء، حيث كانوا يطوفون في كل مدن الجليل. وتمتد منطقة الجليل نحو١٠٠ كيلو متر من الشمال إلي الجنوب و٥٠ كيلو متر من الغرب إلي الشرق (أي من بحر الجليل إلي حدود صور وصيداء). وكانت منطقة مزدحمة بالسكان فقد قال يوسيفوس المؤرخ اليهودي، إن أصغر واحدة من مدنها يسكنها نحو ١٥٠٠٠من السكان.
ولو أننا قد تتبعنا خطوات المسيح من يوم إلي يوم ومن شهر إلي شهر، وهو يسافر في كل الجليل ماشياً، لرأينا كيف أنه في سنة ونصف كابد أتعاباً كثيرة متنوعة و لم يجد وقتاً ليستريح فيه.
الرسول الخامس الذي دعاه المسيح وهو عشار واسمه متى. وكانت دعوته في مارس ٢٨م قبل الفصح الثاني بوقت قصير. ويذكره مرقس ولوقا باسم" لاوي"، الذي ربما كان اسم العائلة، ولكنه عُرف بين التلاميذ باسم متى(مر٣: ١٨، لو ٦: ١٥). و وظيفة متى، لم تكن تؤهله لأن يصير رسولاً. لقد كان عشاراً أي جامع للضرائب. والعشارون فئة مكروهة من الجميع، فقد كانوا فئة متحالفة مع المحتل الروماني.
كانت الحكومة الرومانية تفرض الضرائب علي كل المناطق المحتله، وتعهد لبعض أهالي البلد بجمع الضرائب من جميع المناطق. كانت هناك ضرائب محددة النسبة والبعض الأخر غير محدد، فكان العشارون، الذين يجمعون الضرائب لحساب الحكومة الرومانية يغالون في فرض الضرائب وكانت تساندهم السلطة الرومانية. وكثيراً ما قاد هؤلاء العشارين، الأهالي المتعثرين في دفع الضرائب إلي التعذيب والسجن. لذلك كان اليهود يكرهون العشارين ويطردونهم من المجامع ويبتعدون عنهم كما يبتعدون عن اللصوص.

ولكن المسيح دعا متى العشار، ووضع فيه ثقة كبيرة، ودخل إلي بيته، وسمح له أن يدعو أصدقائه العشارين وقال للفريسيين المعترضين: لا يحتاج الأصحاء إلي طبيب بل المرضي.... إني أريد رحمة لا ذبيحة.... لأني لم آت لأدعو أبراراً بل خطاة إلي التوبة.
وكان يهوذا الاسخريوطى وحده دون سائر الرسل الذي لم يأتِ من الجليل. وكانوا في طوافهم مع المسيح في رحلاته التبشيرية يعيشون على ما يقدمه لهم القرويون، ويأخذون طعامهم آناً بعد آن مما يمرون به من الحقول، ويقبلون ضيافة الفلاحون . وقد أضاف السيد المسيح إلى الاثني عشر تلميذا عدد اثنين وسبعين رجلا كرسل ، وبعث بأثنين منهم إلى كل بلدة يريد أن يزورها، وقال لهم "لا تحملوا كيساً، ولا مزوداً، ولا أحذية". وانضمت بعض النساء الصالحات الرحيمات إلى أولئك الرسل والاتباع وقدمن لهم المعونة، وعلى يد هذه الجماعة الصغيرة غير المتعلمة أرسل المسيح إنجيله إلى العالم .
وكان السيد المسيح يعلم الناس بالبساطة التي تتطلبها حال مستمعيه، ويمزج هذه التعاليم بالقصص البسيطة التي تجعل دروسه تنفذ إلى الأذهان، وبالحكم والأمثال القوية بدل الحجج العقلية، وبالاستعارات، والمجازات التي لا تقل روعة عن أمثالها في أي أدب من آداب العالم. وكانت طريقة القصص الرمزي التي يلجأ إليها مألوفة في بلاد الشرق، وبيد أن وضوح خطبه واتجاهها إلى هدفها مباشرة، وروعة خياله وقوته، وسلطانة الالهى العظيم، قد رفعت أقواله إلى مستوى الالهام للشعب اليهودى المحروم من القيادة السياسية الوطنية المنزهة من المصالح الشخصية فهو فى نظرهم فقير منهم و يسعى لإشباعهم روحيا و ماديا . ولسنا ننكر الغموض يكتنف بعض أقواله للجموع مما استوجب تفسير خاص لتلاميذه فى محاضرات منفصلة . و ظهرت اختلافه مع الصدقيون من حيث القيامة و الملكوت ، ترى ماذا كان يعني بملكوت السموات؟ ما اعتقده الرسل و التلاميذ وقتها هي الفكرة اليهودية التي تنتظر النبى القائد العسكرى وريث داود النبى المحارب الذى سيعيد لهم مد اسرائيل و يغلب الرومان المحتلين ، فى حين السيد المسيح يرى أن التغيير السياسى يجب أن يسبقه تغيير داخلى للفكر اليهودى و حركة اصلاح دينى تدعوا كافة اليهود للتحرر من التحزب للفريسين و الصدوقين و الرومان من خلال اعلاء مصلحة المجتمع على المصلحة الشخصية و شركة الأغنياء مع الفقراء فى أموالهم ويبدو أن الرسل كانوا يعيشون فلسفة الملكوت الأرضى بأنه تكافل أجتماعى بين الأغنياء والفقراء، فسوف نراهم هم والمسيحيين الأولين يؤلفون جماعة مشتركة فى الأموال : (وجميع الذين آمنوا كانوا معاً، وكان عندهم كل شيء مشتركاً) .
ومؤكد أن السيد المسيح لم يفكر في الثورة المسلحة على المحتل الرومانى او الطبقة الارستقراطية التى تحكم بشرعية من المحتل ،أما الثورة التي كان يفكر فيها فكانت أعمق من هذه الثورة وأبعد منها أثراً، فهي ثورة إذا لم تحدث كانت كل الإصلاحات سطحية سريعة الزوال. فإذا استطاع أن يطهر قلوب الناس من الشهوات الأنانية، ومن القسوة، والفجور، فإن الطوبى تحل، ولا يبقى أثر لتلك النظم التي تنشأ من شره الإنسان وعنفه، وما ستتتبعه من الحاجة إلى القوانين. وهذا إذا تم كان أعمق الثورات، التي إذا قيست إليها الثورات جميعاً كانت تغييراً موقوتاً يضع طبقة مكان طبقة، وتظل الطبقة الغالبة تستغل الناس كما كانت تستغلهم الطبقة المغلوبة. وبهذا المعنى كان المسيح أعظم المصلحين ؛ و أقوى شخصية غيرت تاريخ العالم .

فقد كان يتطلع إلى زمن لا يعبد فيه الناس الله في الهياكل بل يعبدونه "بالروح، والصدق" وبكل عمل يعملونه لا بالألفاظ الزائلة ، لقد بدل كل شيء بقوة تعاليمه و ايمان تلاميذه بها . فقد أضاف إلى الشريعة اليهودية أمره إلى الناس بأن يستعدوا للدخول في الملكوت بأن يحيوا حياة العدالة، والرأفة والبساطة. وزاد الشريعة صرامة في مسائل الجنس والطلاق، ولكنه خففها بأن كان أكثر استعداداً للعفو، وذكر للفريسيين أن السبت قد وضع لخير الإنسان، وخفف الشروط الموضوعة على الطعام والطهارة، وحذف بعض أوقات الصوم، وأعاد الدين من المراسم والطقوس إلى الصلاح والاستقامة، وندد بالجهر بالصلوات، والتظاهر بالصدقات، والاحتفالات الفخمة بالجنازات.

لماذا قاوم اليهود فكر السيد المسيح ؟

وقد قاوم اليهود على اختلاف شيعتهم هذه الإصلاحات عدا الإسينيين، وكان الذي أغضبهم بنوع خاص ما دعاه لنفسه من حق العفو عن الخطايا. وقد هالهم أن يروه يختلط بعمال روما المبغضين؛ وبالنساء ذوات السمعة السيئة. وكان كهنة الهيكل وأعضاء السنهدرين يرقبون نشاطه بعين الريبة، ويرون في هذا النشاط ما كان يراه هيرودس في نشاط يوحنا وهو أنه ستار يخفي تحته ثورة سياسية، وأمثلة يسوع اعتبروها اسقاط سياسى على فسادهم و فساد الحاكم وكانوا يخشون أن يتهمهم الحاكم الروماني بأنهم يتحللون مما هو مفروض عليهم من تبعات ليحافظوا بذلك على النظام الاجتماعي .

وقد أوجسوا في نفوسهم خيفة من وعد المسيح بتدمير الهيكل، ولم يكونوا واثقين من أن هذا التدمير إنما هو تدمير مجازي لا يقصد به حرفيته. أما المسيح نفسه فقد ندد بهم تنديداً شديداً.

لقد واصل الكهنة تربصهم بالوجود الثقيل للسيد المسيح الذى فضح مخططاتهم السلطوية وأصبح الصراع بينهم وبينه يتجه إلى فكرة استئصال هذا الوجود عبر سلاح القتل الذى واجهوا به يوحنا المعدان ، و فى زمن المسيح زادت حدة الاستقطاب بين العامة و دليل ذلك تشاجر القديس يوحنا مع شخص يخرج الشياطين بإسم المسيح و ليس يتبعه مثلهم و هذا يكشف مستوى حدة الاستقطاب التى كانت سائدة فى تلك المرحلة **(أجاب يوحنا وقال يا معلّم رأينا واحد يخرج الشياطين باسمك فمنعناه لأنه ليس يتبع معنا فقال له يسوع لا تمنعوه لأن من ليس علينا فهو معنا)(لو٩: ٤٩-٥٠)** و أستمر الكهنة يتآمرون على السيد المسيح و يحاولون اصطياده فى خطأ سياسى يمكنهم من قتله **(فراقبوه وأرسلوا جواسيس يتراءون أنهم أبرار لكى يمسكوه بكلمة حتى يسلموه إلى حكم الوالى وسلطانه)(لو٢٠: ٢٠)**

و كان هيرودس انتيباس في أورشليم بمناسبة العيد. كان أتبَّاع هيرودس يسيرون مع "الحاكم" الذي تعيّنه روما. فهم الجواسيس الذين لا يجادلون. أما الفريسيون فلم يكونوا على رأي واحد. كان عدد منهم وطنيين متحمّسين، فكانوا يبكون على هذا الوضع الذي يقود إلى العبوديّة. ولكنهم بالإجمال، تعاملوا مع روما بفطنة ودراية. وقد رأى بعضهم في هذا الاحتلال عقاباً من الله. وآخرون رأوا فيه حاجزً أمام تسلّط هيرودس البغيض.

لقد أصبح الصراع الآن يتخذ أشكالاً لا تختلف كثيراً عن أساليب الأنظمة الشمولية فى عالمنا، ومحاولة الاختراق الإستخبارى هذه يقوم بها جواسيس محترفون يتخفون فى صورة أشخاص خطاة أو متصوفين يبحثون عن الحقيقة ، لكن معلمنا لوقا يوضح أبعاد المؤامرة بكل تفاصيلها **(فسألوه قائلين يا معلّم نعلم أنك بالإستقامة تتكلم وتعلّم ولا تقبل الوجوه بل بالحق تعلّم طريق الله أيجوز لنا أن نعطى جزية لقيصر أم لا فشعر بمكرهم وقال لهم لماذا**

تجربوننى أرونى ديناراً لمن الصورة والكتابة فأجابوا وقالوا لقيصر فقال لهم أعطوا إذا ما لقيصر لقيصر وما لله لله فلم يقدروا أن يمسكوه بكلمة قدام الشعب وتعجبوا من جوابه وسكتوا)(لو٢٠: ٢٠-٢٤) إن قراءة سريعة فى هذه الحادثة ستكشف لنا سياسة السيد المسيح وسرعة تخلصه من هذا الموقف المحرج الذى أراد فيه الأعداء إيقاعه فى مواجهة مباشرة مع السلطة الرومانية المحتلة ، سياسة المسيح تكمن فى أنه أحتفظ بموقفه المناقض للسلطة دون أن يستثير حفيظتها من خلال لغته التى يعلم تلاميذه مقدار ما تحمل من مجاز ، حيث يختفى المعنى دائماً خلف المرئى ، حيث ليس بإمكان أحد رؤية اللامرئى إلا أن يكون قادراً على النفاذ إلى ما وراء الكلمات ، فالمسيح فى هذه المقولة كان يتحدث عن صورة قيصر وعن كتابة قيصر ولم يكن يتحدث أبداً عن تقسيم السلطة العليا فى المجتمع بين قيصر والله، المسيح لم يجب هنا عن سؤال الضرائب بشكل مباشر ولكنه تحدث بشكل حكيم كرجل سياسى يخرج من معضلة بشكل يجعل الجميع منتصراً فلا يستثار أحد ، يأتى حديث دفع الجزية لقيصر كهجوم مضاداً من قبل رؤساء اليهود حالاً بعد مثل الكرّامين القتلة. فقد كان هذا المثل الأخير مزعجاً جداً لهم. فأرسلوا إلى يسوع الفريسيين وبعض جماعة هيرودس. لقد اجتمع أصحاب هيرودس وأعداء هيرودس (الفريسيون). المهم الإيقاع بيسوع. ولكنهم لا يستطيعون. أجاب يسوع إجابات دبلوماسية اعتبرت اساس بعد ذلك للتعامل مع السلطة السياسية .

إن الجزية التي تُدفع للإمبراطورية الرومانية، هي موضوع الجدال (في مدارس الرابانيين) فنحن نبدأ فى انجيل متى اصحاح ٢٢ و انجيل مرقس اصحاح ١٢ سلسلة من جدالا سيخرج منه يسوع منتصراً.

هنا يواجه يسوع نوعين من الخصوم: الفريسيون والهيرودسيون. لقد ذُكروا فى **(مر ١٢ : ١-٦) (و ابتدأ يقول لهم بامثال انسان غرس كرما و احاطه بسياج و حفر حوض معصرة و بنى برجا و سلمه الى كرامين و سافر. ثم ارسل الى الكرامين في الوقت عبدا لياخذ من الكرامين من ثمر الكرم.فاخذوه و جلدوه و ارسلوه فارغا.ثم ارسل اليهم ايضا عبدا اخر فرجموه و شجوه و ارسلوه مهانا. ثم ارسل ايضا اخر فقتلوه ثم اخرين كثيرين فجلدوا منهم بعضا و قتلوا بعضا. فاذ كان له ايضا ابن واحد حبيب اليه ارسله ايضا اليهم اخيرا قائلا انهم يهابون ابني. و لكن اولئك الكرامين قالوا فيما بينهم هذا هو الوارث هلموا نقتله فيكون لنا الميراث.فاخذوه و قتلوه و اخرجوه خارج الكرم. فماذا يفعل صاحب الكرم ياتي و يهلك الكرامين و يعطي الكرم الى اخرين.اما قراتم هذا المكتوب الحجر الذي رفضه البناؤون هو قد صار راس الزاوية. من قبل الرب كان هذا و هو عجيب في اعيننا. فطلبوا ان يمسكوه و لكنهم خافوا من الجمع لانهم عرفوا انه قال المثل عليهم فتركوه و مضوا.).**

ويبدو أن السنهدرين (المجلس الأعلى). نحن هنا أمام ملاحقة رسمية وإن كانت خفيّة) هو الذي أرسلهم. هذا ما يلمّح إليه معلمنا مرقس هنا و معلمنا لوقا **(فراقبوه و ارسلوا جواسيس يتراءون انهم ابرار لكي يمسكوه بكلمة حتى يسلموه الى حكم الوالي و سلطانه) (لو ٢٠: ٢٠)** إن الأسئلة المطروحة على يسوع تنتمي إلى فئة من الأسئلة المحرجة اعتاد الرابانيون أن يطرحوها ليختبروا عند الآخرين معرفتهم للكتب المقدّسة وفطنتهم في تمييز الحالات. نكمل هنا مسألة الجزية التي فرضها الإمبراطور الروماني على المناطق المحتلة:

هذه الجزية قسمت الأحزاب السياسية والدينية في عصر يسوع:

حزب الغيورون : رفضوا أن يدفعوها انطلاقاً من مبدأ ديني. لا ملك لنا إلا يهوه.
حزب الهيرودسيون : قبلوا أن يدفعوها انطلاقاً من مبدأ ولاءهم للسلطة الحاكمة وتشيّعوا لهيرودس. فكانوا يدفعونها بطيبة خاطر.
حزب الفريسيون : فرفضوا من جهة المبدأ سلطة رومه، ولكنهم وجدوا توافقاً على المستوى العملي بفكرة أن الحكام الوثنيين يتسلّمون من الله سلطتهم بحفظ النظام، وله يؤدّون حساباً، لذلك يجب أن نخضع لهم ولا سيّما في أمر الجزية. ولكن يبقى الأمر مؤقتاً.
حين طرح الخصوم هذا السؤال على يسوع، أملوا أنهم يسجنونه فلا يمكنه أن يفلت: فمهما كان جوابه، سيجتذب عليه غضب هذا الفريق أو ذاك. إن قبل بدفع الجزية، أفهموا الشعب أنه يتعامل مع العدوّ. وإن رفض دفع الجزية، يشتكون عليه لدى الوالي الروماني. وقد كانوا يستشفّون هذا الخيار الثاني، كما تدلّ على ذلك بداية الكلام الذي وجهوه إلي يسوع. **(لا تحابي وجوه الناس)** لا تعتبر الناس حسب عملهم، غناهم، مركزهم، **(بل تعلّم طريق الله بالحقّ)**
يطرح الفريسيون السؤال، وموقفهم تجاه الجزية متشعّب. الهيرودسيون يحملون الجواب إلى السلطات. فكر الفريسيون و الكتبة بما أننا لا نستطيع أن نهاجم يسوع بشكل مباشر أمام الشعب و قد يكون منتمى للغيورين فيغتالوهم لمقاومتهم المسيا المنتظر، فوجدوا الحل فى جعله يسقط في فخّ السلطات الرومانية. هذا ما **قاله (لو ٢٠: ٢٥) (فراقبوه و ارسلوا جواسيس يتراءون انهم ابرار لكي يمسكوه بكلمة حتى يسلموه الى حكم الوالي و سلطانه)**
إن موضوع الجزية كان موضوعاً مؤلماً: يدفعها كل شخص يعيش في الإمبراطورية. ولا ننسَ سائر الضرائب منها الجمارك، الانتقال من مقاطعة إلى مقاطعة، الضرائب غير المباشرة، الضريبة على الأراضي. كل هذا يدلّ على سلطة روما على الشعب المختار. والدفع يعني الاعتراف بهذه الشرعيّة والقبول بخسارة الاستقلال الوطني. هذا على المستوى السياسيّ. وهناك أيضاً المستوى الديني: إذا كان القيصر هو سيّد إسرائيل فهم عبيد لقيصر، إذن، ليس الله هو السيّد **(و تعرفون الحق و الحق يحرركم.اجابوه اننا ذرية ابراهيم و لم نستعبد لأحد قط كيف تقول انت انكم تصيرون احرارا.اجابهم يسوع الحق الحق اقول لكم ان كل من يعمل الخطية هو عبد للخطية.و العبد لا يبقى في البيت الى الابد اما الابن فيبقى الى الابد. فان حرركم الابن فبالحقيقة تكونون احرارا.)(يو ٨: ٣١- ٣٤).**
سينطلق يسوع في جوابه من هذه النقطة: الاهتمام بكرامة الله.
ما الذي يمسّ هذه الكرامة؟
هل السلطة الرومانية وحدها؟
هل دفع ما يجب لقيصر يعارض "دفع" ما يجب لله؟
هل هم متأكدون أنهم أدّوا لله ما يجب في حياتهم ؟
كانت نظرة سياسية للتعامل مع السلطة الأجنبية. وارتبطت بهذه النظرة وجهة دينية: لا ملك علينا إلا الله. ومن يعيّنه الله من شعبه. وهناك وجهة نظر دينية أخرى: نجد على النقد صورة الإمبراطور. والوصية الثانية من وصايا الله تمنع الصور والتماثيل. ثمّ إن هذا الإمبراطور يعتبر نفسه الله. والمؤمن لا يعرف إلا الله الواحد. وهكذا بدا الوضع متشعباً، بل معقداً. ولكن الجواب جاء بسيطاً في فم يسوع : حين تؤدّون واجبكم حقّاً تجاه الله، تصبح تأدية سائر الواجبات بسيطة. محبّة الله تعلّمنا محبّة القريب والتعامل معه. جاء الفريسيون وجاء معهم

الشهود من جماعة هيرودس. أترى يسوع سيجاري الشعب الحاضر ويدعوه إلى رفض الجزية؟ حينئذ يُعتبر داعياً إلى الثورة. غير أن جواب يسوع جاء حقيقياً وحكيماً. تحلىّ جوابه بالفطنة و السياسة فلم يقع في فخّ خصومه. وربط هذا الجواب بالله فجعل السؤال في محلّه داخل حياة المؤمن. لا فتوى من الفتاوى "المدرسيّة" عند الرابانيين و من المؤكد ان من سألوه يملكون ديناراً يدفعونه "جزية". هذا النقد يجب أن "يحرق" أصابعهم. هو صنم رجس، هو قيمة تجارية، هو نقد بسيط "بريء". إنه علامة النظام الروماني الذي ينعمون به. وهذه الجزية هي ما يقابل بعض هذا النظام. يسوع أراد أن يوضح لهم أن سؤالهم ليس لغيرتهم على وطنهم لأنهم موالين لقيصر و يحملون دنانير الفساد و الرشوة فهم مخادعون و لا يتقون الله و لأن هناك جمهور يهودى يستمع و ينتظر إجابة مباشرة فلا يوصي بالخضوع أو الخنوع أمام النظام القائم (وهذا هو موقف الفريسيين). ولا يوحي برفض هذا النظام (هذا هو موقف الغيورين). ولا يبارك بكل بساطة ما يفعله الإمبراطور ومن يعمل باسمه (هذا هو اتجاه الهيرودسيين)و يظهر حذر المسيح من كل ما يمسّ المال. فى المقابل شهرة الفريسيين في حبّ المال **(لا يقدر خادم ان يخدم سيدين لأنه اما ان يبغض الواحد و يحب الاخر او يلازم الواحد و يحتقر الاخر لا تقدرون ان تخدموا الله و المال. و كان الفريسيون ايضا يسمعون هذا كله و هم محبون للمال فاستهزاوا به) (لو ١٦: ١٣- ١٤)**، نفهم أن يسوع أراد أيضاً أن يشدّد على فكرة أخرى ستتّضح في نصّ معلمنا لوقا. ما يعارض حقوق الله ليس فقط "الصورة" الموجودة على النقد والتي تدلّ على "الإله" طيباريوس. فهناك إله آخر أكثر خطورة هو "المال" الذي يعطي أمان زائف فنؤمن به ونتكّل عليه ونعبده (لو ١٦: ١٢)

فأجاب يسوع: يجب أن نقسمها لقسمين (أدوا ما لقيصر لقيصر). و القسم الثانى (وما لله لله).
فكل قسم موجة لفريق من المتسألين و المستمعين ليفهمه كل فريق بطريقته الخاصة :

١- توجّه جواب يسوع إلى الغيورين :

القسم الأول : لا يعني لهم شيئاً، بل يدلّ على لباقة يسوع بالتهرّب من السؤال. فهم لا يؤدّون لقيصر إلاّ الكراهية ! وقد يكون توجّهاً ملؤه الاحتقار لأتبّاع هيرودس الخاضعين الخائفين أو للفريسيين الجبناء: أنتم تستعملون نقد قيصر فأعيدوه إليه. هذا يتضمّن رد ضمنى لم يقال لكن يفهم . أما ما لله فيفسرها الغيورين على أن شعب الله هو ملك لله و المحتل الرومانى أختطفة و أستعبدة ودورهم تحرير الشعب و ردة لله أما الجزية فلا ندفع هكذا قد يفهمه الغيورون.

القسم الثاني : أقرّ يسوع في جوابه بالدعوة الخاصّة للدولة التي هي نظام أراده الله، وهو بذلك يملك سلطة شرعيّة. نجد أساساً لهذه النظرة في العهد القديم (أم ٨: ١٥- ١٦)؛ (دا ٢: ٢١)، ٣٧- ٣٨)؛ (أش ٤٥... موقف أرميا من الجيش البابلي). إذ كان للدولة سلطة من الله، فهذا من أجل خلاص البشر. فالله هو الأولى بأن يطاع أكثر من الناس .

٢- توجّه جواب يسوع إلى الفريسيون و الهيردوسين و الجواسيس:

القسم الأول : يعنى لهم أن مسألة الجزية مسألة عامة عن العلاقات مع السلطة الرومانية لا تهمّ يسوع . ما يهم هو أن يؤدّى لله ما هو لله. يعني أن يحدّد موقعه بشكل إيجابي من ملكوت

الله. و لكن الجواسيس شهدوا كذبا أمام بيلاطس و اتهموه أنة من الغيورين يرفض دفع جزية لقيصر **(فقام كل جمهورهم و جاءوا به الى بيلاطس.و ابتدءوا يشتكون عليه قائلين اننا وجدنا هذا يفسد الامة و يمنع ان تعطى جزية لقيصر قائلا انه هو مسيح ملك.)(لو ٢٣: ٢).**

القسم الثاني : أقرّ يسوع في جوابه بالدعوة الخاصّة للدولة التي هي نظام أراده الله، وهو بذلك يملك سلطة شرعيّة. إذ كان للدولة سلطة من الله، فهذا من أجل خلاص البشر فالسيد المسيح يرى مستقبل البشرية و ما يجب أن تكون علية حيث تجمع الضرائب من الشعوب لتوظيفها فى خدمتهم لبناء المستشفيات و المدارس و الطرق و حفظ النظام . فإن أديّنا للحاكم ما يساعدة فى الأنفاق على خطط تنمية شعبة ، فلكي نؤدّي لله ما لله. وهكذا شددّ جواب يسوع على القسم الثاني.

٣- توجّه جواب يسوع إلى الجمهور اليهودى و الأممى عموما :

القسم الأول : الإقرار بوجود سلطات مؤقتة في عالمنا، يجب أن نأخذها بعين الاعتبار.

القسم الثاني : يدعونا يسوع إلى موقف واع يميّز الأمور: أدّوا للدولة مالها، كل مالها، وفقط مالها... لا أكثر ولا أقلّ... وأدّوا لله ما يعود إليه، أي شخصكم كله. نحن من الله ونعود إلى الله الذي هو هدفنا وغايتنا، ووحده يستطيع أن يطلب منّا كل شيء.

إذا كانت العملة الدينار يخصّ الإمبراطور فهو واجب له وهو يعود إليه. غير أن هناك نظاماً أسمى يجب أن نقرّ به هو واجباتنا تجاه الله.

لقد أفشل السيد المسيح الفخ الذي وضع له من قبل الفريسيين ،مميزا مجال عمل القيصر عن عمل الله، لقد ردَّ على الاتهامات السياسية معلنا أن مملكته (ليست من هذا العالم).إذا المسيح لم يبتعد عن السياسة و لكنه نفى تهمة الثورة المسلحة و التخطيط لقلب نظام الحكم الأرضى فقط . فالمسيح لا يرفض المدينة الدنيوية بشكل عام، موقفه لم يكن رافضا للعالم بل يريد تغيير العالم : إنه يحاول شفاء المرضى، يتحدث عن جمال الخلق ، إنه يتحدث في كل كلامه عن الحياة و العمل في كل الأيام...، يدعو ويقول إن محبة الله هي محبة لمن حولنا جميعا أيضا. في النهاية إنه لا ينكر السياسة بل مارسها كمواطن أعطانا فكر للمستقبل و للحاضر فى كيفية التعامل مع الحكام و السياسين و الحكومة المكلفة برعاية الشعب و لم يرفض التعامل مع خصومة من الطوائف اليهودية و السلطة الرومانية المحتلة فالدين و السياسة لهما مجالات مختلفة **(اعطوا اذا ما لقيصر لقيصر و ما لله لله. فلما سمعوا تعجبوا و تركوه و مضوا)(إنجيل متى ٢٢ : ١٦ - ٢٢)**

" أعطوا للقيصر..."، بمعنى أولي، هذه الجملة كانت غريبة على المجتمع اليهودى . إنها تطرح مبدأ غريبا على العالم اليوناني و الروماني كما أيضا على العالم اليهودي: القاعدة الجديدة تتعارض مع كل النظام السياسي الديني ومع كل الحكم الثيوقراطي، إنها تكسر الوحدة التقليدية للسلطة. وبمعنى آخر هذه الجملة ليست قطيعة، بل إنها تعترف بالجزء الشرعي للسياسة. يعني بوضوح أن: المسيح لا يدعو إلى التخلي عن السياسة مع عدم الاخلال باللألتزام الروحى لشريعة الله والحق والعدل .

إذا يمكن القول أن السياسة تنتمي إلى عالم الإنسان المسيحي، وأن السلطة هي في خدمة خير لا يستطيع أن يكون هنا إلا خيرا طبيعيا. السلطة لها غايات خاصة، إنها تندرج ضمن نظام طبيعي للسياسة المرادة من قبل الله.

ولما اقترب السيد المسيح من أورشليم في آخر يوم أثنين قبل الصلب ليوجه آخر دعوة إلى الناس استقبله جمهور الشعب و التلاميذ قائلين (مبارك الملك الآتي باسم الرب)، ولما طلب إليه بعض الفريسيين أن ينتهر تلاميذه من أجل هذه التحية رد عليهم بقوله: **(إنه لو سكت هؤلاء فالحجارة تصرخ)**. و بعض الجماهير حيتة بلقب "إنه ملك إسرائيل". ويبدو أن أتباعه كانوا لا يزالون يعتقدون أنه مسيح سياسي سيقضي على سلطان الرومان ويجعل الكلمة العليا لليهودية. وكانت هذه الأصوات والتحيات هي التي مهدت لنا طريق الصليب ميتة الثوار على الحكم السياسى للرومان و الطبقة المستغلة .

أقترب عيد الفصح واجتمع في أورشليم عدد كبير من اليهود ليقربوا القرابين للهيكل. وكان البهو الخارجي يضج بأصوات البائعين ينادون على الحمام وغيره من حيوانات الضحايا والصيارفة يعرضون النقود المتداولة في هذا المكان بدل نقود الوثنيين المتداولة في الإمبراطوريّة الرومانية. ولما زار السيد المسيح الهيكل في اليوم الثاني بعد دخوله المدينة هاله ما كان تحت المظلات من ضجيج وأعمال تجارية، فانتابته هو والتلاميذ نوبة من الغضب الشديد، دفعتهم إلى قلب مناضد الصيارفة وتجّار الحمام، وبعثرت نقودهم على الأرض، وإخراج التجار من ساحته بضرب العصى. وظل عدة أيام بعد مجيئه يعلم في الهيكل دون أن يتعرض له أحد . ولكنه كان يخرج منه ليلاً ويبيت في جبل الزيتون ليصلى و يشرح للتلاميذ المعنى الغير ظاهر من وراء أقوالة للجموع .

هل كان السيد المسيح عنيفا مع الباعة فى الهيكل ؟

ولمّا دخل الهيكل إبتدأ يخرج الذين يبيعون ويشترون فيه قائلا لهم:**(مكتوب أن بيتى بيت الصلاة وأنتم جعلتموه مغارة لصوص)(لوقا ١٩ : ٤٧-٤٨)** ظهر يسوع غاضباً في مشهد تطهير الهيكل، فرغم قمة غضبه أظهر يسوع قمة رقّته في لفتة حانية جدا تجاه الحمام المخلوق الوديع لاحظوا معى كلمات الإنجيل بدقة: وصف تطهير الهيكل حسب إنجيل متى (**ودخل يسوع هيكل الله وأخرج جميع الذين يبيعون ويشترون فى الهيكل وقلب موائد الصيارفة وكراسى باعة الحمام)(متى ٢١ : ١٢)** ومثله في إنجيل مرقس **(ولمّا دخل يسوع الهيكل إبتدأ يخرج الذين كانوا يبيعون ويشترون فى الهيكل وقلب موائد الصيارفة وكراسى باعة الحمام ولم يدع أحد يجتاز الهيكل بمتاع)(مرقس ١١ : ١٥-١٦)** لاحظوا أن إنجيلى متى ومرقس لم يقولا إن المسيح قلب "أقفاص" الحمام بل "كراسى باعة" الحمام أما أنجيل يوحنا فلم يورد حادثة تطهير الهيكل فى الفصح الأخير إلا أنه قدم لنا وصف حادثة مماثلة هى تطهير الهيكل فى الفصح الأول لخدمة المسيح الكرازيّة في الجسد، ويصِفْها بتفاصيل **(صعد يسوع لأورشليم ووجد فى الهيكل الذين كانوا يبيعون بَقَراً وغَنَماً وحماما والصيارف جلوسا فصنع سوطاً من حبال وطرد الجميع من الهيكل الغنم والبقر . وكب دراهم الصيارف وقلب موائدهم وقال لباعة الحمام ارفعوا هذه من ههنا لا تجعلوا بيت أبى بيت تجارة)(يوحنا ٢ : ١٣-١٧)** المسيح غاضب جداً.. لم يجسر أحد أن يقف فى وجهه، رغم شراسة الباعة واحتمائهم بالرؤساء ورغم أن هذا مالهم وتجارتهم، لقد طرد المتاجرين وطرد أيضا الغنم والبقر وبالتأكيد حدث هَرَج فى الداخل، فالكل يطارد خروفه أو بقرته، كما منع الداخلين ببضائعهم مما زاد المشهد إرباكاً واختناقاً عند الباب بين الممنوعين من الدخول والمطرودين للخارج، ولم يكتفى بكل ذلك فزاد بأن قلبَ موائد الصيارفة بكل ما عليها من أموال وصكوك فتناثر الإله المعبود دون الرب، ولا يُنتَظَر الآن من عابديه إلا التكالب على

العُمْلات المُلقاة على الأرض، فالصيارفة الآن تحت الأقدام يحاولون إنقاذ ما يمكنهم من بين أيدى المئات بينما الذين يُلاحِقون أغنامهم يدهسون الذين يجمعون الأموال! والرب لا يبالى بهذا بل يواصل عمله فى تطهير الهيكل ممسكا سوطه بحزم.. يسوع صنع سوطاً من الحبال التي وجدها حوله . واخرج الغنم والبقر .ثم قلب موائد الصيارفة وقال لباعة الحمام يخرجوهم أن الرب عندما بلغ أقفاص الحمام فعل شيئا لا يتفق مع إيقاع الحدث، إذ قلب كراسى باعة الحمام وأمرهم برفع أقفاص الحمام من المكان نتوقَّف هنا مع توقّف غضب الرب ونسأل ألم يكن المتوقَّع حسب الإيقاع الهادر أن يَقلِب الربُ الأقفاص مثلما قَلَبَ الموائد؟ ومثلما ساق الغنم والبقر خارجا؟ كان هذا هو اللازم حسب توقّع البشر استكمالاً مُحتَّماً لِما فعله للتوّ، ولكنّ الرب بدلاً من هذا المُتوقَّع البشريّ لدى الناظرين، فإنه قلب كراسى باعة الحمام وليس أقفاص الحمام.. وأما الحمام نفسه فقد أظهر إعتناءً بأقفاصه عندما قال لهم إرفعوا هذه من ههنا ولم يكن يُعجِزه أن يطيح بأبواب الأقفاص أو يكسِّر ذات الأقفاص! فيطير الحمام و يخسر التاجر أموالة لكن السيد المسيح عادل يحافظ على حق بيت الله و لا يهدر حق بائع الحمام رغم أنة مخطئ . فيسوع لم يستخدم السوط ضد اي شخص.واذا تم بالفعل استخدام السوط ضد اي شخص كان يجب ان يحاكم من الناحية اليهودية فبحسب ايام يسوع كان الرومان يعملون بالشريعة اليهودية في الاقاليم الفلسطينية التي يسكنونها،ولا يتدخل الحاكم الا عند الضروره .وكان المصادر المعتمد عليها ثلاثة مصادر سفر الخروج من الأصحاح ٢٠ الي الأصحاح ٢٣ ، التثنية من الأصحاح ٢١ : ٢٦ ، وما وضع في اثناء السبي فيصير اجمالي القوانين ٦١٣ قانون يجتهد الكتبة في دراستها واستنباط الشرائع منها [٨] والشريعة اليهودية تمنع اعتداء يهودي علي يهودي وهكذا ايضاً اعتداء اممي علي يهودي .ومما اعلاه نستنتج الاتي : لم يتم توجيه اي تهمة الي يسوع ولم يشتكي احد عليه بانه ضربهم بالسياط .! ولم يمسكه الصيارفة لتقديمه للمحاكمة فاذا فعل يسوع هذا فلديهم شهود عيان والقضية في صالحهم وكان سيحاسب يسوع علي فعلته امام المحكمة اليهودية.هذا كله يدل ان يسوع لم يستخدم السوط ضد الاشخاص .لكنه استخدم السوط مثل أي راعي يرعي الماشية ليحافظ علي سيطرته علي الحيوانات داخل الهيكل وليخرجهم .فيسوع لم يعتدي علي أي انسان . **"ان يسوع لم يستخدم السياط ضد اي انسان او لضرب اي انسان لكن كان السياط للبهائم الهائجة الغاشمة فقط . كما هو مكتوب انه بعدما عمل السياط اخرج الغنم والبقر .لكن لم يضرب احد ولم يدفع احد بل انتقدهم كلاميا "**

لا شك أن موقف المسيح في تطهير الهيكل، يرينا مدى شخصيته المتكاملة، التي تجمع الفضائل كلها. فهو وإن كان وديعًا ومتواضع القلب (متى ١١: ٢٩)، إلا أنه حينما يلزم الأمر، يمكن أن يكون حازمًا جدًا، يتصرَّف بقوة، كما حدث في ذلك اليوم..كان الرب حازمًا، بأسلوب لم يتعودوه من قبل. وكان حزمه ممزوجًا بالتعليم مكتوب بيتي بيت الصلاة يدعى. وهكذا نفذ ما يريد، بوضع الأمور في وضعها السليم. يسوع حتى فى غضبه رأيناه قادراً على التحكم فى غضبه فلا يتجاوز به حدود ما يريد إعلان الغضب لأجله قادراً على التمييز حتى فى قمة غضبه فلا يؤذى طائرا وديعا كالحمام . و كما قال بولس الرسول (إغضبوا ولا تخطئوا)(أفسس ٤ : ٢٦) .

---

[٨] (كتاب مجتمع يسوع تقاليده وعاداته دار المشرق بيروت صفحة ٩٢).

هؤلاء المخطئون في الهيكل، صبر الرب عليهم زمانًا، بكل هدوء.ولما لم ينصلحوا بالهدوء، استخدم معهم الشدة. في إصلاح أي إنسان، الرب مستعد أن يستخدم الكلمة الطيبة، وهو مستعد أيضًا أن يستخدم السوط، ولو للتخويف وليس للضرب. الأمران ممكنان. فبأيهما تريد أن ينصلح حالك؟

تاريخيًا تمتلك المسيحية تقليدًا طويلاً مع معارضة العنف من خلال كتابات آباء الكنيسة فكتب أوريجانوس: «لا يمكن أبدا أن يذبح المسيحيين أعدائهم، حتى لو كان أكثر الملوك والحكام والشعوب اضطهادًا لهم، وكان ذلك سببًا لزيادة في عدد وقوة المسيحيين». وكتب إكليمندس الإسكندري: «قبل كل شيء، لا يسمح للمسيحيين في استعمال العنف». كما جادل ترتليان بقوة ضد كل أشكال العنف، معتبرًا الإجهاض والحرب والعقوبات القضائية حتى الموت شكل من أشكال القتل. وتعتبر هذه المواقف لثلاثة من آباء الكنيسة والتي تتمسك بها اليوم كل المسيحيون .

ماذا فعل قادة اليهود إزاء تطهير الهيكل؟

لم يقدروا أن يتصدوا للمسيح فيما فعل أو يمنعوه. إنما **(كان رؤساء الكهنة والكتبة ووجوه الشعب يطلبون أن يهلكوه) (مر ١١: ١٨؛ لو ١٩: ٤٧)**. والذي عاقهم هو أنهم خافوا الشعب. فانتظروا الفرصة المناسبة لتنفيذ مؤامرتهم.

وكل ما فعلوه، إنهم قالوا له لما قابلوه: **(بأي سلطان تفعل هذا؟!) (متى ٢١: ٢٣؛ لو ٢٠: ٢)**. ولم يعطهم إجابة، بل سألهم سؤالًا عن يوحنا العمدان أسكتهم .

لكنهم حسدوة للأستقبال الحماسي الذي استقبل به في أورشليم فصاروا يخشون أن تلتهب حماسة هذه الجماعات التي اجتمعت في عيد الفصح، فتدفعها عواطفها الثائرة ونزعتها الوطنية إلى الثورة على السلطة الرومانية ثورة طائشة عقيمة لم يحن موعدها بعد، فتكون عاقبتها القضاء على كل ما تستمتع به اليهودية من حكم ذاتي وحرية دينية. ومن أجل هذا دعا الحاخام الأكبر السنهدريين إلى الاجتماع .

وقال فى الاجتماع : **(إنه خير لنا أن يموت إنسان واحد عن الشعب ولا تهلك الأمة كلها)** ووافقته أغلبية الحاضرين على رأيه وأمر المجلس بإلقاء القبض على المسيح .

و نبأ هذا القرار كان يعلم به السيد المسيح ، وكان التلاميذ يشعرون بقرب حدوث هجوم محتمل على السيد و ينتظرون أن يُنجّي المعلم نفسه بما له من معجزات؛ لكنه لم يفعل شيئاً من هذا، و أكد لهم ذلك بإن أحد الاثني عشر تلميذا كان يتأمر ليسلمه إلى أعدائه، وفي هذا العشاء الأخير اتهم المسيح علناً يهوذا الإسخريوطي . و بعد انتهاء العشاء و تأسيس سر التناول خرجت هذة الجماعة الصغيرة لتصلى في حديقة جثسيماني في خارج أورشليم. وفيها عثرت عليهم دورية من شرطة الهيكل. وقبضت على يسوع. وسيق أولاً إلى بيت أونياس أحد كبار الكهنة السابقين، ثم نُقل منه إلى بيت قيافا. ويقول معلمنا مرقس "إن المجلس" ولعل الأصح إن لجنة من أعضاء السنهدرين - اجتمعت في ذلك المكان. وشهد عليه شهود كثيرون، وذكروا بنوع خاص تهديده بتخريب الهيكل. ولما سأله قيافا هل هو "المسيح ابن الله؟" أجابه كما تقول الأناجيل "أنا هو"، واجتمع السنهدرين في صباح اليوم التالي وأثبت عليه جريمة التجديف (وكان عقابها الإعدام بالرجم حسب شريعة اليهود) و محاكمة المسيح و طلب اليهود لصلبه إتضحت فيها الأبعاد السياسية للمجتمع اليهودى الشرير فالوالى الرومانى بيلاطس البنطي رجلاً قاسياً، استدعي إلى روما بعد وقت ما من هذه الأحداث

متهما بابتزاز المال واستخدام القسوة ، وعُزل من منصبه .بيلاطس الشرير يحاكم المسيح حيث أنه في الصباح الباكر من يوم الجمعة بلغ الوالى فى مخدعه قدومَ رئيس الكهنة مع مجلسه الموقَّر وأنهم أحضروا معهم النبى الناصرى الشهير صانع المعجزات الفائقة مكبل الأيدى فى صورةٍ تدلُّ على أنه إرتكب جريمة عظيمة ، وكان رؤساء اليهود يتشبَّثون بعظمتهم حتى فى علاقاتهم مع الولاة الرومان ، وكان الولاة يحترمون رؤساء اليهود ويعترفون لهم بسلطة واسعة ونفوذ عظيم فكانوا غالباً ينفّذون لهم أحكامهم الدينية دون مراجعة ، وقد حرص رؤساء اليهود على أن يتصرف بيلاطس معهم حسب عادته فلا يفحص القضية لأن الوقت قد دهمهم ، كما كانوا يخشون أن فَحْصَ القضية يعنى إلغاء حكمهم الظالم، ولما كانت شريعتهم تقول إن دخولَهم إلى دار المحكمة الوثنية ينجسهم ولا وقت ليتطهروا من هذا التنجُّس قبل العيد العظيم تساهل الوالى معهم وخرج إليهم وأدخل المسيح مع العسكر إلى الدار ثم سأل الرؤساءَ فى غياب المسيح **(أية شكاية تقدمون على هذا الإنسان أجابوا و قالوا له لو لم يكن فاعل شر لما كنا قد سلمناه اليك)(يو١٨ :٢٩-٣٠)** محاولين بهذا الرد أن لا يفحص بيلاطس القضية لكن الوالى تمسَّك بحقوقه القانونية **(فقال لهم بيلاطس خذوه أنتم و أحكموا عليه حسب ناموسكم)(يو١٨ : ٣١)** فاضطروا أن يصوغوا دعواهم فى قالب قانونى مما يوجِب معاقبة المسيح بالإعدام ، ثم بدأت اتهامات اليهود للمسيح ....

الجريمة الأولى التى نسبها شيوخ اليهود للمسيح هى أنه يفسد الأمة، أى يثير فتنة سياسية ضد الحكومة ، لكن لو صدق هذا القول لكان بيلاطس قد عرف هذا بواسطة جواسيسه دون تداخل الرؤساء الذين لا تسيئهم الفتنة ضد الحكومة .

الجريمة الثانية أن المسيح يمنع أن تُعطى جزية لقيصر وهذا ما حاولوا أن يجعلوا المسيح يقوله لكنه رفض وقال **(أعطوا ما لقيصر لقيصر وما لله لله)(لو٢٠ :٢٥).**

الجريمة الثالثة فكانت أنه (يقول إنه هو مسيحٌ ملك) وهذا أيضاً كذب لأن هذه التهمة لا لن يصدقها الوالى لأنه يعلم جيداً أن هؤلاء اليهود يفتخرون بكل من يقاوم الحكم الرومانى، فلا يمكن أن يسلِّموا يهودياً للقتْل بهذه التهمة حتى لو كانت صحيحة، لذا أجابهم الوالي بنفور وتحقير وتهكّم **(خذوه أنتم وأحكموا عليه حسب ناموسكم)(يو١٨: ٣١)** مع أنه لا علاقة بين الجرائم التى ذكروها وبين ناموسهم، وكأنه يقول لهم **(لا تستطيعون أن تفعلوا ما تشاؤون بدونى وأنا لست مضطراً لأخضع لمطالبكم بدون فحص)**، فأضطر الرؤساء إلى التذلُّل لينالوا مرامهم وقالوا **(لا يجوز لنا أن نقتل أحداً)(يو١٨: ٣١)**، حصل كل هذا أمام دار الولاية، وبعده دخل الوالى ودعا السيد المسيح ليفحص أمره، **(ثم دخل بيلاطس أيضاً إلى دار الولاية و دعا يسوع و قال له أنت ملك اليهود أجابه يسوع أمن ذاتك تقول هذا أم آخرون قالوا لك عنى أجابه بيلاطس ألعلى أنا يهودى أمتك و رؤساء الكهنة أسلموك إلى ماذا فعلت أجاب يسوع مملكتى ليست من هذا العالم لو كانت مملكتى من هذا العالم لكان خدامى يجاهدون لكى لا أسلم إلى اليهود و لكن الآن ليست مملكتى من هنا فقال له بيلاطس أفأنت إذا ملك أجاب يسوع أنت تقول إنى ملك لهذا قد ولدت أنا و لهذا قد أتيت إلى العالم لأشهد للحق كل من هو من الحق يسمع صوتى قال له بيلاطس ما هو الحق و لما قال هذا خرج أيضاً إلى اليهود و قال لهم أنا لست أجد فيه علة واحدة)(يو١٨ :٣٣-٣٨)** وكان سؤاله الأول معقولاً ومناسباً لأن اتهام اليهود له بأنه قال إنه مسيح ملك لم يكن في مواجهته فسأله :

أأنت ملك اليهود؟ ولم يرد السيد المسيحُ أن يجيب بنعم فقط لئلا يأخذ الوالى هذا الجواب على معنى سياسى بخلاف الواقع، كما لم يرغب أن يقول كلا لأنه بالحقيقة ملك اليهود بل ملك كل العالم بالمعنى الروحى ، وكان يعلم ما قاله اليهود للوالى فأجابه : أمِنْ ذاتك تقول هذا، أم آخرون قالوا لك عنى؟ أى هل تطلب أن تعرف حقيقة أمرى أو فقط أن تعرف صِدْق الذين سلمونى إليك؟ فنفى بيلاطس أنه يطلب معرفة الحقيقة بقوله : ألعلى أنا يهودى؟ يعنى لماذا أهتمُّ أن أعرف مسيح اليهود ؟ أمَّتُك ورؤساء الكهنة أسلموك إلى ماذا فعلتَ؟ ،حينئذ كلم المسيح بيلاطس بكلامٍ بيَّن فيه ماهية ملكوته الروحى، وبرهان ذلك أنة لم يرضى أن يقوم أتباعه بالدفاع عنة بالسِّلاح بينما كان من الممكن أن يستعملوا السلاح لو كان يحرضهم على ثورة مسلحة ، لكن الوالى لم يكتفِ بهذا التصريح الروحى المُبهَم عنده فطلب جواباً واضحاً على سؤاله، فأجابه المسيح: أنت تقول إنى ملك لهذا قد وُلدت أنا ولهذا قد أتيتُ إلى العالم لأشهد للحق (أى الحق الإلهى) وكلُّ مَنْ هو من الحق يسمع صوتى .

فقال بيلاطس وهو خارجٌ ليقابل رؤساء الكهنة فى الفسحة الخارجية: ما هو الحق؟ أى من يقدر أن يعرف الحق بين الآراء الدينية الكثيرة المتضاربة؟ هل هو بجانب فلاسفة اليونان المتعبّدين للجمال وآلهته - أم بجانب الرومان المتعبدين للقوة وآلهتها - أم بجانب اليهود المتعبِّدين لإلهٍ واحد وهو روحٌ لا صورة ظاهرة له - أم بجانبك أنت المرفوضِ من أمَّتك اليهودية التي تخالفها، وتقول إنك أتيت من السماء لتشهد للحق ، وهذا السؤال نجد إجابته فى إنجيل معلمنا القديس يوحنا(**إن ثبتم فى كلامى ... تعرفون الحق و الحق يحرركم**)(يو٨ :٣١-٣٢)، ثم خرج بيلاطس ليعلن لليهود: أنا لست أجد فيه علة واحدة (**فقال بيلاطس لرؤساء الكهنة و الجموع إنى لا أجد علة فى هذا الإنسان فكانوا يشددون قائلين إنه يهيج الشعب و هو يعلم فى كل اليهودية مبتدئاً من الجليل إلى هنا) (لو ٢٣: ٤-٥)**

عند هذا التصريح من الوالي جدد اليهود شكاياتٍ متنوعة لم يُرضَ المسيح أن يجيب عليها. ولما سأله الوالي لماذا لا يدافعُ عن نفسه، لم يجِبْه بكلمة، لأنه يعلم أن كلامه يكون عبثاً. وتعجب الوالي من هذا السكوت، لكنه أظهر احترامه بإعادة شهادته أمام الرؤساء والجمهور ببراءة المسيح، فغضبوا وجددوا الشكوى بأن المسيح كان يحرك الشعب للفتنة، ليس فقط في ولاية بيلاطس، بل أكثر أيضاً في وطنه في ولاية هيرودس أنتيباس، في مقاطعة الجليل حيث قضى المسيح معظم سنيه . ذكر رؤساء اليهود أن المسيح من الجليل ليهيِّجوا الوالي على المسيح ليقتله .لأن الجليليين أكثر الناس إثارةً للفتن السياسية. لكن الرؤساء ندموا على قولهم هذا، لأنه أدَّى إلى بطءٍ جديد في مؤامراتهم. فقد جعلوا الوالي يفكر في وسيلة جديدة للتخلُّص من هذه الدعوى المزعجة، بإحالتهم إلى حاكم الجليل اليهودي، رغم ما بينهما من الخلاف الشديد. فأرسل بيلاطسُ المسيحَ إلى قصر هيرودس في أورشليم، ومعه المشتكين عليه، وهو يحسب أن هذه الإحالة تريحه من المسئولية تجاه اليهود وتجاه هيرودس أيضاً، ويكون فيها شيء من الاسترضاء، فينتهي العداء بينه وبين هيرودس، فنجح في الغاية الثانية، وصار بيلاطس وهيرودس صديقين مع بعضهما من ذلك اليوم. لكنه لم ينجح في التخُّلص من مشكلة إرضاء اليهود، ولا إراحة ضميره .

وقف السيد المسيح أمام هيرودس (**فَلَمَّا سَمِعَ بِيلاَطُسُ ذِكْرَ الْجَلِيلِ، سَأَلَ: »هَلِ الرَّجُلُ جَلِيلِيٌّ؟« وَحِينَ عَلِمَ أَنَّهُ مِنْ سَلْطَنَةِ هِيرُودُسَ، أَرْسَلَهُ إِلَى هِيرُودُسَ، إِذْ كَانَ هُوَ أَيْضاً تِلْكَ الأَيَّامَ فِي أُورُشَلِيمَ. وَأَمَّا هِيرُودُسُ فَلَمَّا رَأَى يَسُوعَ فَرِحَ جِدّاً، لِأَنَّهُ كَانَ يُرِيدُ مِنْ زَمَانٍ طَوِيلٍ**

أَنْ يَرَاهُ، لِسَمَاعِهِ عَنْهُ أَشْيَاءَ كَثِيرَةً، وَتَرَجَّى أَنْ يَرَاهُ يَصْنَعُ آيَةً. وَسَأَلَهُ بِكَلاَمٍ كَثِيرٍ فَلَمْ يُجِبْهُ بِشَيْءٍ .وَوَقَفَ رُؤَسَاءُ الْكَهَنَةِ وَالْكَتَبَةُ يَشْتَكُونَ عَلَيْهِ بِاشْتِدَادٍ، فَاحْتَقَرَهُ هِيرُودُسُ مَعَ عَسْكَرِهِ وَاسْتَهْزَأَ بِهِ، وَأَلْبَسَهُ لِبَاساً لاَمِعاً، وَرَدَّهُ إِلَى بِيلاَطُسَ. فَصَارَ بِيلاَطُسُ وَهِيرُودُسُ صَدِيقَيْنِ مَعَ بَعْضِهِمَا فِي ذلِكَ الْيَوْمِ، لأَنَّهُمَا كَانَا مِنْ قَبْلُ فِي عَدَاوَةٍ بَيْنَهُمَا) (لوقا٢٣: ٦-١٢)

لما وصل المسيح مع المشتكين عليه إلى قصر الملك هيرودس فرح هذا جداً، ليس فقط لافتخاره بتنازل الوالي له، بل لأنه منذ زمان كان يشتهي أن يرى المسيح، لأنه أشهر كل أفراد رعيته في الجليل. ولم يكن قد رآه حتى ذلك الوقت .وقد فرح هيرودس لأنه ظن أن المسيح سيُجري أمامه المعجزات التي قد سمع بها كثيراً . فحص هيرودس المسيح بكلام كثير لم يُحفظ لنا منه شيء، لكن المسيح لم يكترث ولم يجِبْه بشيء. كان هيرودس شريرا قد قتل يوحنا المعمدان، والآن لا يكلمه ابنُ الله بشيء. فاحتقره هيرودس. مع عسكره واستهزأ به وألبسه لباساً لامعاً وردَّه (دون حكم) إلى بيلاطس .

(فَدَعَا بِيلاَطُسُ رُؤَسَاءَ الْكَهَنَةِ وَالْعُظَمَاءَ وَالشَّعْبَ، وَقَالَ لَهُمْ: »قَدْ قَدَّمْتُمْ إِلَيَّ هذَا الإِنْسَانَ كَمَنْ يُفْسِدُ الشَّعْبَ. وَهَا أَنَا قَدْ فَحَصْتُ قُدَّامَكُمْ وَلَمْ أَجِدْ فِي هذَا الإِنْسَانِ عِلَّةً مِمَّا تَشْتَكُونَ بِهِ عَلَيْهِ. وَلاَ هِيرُودُسُ أَيْضاً، لأَنِّي أَرْسَلْتُكُمْ إِلَيْهِ. وَهَا لاَ شَيْءَ يَسْتَحِقُّ الْمَوْتَ صُنِعَ مِنْهُ. فَأَنَا أُؤَدِّبُهُ وَأُطْلِقُهُ . وَكَانَ مُضْطَرّاً أَنْ يُطْلِقَ لَهُمْ كُلَّ عِيدٍ وَاحِداً، فَصَرَخُوا بِجُمْلَتِهِمْ قَائِلِينَ: خُذْ هذَا وَأَطْلِقْ لَنَا بَارَابَاسَ! وَذَاكَ كَانَ قَدْ طُرِحَ فِي السِّجْنِ لأَجْلِ فِتْنَةٍ حَدَثَتْ فِي الْمَدِينَةِ وَقَتْلٍ. فَنَادَاهُمْ أَيْضاً بِيلاَطُسُ وَهُوَ يُرِيدُ أَنْ يُطْلِقَ يَسُوعَ، فَصَرَخُوا: اصْلِبْهُ! اصْلِبْهُ! فَقَالَ لَهُمْ ثَالِثَةً: فَأَيَّ شَرٍّ عَمِلَ هذَا؟ إِنِّي لَمْ أَجِدْ فِيهِ عِلَّةً لِلْمَوْتِ، فَأَنَا أُؤَدِّبُهُ وَأُطْلِقُهُ. فَكَانُوا يَلِجُّونَ بِأَصْوَاتٍ عَظِيمَةٍ طَالِبِينَ أَنْ يُصْلَبَ. فَقَوِيَتْ أَصْوَاتُهُمْ وَأَصْوَاتُ رُؤَسَاءِ الْكَهَنَةِ .فَحَكَمَ بِيلاَطُسُ أَنْ تَكُونَ طِلْبَتُهُمْ. فَأَطْلَقَ لَهُمُ الَّذِي طُرِحَ فِي السِّجْنِ لأَجْلِ فِتْنَةٍ وَقَتْلٍ، الَّذِي طَلَبُوهُ، وَأَسْلَمَ يَسُوعَ لِمَشِيئَتِهِمْ) (لوقا ٢٣:١٣-٢٥)

لما عاد الجمع بالمسيح إلى بيلاطس مع جواب أن هيرودس لم يقف له على ذنب حقيقي يستوجبُ قَتْلَه، دعا بيلاطس الشعب مع رؤساء الكهنة والعظماء، لعله يحصل من الشعب على مساعدةٍ ضد مكائد الرؤساء، واقترح على اليهود أن يكتفوا بجلْدِه، زاعماً أن هذا إشفاق على المسيح يخدم العدالة بتخليص بريء من الإعدام، وفي الوقت ذاته يجتنب استياء اليهود منه، الذي لا بد سيحصل، لو أنه أطلق المسيح بدون أن يعذبه. فقال لهم: أنا أؤدبه وأطلقه. بيلاطس يؤدب المسيح بعد أن برَّأه تماماً، عند ذلك تحوَّلت أفكار الجموع إلى أمرٍ آخر تعوَّدوه في مثل هذا الوقت من كل عام، وهو أن الوالي يُطلق أحد المسجونين تحتَ الحكم بالإعدام هديةً لهم بمناسبة عيد الفصح .فلما طالبوا بيلاطس بهذه المنحة، رأى في ذلك بابَ فرج للمسيح، فخيَّرهم مراعاةً لحريتهم بين المسيح وبين محكومٍ عليه بالإعدام، اسمه باراباس، قائد زمرةِ لصوصٍ ارتكبوا جرائم ضد اليهود منها القتلَ و السرقة . ولم يتصور بيلاطس أن الجمهور سيطلب منه أن يطلق لهم باراباس ويقتلَ المعلمَ الديني التقي الصالح، الذي شفى من مرضاهم عدداً لا يُحصى. وكان بيلاطس يظن أن الجمهور ليس مدفوعاً كالرؤساء بعوامل الحسد ليفضّلوا لِصاً صانع فتنة على صانع المعجزات الذي اتهموه زوراً بأنه صانع فتنة. فسأل الجمهور: من تريدون أن أطلق لكم، باراباس أم يسوع الذي يُدعَى المسيح ملك اليهود؟ ثم دخل بعد سؤاله وجلس على كرسي الولاية ليعطي فرصة للجمهور ليقرروا من يختارون. لكن بينما كانت أسباب تبرئة المسيح تزيد في غرفة الوالي، كان

العكس تماماً يزيد في خارجها، لأن الرؤساء بذلوا كل جهدهم ليقنعوا الجمهور أن يُصرُّوا على قَتْله بدعوى أنه جدَّف، إذْ أطلق على نفسه صفة الإله، فجريمته أعظم من جريمة باراباس، ولا سيما أنه أراد أن ينقُضَ هيكلهم المعظَّم. فلما طلب بيلاطس جوابهم، صرخوا جميعاً قائلين: خُذْ هذا وأطلق لنا باراباس. ولما راجعهم لعل اختيارهم كان عن إسراع أو سوء فهم، وكأنه يُظهِرُ لهم مرة أخرى مَيْله لأن يطلق المسيح، كان ينتظر أن يؤثر ذلك فيهم ليغيِّروا قرارهم، ولكنهم أصرُّوا على قرارهم الأول قائلين: أطلِقْ لنا باراباس .

لم يكتفِ الوالي بهذا الجواب فسألهم« :ماذا تريدون أن أفعل بيسوع؟. فكرروا صراخهم (اصلبه اصلبه) .

لكن الوالي راجعهم ثالثة فقال: وأي شر عمل هذا؟ إني لم أجدْ فيه علة للموت. فأنا أؤدبه وأطلقه . غير أن قبوله أن يؤدِّب رجلاً، كرَّر هو تصريحَه ببراءته، يعني أنه سلَّم بعض الحكم والسلطة للجمهور، فتهيَّج طمعهم وعنادهم وتشبُّثهم بأن يفعل الوالي إرادتهم لا إرادته. وأخذوا يلجُّون بأصوات عظيمة ويزدادون جداً صراخاً قائلين: اصلبه . فقويت أصواتهم وأصوات رؤساء الكهنة، وأصبح بيلاطس لعبة بين أيديهم، واستسلم لجنون الجمهور وطلبهم أن يُصلَب. إلا أنه لم يسلِّم دون تحفظ، بل حاول التخلُّص تماماً من مسئولية هذا الغدر، ووضعها على الرؤساء والشعب .وعلامة لذلك أخذ ماءً وغسل يديه أمام الجَمْع قائلاً: **(إني بريء من دم هذا البار. فقال جميع الشعب: دمه علينا وعلى أولادنا)** .(**فَأَخَذَ عَسْكَرُ الْوَالِي يَسُوعَ إِلَى دَارِ الْوِلاَيَةِ وَجَمَعُوا عَلَيْهِ كُلَّ الْكَتِيبَةِ، فَعَرَّوْهُ وَأَلْبَسُوهُ رِدَاءً قِرْمِزِيّاً، وَضَفَرُوا إِكْلِيلاً مِنْ شَوْكٍ وَوَضَعُوهُ عَلَى رَأْسِهِ، وَقَصَبَةً فِي يَمِينِهِ. وَكَانُوا يَجْثُونَ قُدَّامَهُ وَيَسْتَهْزِئُونَ بِهِ قَائِلِينَ: السَّلاَمُ يَا مَلِكَ الْيَهُودِ! وَبَصَقُوا عَلَيْهِ، وَأَخَذُوا الْقَصَبَةَ وَضَرَبُوهُ عَلَى رَأْسِهِ) (متى ٢٦:٢٧ - ٣٠)** .

في قانون اليهود كان لا بد لمن يُحكَم عليه بالصلب أن يُجلَد أولاً، وكان الجَلْد يوقف عند تسع وثلاثين جلدة على الأكثر، لكن العدالة الرومانية المشهورة كانت عديمة الإشفاق، فكان جَلْد المجرمين يتجاوز في القسوة كل الحدود المعقولة، بأسواطٍ من جلد مربوط في أطرافها قطعٌ من حديد أو رصاص أو عظام. فكثيراً ما كان يُغمى على المضروب. وكان البعض يموتون في أثناء الجلد .

وقد أسلم بيلاطس المسيح للجلد، ولعله كان يأمل أن اليهود يكتفون بهذا القصاص الصارم، فيعدلون عن طلب الصلب .

أخذ الجنود الرومان المسيح وجعلوه بين أيديهم. سمعوا أنه تلقَّب ملكَ اليهود فقصدوا أن يسخروا به كملك. أخذوه إلى داخل دار الولاية، وجمعوا عليه كل الكتبة، وعرُّوه وألبسوه رداء قرمزياً (ثوب أرجوان) وضفروا إكليلاً من شوك ووضعوه على رأسه. وقصبة في يمينه إشارةً إلى قضيب المُلْك والصولجان و علامة على أنة مجرم سياسي ينتمي للغيورين وكانوا يجثون أمامه استهزاءً قائلين: السلام يا ملك اليهود. وكانوا يخطفون من يده القصبة ويلطمونه ويضربونه بها على رأسه ويبصقون عليه، ثم يعيدون السجود له .

(فَخَرَجَ بِيلاَطُسُ أَيْضاً خَارِجاً وَقَالَ لَهُمْ: »هَا أَنَا أُخْرِجُهُ إِلَيْكُمْ لِتَعْلَمُوا أَنِّي لَسْتُ أَجِدُ فِيهِ عِلَّةً وَاحِدَةً .فَخَرَجَ يَسُوعُ خَارِجاً وَهُوَ حَامِلٌ إِكْلِيلَ الشَّوْكِ وَثَوْبَ الأُرْجُوانِ. فَقَالَ لَهُمْ بِيلاَطُسُ: هُوَذَا الإِنْسَانُ. فَلَمَّا رَآهُ رُؤَسَاءُ الْكَهَنَةِ وَالْخُدَّامُ صَرَخُوا: »اصْلِبْهُ !اصْلِبْهُ!« قَالَ لَهُمْ بِيلاَطُسُ: خُذُوهُ أَنْتُمْ وَاصْلِبُوهُ، لأَنِّي لَسْتُ أَجِدُ فِيهِ عِلَّةً. أَجَابَهُ الْيَهُودُ: لَنَا نَامُوسٌ،

وَحَسَبَ نَامُوسِنَا يَجِبُ أَنْ يَمُوتَ، لأَنَّهُ جَعَلَ نَفْسَهُ ابْنَ اللّهِ«. فَلَمَّا سَمِعَ بِيلاَطُسُ هذَا الْقَوْلَ ازْدَادَ خَوْفاً. فَدَخَلَ أَيْضاً إِلَى دَارِ الْوِلاَيَةِ وَقَالَ لِيَسُوعَ: مِنْ أَيْنَ أَنْتَ؟ وَأَمَّا يَسُوعُ فَلَمْ يُعْطِهِ جَوَاباً. فَقَالَ لَهُ بِيلاَطُسُ :أَمَا تُكَلِّمُنِي؟ أَلَسْتَ تَعْلَمُ أَنَّ لِي سُلْطَاناً أَنْ أَصْلِبَكَ وَسُلْطَاناً أَنْ أُطْلِقَكَ؟ أَجَابَ يَسُوعُ: لَمْ يَكُنْ لَكَ عَلَيَّ سُلْطَانٌ الْبَتَّةَ، لَوْ لَمْ تَكُنْ قَدْ أُعْطِيتَ مِنْ فَوْقُ. لِذلِكَ الَّذِي أَسْلَمَنِي إِلَيْكَ لَهُ خَطِيَّةٌ أَعْظَمُ. مِنْ هذَا الْوَقْتِ كَانَ بِيلاَطُسُ يَطْلُبُ أَنْ يُطْلِقَهُ، وَلكِنَّ الْيَهُودَ كَانُوا يَصْرُخُونَ: »إِنْ أَطْلَقْتَ هذَا فَلَسْتَ مُحِبّاً لِقَيْصَرَ. كُلُّ مَنْ يَجْعَلُ نَفْسَهُ مَلِكاً يُقَاوِمُ قَيْصَرَ .فَلَمَّا سَمِعَ بِيلاَطُسُ هذَا الْقَوْلَ أَخْرَجَ يَسُوعَ، وَجَلَسَ عَلَى كُرْسِيِّ الْوِلاَيَةِ فِي مَوْضِعٍ يُقَالُ لَهُ الْبَلاَطُ وَبِالْعِبْرَانِيَّةِ جَبَّاثَا .وَكَانَ اسْتِعْدَادُ الْفِصْحِ وَنَحْوُ السَّاعَةِ السَّادِسَةِ. فَقَالَ لِلْيَهُودِ: هُوَذَا مَلِكُكُمْ . فَصَرَخُوا: خُذْهُ! خُذْهُ اصْلِبْهُ !قَالَ لَهُمْ بِيلاَطُسُ: أَأَصْلِبُ مَلِكَكُمْ؟« أَجَابَ رُؤَسَاءُ الْكَهَنَةِ: لَيْسَ لَنَا مَلِكٌ إِلاَّ قَيْصَرُ. فَحِينَئِذٍ أَسْلَمَهُ إِلَيْهِمْ لِيُصْلَبَ. فَأَخَذُوا يَسُوعَ وَمَضَوْا بِهِ (يوحنا ١٩ : ٤-١٦)

أخيراً أخذ بيلاطس المسيح من بين أيدي الجنود، وخرج به متوَّجاً بإكليل الشوك، ومسربلاً بالثوب الأرجواني، وقدَّمه إلى الجمع المنتظِر، مكرراً مرة أخرى تبرئته قائلاً: أُخرجه إليكم، لتعلموا أني لم أجد فيه علة واحدة. هوذا الإنسان. قال بيلاطس هذا وهو يشير إلى يسوع وقد أفرط في الاستهزاء به .فازدادت جرأة اليهود وصرخوا من جديد: اصلبه اصلبه. فكرر بيلاطس حكمه مرة أخرى ببراءته قائلاً: خذوه أنتم أصلبوه، لأني لست أجد فيه علَّةً. فصرخوا: لنا ناموس، وحسب ناموسنا يجب أن يموت، لأنه جعل نفسه ابن الله .

كان بيلاطس قد تحقق امتياز المسيح في الصلاح والحكمة، فلما سمع أنه قال عن نفسه إنه ابنُ الله، ازداد خوفاً، ورجع للمسيح إلى داخل الدار وسأله: مِنْ أين أنت؟. فقابل المسيح سؤال الوالي الجديد بالسكوت، لكن الوالي لم يتعود عدم إجابة أسئلته، وهو لا يحتمل ذلك، فقال له: أما تكلمني؟ ألست تعلم أن لي سلطاناً أن أصلبك وسلطاناً أن أطلقك؟ كأنه يقول له: ألم تلاحظ كل مساعيّ لأجل تبرئتك؟. فلماذا تمنعني بسكوتك عن أن أطلقك؟ قدم الأجوبة السديدة على هذه الشِكايات لكي أجد سببا لأطلاقك .

رأى السيد المسيح أن هذا الادعاء يستحق الجواب، ويتطلَّب منه إظهار عظمته وسلطانه الحقيقيين، فقال له: لم يكن لك عليّ سلطان البتة، لو لم تكن قد أُعطيت مِنْ فوق. لذلك، الذي أسلمني إليك له خطيئة أعظم . الذي أسلمه إلى بيلاطس هو رئيس الكهنة. فنفهم بكل سهولة كيف عظمَّ المسيحُ خطيئة الرئيس اليهودي على خطيئة بيلاطس الوثني. بيلاطس مدفوع من الرئيس .لكن الرئيس اليهودي مدفوع من عواطفه الشريرة .

هزت إجابة المسيح أعماق نفس بيلاطس، فأراد أن يطلقه حراً، بعد أن حدَّد المسيح في إجابته سلطان بيلاطس، وأشار إلى سلطة الرب على قوات الشر .

أخيراً فرغت كل حيل الرؤساء، فلجئوا إلى الابتزاز السياسى فى قولهم : إنْ أطلقتَ هذا فلست محباً لقيصر. كل من يجعل نفسه ملكاً يقاوم قيصر. يعني إنْ أطلقتَ هذا، نشكوك إلى مولاك الإمبراطور، بأنك انتصرت لإنسانٍ قام لينازع القيصر على مُلْكه. وأنت تعلم نتيجة ذلك عليك .

ارتعب من فكرة أن يحاكم أمام قيصر سياسيا كخائن فوجد نفسه أما أن يصلب السيد المسيح أو يصلب هو أذا حوكم و أدين أمام قيصر روما فأنهار بيلاطس تماماً أمامهم، فخرج وجلس على كرسي الولاية في موضع يُقال له البلاط وقال: هوذا ملككم .فصرخوا أكثر: خذه خذه.

اصلبه. فقال لهم بيلاطس: أأصلب ملككم؟ فصرخوا: ليس لنا ملك إلا قيصر. واعتبروا ذلك حكمة سياسية تثبّت نفوذهم. لم يبْقَ لبيلاطس من حيلة، فأسلمه إليهم ليُصلب. ولما استلموه كرروا الاستهزاء به، ثم نزعوا الرداء الأرجواني وألبسوه ثيابه، وخرجوا ومضوا به للصلب .

إن محاكمات السيد المسيح تمثل أقصى إستهانه بالعدالة حيث لا يوجد شاهد عدل واحد فى القضية . يسوع أكثر الناس براءة في تاريخ البشرية تمت إدانته حسب الفكر اليهودى المتشدد الجاهل بخطة الله لخلاص البشرية وحكموا على المسيح بالموت و أجبروا الرومان على التنفيذ صلباً كما يعاقب معادي قيصر فى قضية سياسية .

و الدليل أن السيد المسيح حوكم بتهمة التمرد على الحاكم امام المحكمة الرومانية

لاحظ أن المجلس الأعلى لليهود قد حكم عليه بالموت بتهمة التجديف، وبحسب الشريعة اليهودية فإن الإعدام يجب أن يتم رجمًا بالحجارة، غير أنه ولكون الحكم صادر عن الحاكم الروماني يتعين تنفيذ الطريقة الرومانية في الإعدام وهي الصلب، وذلك نظرا لأنه لم يكن لليهود في أوضاع فلسطين الدستورية أن يصدروا حكماً بالإعدام فقد منعهم الرومان من أصدار حكم بالأعدام دون الرجوع أليهم. ففي التلمود ورد في باب السنهدرين (١،١: ٢،٧): "اربعين سنة قبل خراب الهيكل رفعت عن الأمة الاسرائيلية حقوقها في أحكام الموت والحياة". في محاكمة يسوع لعبت كل من السلطة اليهودية والسلطة الرومانية دورها. مثّل بيلاطس السلطة الرومانية، والرؤساء السلطة اليهودية. بدأ العالم اليهودي محاكمة يسوع، وأتمّها العالم الروماني. هو جاء من أجل العالم اليهودي ومن أجل العالم الوثني (أي الروماني)، فحكما عليه. قتلا الله. قال اليهود: لا نريد أن يملك هذا علينا (لو ١٩: ١٤). وطلب الوثنيون من يسوع أن يتحوّل عن تخومهم (مر ٥: ١٧). أجل، جاء يسوع إلى خاصته، وخاصته لم تقبله. كان النور الاتي إلى العالم (يو ١: ٩- ١٠) فلم يعرفه العالم. أما الذين عرفوه فصاروا أبناء الله. هم اليهود الذين آمنوا به، وكان الرسل منهم. وهم الوثنيون الذين جاؤوا إليه بواسطة بولس. ولكن أيضاً بواسطة كل المرسلين الذين يحملون الإنجيل إلى أقاصي الأرض. خدمة يسوع قادته إلى الموت. ولكن موته صار حياة حتى للذين قتلوه.

هل كان السيد المسيح يؤيد الغيورين ؟

ويزعم البعض أن المسيح كان يؤيد الغيورين او يهتم لأرائهم ، وأنه اختار سمعان من بينهم لإبداء موافقته على أفكارهم ، ولكن هذا زعم خاطئ ، وأبعد ما يكون عن الحقيقة . فكل أقوال يسوع وتصرفاته كانت تدعو للسلام ، بل والمحبة للأعداء انظر مثلاً (سمعتم انه قيل تحب قريبك و تبغض عدوك.و اما انا فأقول لكم احبوا اعداءكم باركوا لاعنيكم احسنوا الى

مبغضيكم و صلوا لأجل الذين يسيئون اليكم و يطردونكم. لكي تكونوا ابناء ابيكم الذي في السماوات فانه يشرق شمسه على الاشرار و الصالحين و يمطر على الابرار و الظالمين. لأنه ان احببتم الذين يحبونكم فأي اجر لكم اليس العشارون ايضا يفعلون ذلك.و ان سلمتم على اخوتكم فقط فأي فضل تصنعون اليس العشارون ايضا يفعلون هكذا. فكونوا انتم كاملين كما ان اباكم الذي في السماوات هو كامل.)(مت ٥ : ٤٣ - ٤٦)، وهو الذى أوحى لمعلمنا بولس أن يكتب قائلاً : (لتخضع كل نفس للسلاطين الفائقة ، لأنه ليسس سلطان إلا من الله ، والسلاطين الكائنة هي مرتَّبة من الله ، حتى إن من يقاوم السلطان ، يقاوم ترتيب الله ، والمقاومون سيأخذون لأنفسهم دينونة) (رو ١٣ : ١و٢) . كما يكتب إلى تيطس الابن الصريح في الإيمان أن يذكر المؤمنين أن يخضعوا للرياسات والسلاطين ويطيعوا ويكونوا مستعدين لكل عمل صالح مظهرين كل وداعة لجميع الناس (تي ٢ :١-٢) . كما أوحى لمعلمنا بطرس أن يكتب (اخضعوا لكل ترتيب بشري من أجل الرب أكرموا الجميع خافوا الله . أكرموا الملك . أيها الخدام كونوا خاضعين بكل هيبة للسادة ليس للصالحين المترفقين فقط بل للعنفاء أيضاً)(١بط ٢ :١٣ ٢٠) .

ولابد أن سمعان الغيور تغير قلبه وأفكاره وتعلَّم للوداعة وحب السلام من المسيح رئيس السلام ، وإن ظل يلَّقب بالغيور لبيان ما كان عليه قبلاً .

وقد استولى الغيورون على أورشليم في ٦٦م ، مما أدى في النهاية إلى سقوط اليهودية كلها في أيدى الرومان ، وخراب أورشليم وتدمير الهيكل في ٧٠ م ، فأصبحوا في نظر الكثيرين ، سبَّب الحرب وخراب أورشليم وتدمير الهيكل ، حتى إن يوسيفوس المؤرخ اليهودي الذي كان معاصراً للحرب بل واشترك فيها لم يعتبرهم غيورين لله حقيقة ، ويسميهم حملة الخناجر أي القتلة . وقد سقط آخر حصونهم في مسادا في مايو ٧٣ م . في أيدي الرومان .

كانت تلك الطبقات و الطوائف تمثل معظم اليهود الذين انتشروا في الامبراطورية الرومانية في جميع ممالك الشرق منذ القرن السادس قبل الميلاد، بسبب الحروب وسياسات الأسر التي كانت تستخدمها الدول القديمة ضد بعضها البعض. ولما نشأت المسيحية في فلسطين توجه الرسل ببشرى الخلاص الى هؤلاء اليهود والى اليهود الذين كانوا في الشتات(المهجر) أولا، ومن ثم الى الوثنيين(الهلينستيين)، الرومان، المصريين، الرافدينيين، الفرس، الهنود وغيرهم. فأقبل الكثيرون على هذه العقيدة الجديدة وأصبحوا في عداد تلاميذ المسيح. وهكذا ولدت المسيحية التي إنفتحت على كل الأجناس البشرية وبسرعة شديدة. وكان مجمع أورشليم سنة ٤٩ ميلادية، بمثابة أول مجمع مسيحي يأخذ قراراً هاماً جداً حول أممية الديانة المسيحية بإعطائها صفة العالمية لكي تنتشر في المناطق الرومانية والمناطق المجاورة. وبقيت الجاليات اليهودية النواة الاولى لنشر المسيحية في القرن الميلادي الأول.

القومية فى الكنيسة

منذ العهد الرسولى نشأت الفتنة القومية فى الكنيسة ، فقد جاء فى سفر أعمال الرسل (و فى تلك الأيام إذ تكاثر التلاميذ حدث تذمر من اليونانيين٩ على العبرانيين أن أراملهم كن يغفل عنهن فى الخدمة اليومية) (أع٦ : ١) .

أنا مسيحى لكونى مؤمناً بالمسيح و معمداً و واحداً فى المسيح مع كل الذين يؤمنون به و قد أكون مع المسيحيون الأجانب على إختلاف وطنى لكن ليس خلاف دينى أو أخلاقى ، فيبقى التراث الثقافى الذى ورثناه من التاريخ ، فهذا يصلى بالإنجليزية أو القبطية و ذاك بالعربية ، إلا أن هذا لا يعنى أن هناك أى إختلاف فاللغات أدوات ثقافة و الثقافة ليست جزءاً من الكيان الكنسى ، أنا أؤمن بالإعتزاز بالتاريخ القبطى و اللغة القبطية لأن المراد من ذلك إحياء تراث عظيم و توضيحه إلى من يجهله غير أن الإنجيل فى جوهره مستقل عن الأرض و أزمنتها و مستقل بالتالى عن اللباس التاريخى الذى إرتدته الكلمة ، إذن فالفاصل القطعى بين ما هو للكنيسة و ما هو ليس لها هو الفاصل بين ما هو خالق و ما هو مخلوق ، فالمسيح وحده هو الذى ننتسب له نحن ندرس العلوم البشرية لا لنتبناها عن دون فهم و لكن لنفرز منها ما يتفق مع تعاليم المسيح و أخلاق القديسين ، إن المسيحية ليست مبنية على أية فلسفة و لا مختلطة بما عداها أى لم تأت العقيدة تلفيقاً بين الإنجيل و الفلسفة ، و على هذا المنوال ما كانت الكنيسة مزجاً تاريخياً بين مقدساتها و أية أمة من الأمم ، غير أن هويتى الكنسية لا علاقة لها بجسد هذا العالم و قوميتى فالمسيحى لا يتردد فى أن يقدم روحة فداءا لكرامة وطنة .

---

٩ إختلفت الآراء فى تحديد هذه الفئة ، هل هم اليهود الذين عاشوا بين الأمم زماناً طويلاً ثم عادوا و قد نسوا لغتهم عبر الأجيال؛ أم هم من أصل أممى و قد قبلوا الإيمان اليهودى (الدخلاء) ثم آمنوا فيما بعد بالسيد المسيح ؛ أم هم أمميون قبلوا الإيمان المسيحى مباشرة دون دخولهم فى اليهودية ، أغلب الدارسين يرون أنهم الفئة الأولى أو على الأقل غالبيتهم من الفئة الأولى (تفسير القمص تادرس يعقوب) .

الباب الثانى : علم السياسة و الديمقراطية المسيحية

نشأة علم السياسة:

اشتقت كلمة سياسية من اليونانية من كلمة بولسي و تعني الدولة المدنية و يقصد بها "القلعة في قلب المدينة" و ترمز المدينة الى سكان الضواحي الذين يشاركون في تلك المدينة و أعمالها ، و السياسة هي جزء من محاولة الإنسان المستمرة لفهم نفسه ومحيطه ، و علاقاته مع الآخرين الذين يتعامل معهم . و السياسية هي دراسة الدولة و مؤسساتها و أجهزتها و المهام التي تقوم بها هذه المؤسسات و الأجهزة و الغايات التي أنشئت من اجلها ، و السياسة هي البحث عن العدالة و هي مفهوم القوة و النفوذ و السلطة .. هي نشاط الدولة

لذا فالسياسة بمعناها العام تعني مجموع العوامل والظروف الاقتصادية والقانونية و الدينية والثقافية التي تسمح للمواطن، كفرد وكجماعات، الى تطور حياته بحرية والارتقاء والنمو بها نحو الخير والحق.

لذا **فالمفهوم الاول والأساسي للسياسة :** هو انها خدمة عامة تُمارس من أجل تحقيق وترسيخ الخير العام. فهي ترتبط ارتباطا مباشر بمفهوم السلطة ، ويتحدد دورها في استخدام السلطة لخدمة الناس والمجتمع .

السياسة من وجهه نظر المسيحية

السياسة بحسب المفهوم الكتابي (الكتاب المقدس)، هى سلطة تُنجِد اولاً الضعفاء في المجتمع (الطفل، المرأة، الشيخ، المريض، المعوز، المحتاج). لذا يجب على السياسي ان يعي ذاته كانسان مؤتمن على المُلك العام وان يمارس سلطته بكل امانة وإخلاص، لأنه يعرف جيدا بان السلطة تأتي من الله فمن يصعد الى سدة الحكم، عليه ان يعرف بأنه يؤدي خدمة من اجل انتصار الخير والحق. والكنيسة من جانبها تعتبر السلطة السياسية صورة وشكل من اشكال المحبة. فهي دعوة للخدمة بكل معنى الكلمة .

يعتبر العديد من المؤلفين أن بداية النشأة العلمية لعلم السياسة كانت في القرن السادس عشر، مع فصل علم الأخلاق عن السياسة، وانتشار أفكار نيقولا ميكافيلي (١٤٦٤ - ١٥٢٧)، مؤلف كتاب الأمير سنة ١٥١٥ الذي شرح فيه كيفية تكوين الممالك و الحكومات وأفضل الطرق لممارسة السلطة والاستمرار فيها والمحافظة على سدة الحكم. ومع توماس مور ١٤٧٨ - ١٥٣٥ وكتابه بعنوان الطوباوية، وحديثه عن مدينة فاضلة مثالية يعيش فيها شعب سعيد، والتي لا توجد في أي مكان في هذا العالم. مستحضرا أفكار أفلاطون، مع أن الجمهورية الطوباوية ليست الجمهورية الفاضلة التي تحدث عنها هذا الأخير. فالسياسة عند مور هي الدولة، التي ليست نتيجة ناشئة عن المثالية. ومع جان بودان في كتابة الكتب الستة للجمهورية (١٥٧٦) الذي كان أول من صاغ المفهوم القائل بان مفهوم الدولة الحديثة هو مفهوم السيادة وهو ما سعى لتأكيده في أعماله و مؤلفه المذكور. فمفهوم السيادة كما يراه يقوم على التمييز الرئيسي بين الدولة والحكومة وهذا التمييز لا يعني وجود سياديتين مختلفتين، واحدة للدولة وأخرى للحكومة. فالسيادة واحدة وكل لا يتجزأ. و في القرن التاسع عشر كان للتغيرات الجذرية التي أحدثتها الثورة الصناعية في النظم الاجتماعية والاقتصادية السائدة قبلها. وما أوجدته من وسائل الاتصالات، والتواصل، والنقل، واكتشاف العالم ومحاولات فهمه وتطويره وتغييره، تأثير كبير على النشوء الفعلي للعلوم الاجتماعية، كعلم الاجتماع، وعلم الاقتصاد، وأخرها، علم السياسة الذي يبحث عن معرفة عمل المجتمع

ويحاول إيجاد الحلول عن طريق الدراسات المتعددة التي يوظفها لذلك. فالمجتمع الصناعي المتقدم يفرض وجود معرفة متزايدة ومتطورة وصحيحة للاقتصاد والثقافة والمؤسسات لاستيعاب التغيير وللمساهمة في دفعه بالاتجاه الصحيح و ظهرت المصطلحات سياسية و تعريفاتها :

السياسية : بصورة عامة تعتبر فن سامي وهو فن قيادة الدولة أو المدينة والى طريقة تنفيذ هذه القيادة من قبل السلطات العامة من اجل الخير العام.

الأحزاب السياسية : تعتبر الأحزاب وسيلة فعالة لتنظيم مشاركة الأفراد السياسة في الحكم بواسطة الانضمام إليها و تلعب الأحزاب دورا هاما في تمثيل الاقليات و حمايتها من الطغيان و تعمل على زيادة و تماسك و تلاحم المجتمعات غير المتجانسة و تعمل على تنمية الشعور القومي و نشر الوعي السياسي و قيادة حركات التحرير ضد التسلط الخارجي و الداخلي .

العمل السياسي :

هناك فرق كبير بين أن يقدّم الإنسان رأياً سياسياً ، أو يعلن موقفاً من حدث معين ، وبين أن يكون له عمل سياسي . فالعمل السياسي يقتضي أن يكون هناك مشروع سياسي له أهداف محددة ، وأسلوب معيّن لتحقيق هذه الأهداف ، و وسائل تساعده لتحقيق الأهداف . قد يكون للإنسان رأي معيّن في الحاكم ، كأن يعتبره مستبداً ، أو فاشلاً في سياسته الاقتصادية ، وقد يعلن هذا الرأي ، لكن هذا لا يكفي لاعتباره عاملاً في الحقل السياسي . أما إذا وضع مشروعاً لإزاحة هذا الحاكم ، أو للضغط عليه حتى يغير سياسته الاقتصادية ، أو لمحاولة إقناعه بذلك ، فهو في هذه الحالة يعتبر قائماً بعمل سياسي . وهذا ما يفعله الزعماء السياسيون والأحزاب السياسية ، وربما بعض مؤسسات العمل الأهلي التي تتصدى أحياناً للعمل السياسي .

بناءً على ذلك فإنّ العمل السياسي المسيحى في العصر الحاضر هو العمل الذي يقوم به مجموعة مسيحية ، عندما تحدد مشروعها السياسي ، وأسلوب عملها لتحقيق هذا المشروع

السلطة التشريعية : تتلخص في اتخاذ و تعديل و إلغاء القوانين المنظمة لشؤون الدولة و حياة الفرد وظائفها التشريع و التمثيل و المداولة والإشراف و المراقبة و التحقيق وتعديل الدستور

السلطة التنفيذية : تتولى الهيئة التنفيذية مسؤولية تنفيذ القوانين التي تتخذها التشريعية و هي سلطة تنفيذية تستمد قوتها من ثقة الأفراد بها ، و ان رئيس السلطة التنفيذية و هو حاكم و المهيمن على سياستها العامة و ممثلها في الخارج و تأتي سيطرتها على الأجهزة العسكرية و الدبلوماسية و الأمنية و المالية وظائفها تنفيذ القانون و فرض النظام و إدارة الشؤون العسكرية.

السلطة القضائية : هي الفصل في منازعات الأفراد وتطبيق القانون و حماية حرية الفرد و حقوقه من استبداد الحكومة والقيام بالمراجعة القضائية و الحكم على دستورية القوانين و الأنظمة .

الوعي السياسي : هو الفهم العام للمناخ السياسي وما يحركه من تجاذب ومخطّطات من الفاعلين السياسيين داخل الدولة أو حتى خارجه نظرا للترابط العالمي للأحداث..ويتعلق مفهوم "الوعي السياسي" بالأفراد والمنظمات والمجتمعات على حدّ سواء.

وإنشاء الوعي السياسي يعني تكوين رأى بالمواقف الراهنة و المطالب في النطاق المحلي أو الإقليمي أو الدولي وجميع التصرفات السياسية الشعبية مثل الانتخاب والترشح للانتخابات والقيام بالمظاهرات والثورات تتزايد طرديا مع تزايد ما يسمّى (الوعي السياسي) فهذا الوعي إذن هو القلب النابض للمكونات الحية للكيانات السياسية.

النخبة السياسية: هى تلك الفئة من الناس المكلفة بتحمل مسؤولية التغيير والتسيير وقيادة المجتمع. وعناصرها هم العاملون بالدولة ، القيادات الدينية ، المتعلمون و المثقفون ، كل من تحمل العناء من اجل تطوير المجتمع نحو الأفضل عن فهم صحيح للطرق السلمية للتغير . و علية لا يشترط بالضرورة أن تكون العناصر التي تنتمي إلى تلك النخبة من العناصر المثقفة و منحدرة من نخبة المثقفين ثقافة أكاديمية فقط .

النخبة السياسية لغويا: تعريفا بأنها «أقوى مجموعة من الناس في المجتمع، التي لها مكانتها المتميزة وذات اعتبار. و هى فئة اجتماعية تعتبر الأفضل من غيرها بسبب القوة أو الفن أو الثروة التي تملكها»

مفهوم النخبة عند علماء الاجتماع :

أن سلطة (أو قوة) النخبة في عالم اليوم، تكمن في النظام السياسي، ومفتاح تلك القوة يتركز في مجموعة القرارات السياسية . والقوة السياسية تختلف نوعيتها من نظام سياسي لآخر. ففي النظم الديمقراطية العريقة المستقرة تتمثل في الأحزاب السياسية، وفي قيادات تلك الأحزاب، وكذلك في القوى الاقتصادية على اختلاف ميادينها، وفي القوى الإدارية والفنية والاستشارية، أي كل القوى التي تؤثر في القرارات المهمة. أما في النظم العسكرية، أو النظم الاستبدادية الأخرى فإن قوة القرار السياسي تنحصر في شخص واحد، أو في عدد قليل من الأشخاص، أو قد تكون قوة القرار السياسي في يد عائلة واحدة تتوارثها عبر أجيالها.

الارستقراطية : تعني باللغة اليونانية سُلطة خواص الناس، وسياسياً تعني طبقة اجتماعية ذات منزلة عليا تتميز بكونها موضع اعتبار المجتمع ، وتتكون من الأعيان الذين وصلوا إلى مراتبهم ودورهم في المجتمع عن طريق الوراثة ،واستقرت هذه المراتب على أدوار الطبقات الاجتماعية الأخرى، وكانت طبقة الارستقراطية تتمثل في الأشراف الذين كانوا ضد الملكية في القرون الوسطى ،وعندما ثبتت سلطة الملوك بإقامة الدولة الحديثة تقلصت صلاحية هذه الطبقة السياسية واحتفظت بالامتيازات النفعية، وتتعارض الأرستقراطية مع الديمقراطية.

الديمقراطية : هي شكل من أشكال الحكم يشارك فيها جميع المواطنين المؤهلين على قدم المساواة - إما مباشرة أو من خلال ممثلين عنهم منتخبين - في اقتراح، وتطوير، واستحداث القوانين. وهي تشمل الأوضاع الاجتماعية و السياسية والاقتصادية والثقافية التي تمكن المواطنين من الممارسة الحرة والمتساوية لتقرير المصير السياسي. ويطلق مصطلح الديمقراطية أحيانا على المعنى الضيق لوصف نظام الحكم في دولة ديمقراطيةٍ، أو بمعنى أوسع لوصف ثقافة مجتمع. والديمقراطيّة بهذا المعنَى الأوسع هي نظام اجتماعي مميز يؤمن به ويسير عليه المجتمع ويشير إلى ثقافةٍ سياسيّة وأخلاقية معيّنة تتجلى فيها مفاهيم تتعلق بضرورة تداول السلطة سلميا وبصورة دورية.

الثيقراطية : بضم الياء (أو الثيوقراطية)، تعني حكم الكهنة أو الحكومة الدينية او الحكم الديني . تتكون كلمة ثيقراطية من كلمتين مدمجتين هما ثيو وتعني الدين وقراط وتعني الحكم

وعليه فان الثيقراطية هي نظام حكم يستمد الحاكم فيه سلطته مباشرة من الإله، حيث تكون الطبقة الحاكمة من الكهنة أو رجال الدين الذين يعتبروا موجهين من قبل الإله أو يمتثلون لتعاليم سماوية، وتكون الحكومة هي الكهنوت الديني ذاته أوعلى الأقل يسود رأي الكهنوت عليها .

الرأي العام : مجموعة الآراء التي تحملها أعداد كبيرة من المواطنين حول موضوع يشغل الاهتمام العام و قد يقوم بدور المناهض لسياسة الحكومة او بدور داعم لسياسة الحكومة الخارجية .

الإعلام : هي أداة مساهمة في صنع السياسة الخارجية و تأثيرها على كل من صناع القرار و الرأي العام و هي الملاحظ الأول للأحداث الدولية و هي مصدر أساسي لتنفيذها

جماعات الضغط : تعرف بجماعات الضغط لأنها تستخدم الضغط كوسيلة لحمل رجال السياسة على اتخاذ قرارات لصالحها كعامل هام و مؤثر في كل من السياسة الداخلية و الخارجية للدولة ، كجماعات المصالح الدينية و جماعات المصالح الاقتصادية و جماعات المصالح العرقية و القومية .

سلطة الكنيسة

السلطة هي الحق الممنوح من قِبل وضع اجتماعي معترف به. وفي كثير من الأحيان تشير كلمة سلطة إلى السلطة السياسية المخولة لفرد أو مؤسسة من قِبل الدولة. ويمكن أن تشير السلطة أيضًا إلى خبرة معترف بها في أحد مجالات المعرفة الأكاديمية. وتشير كلمة "السلطة" إلى الهيئة الإدارية التي تُخول صلاحيات معينة.

لأن المجتمع الأنسانى ظاهرة حتمية فكانت السلطة أيضا ظاهرة حتمية ملازمة له و متواكبه معه و لأن المسيحين مجتمع من البشر محكوم بقوانين و شريعه منظمة لكيانه تبين له عقيدته و تنظم له السلوك و تقيم له قواعد الأخلاق و تتعرض لكافة أوجه النشاط الاجتماعى و الاقتصادى فتوضح له كيف يكون البيع و الشراء و كيف يتزوجون و كيف يعاقبون و كيف يدفعون الضرائب و كثير من الأحكام تقوم على أفتراض مسبق مقتضاه وجود سلطة حاكمة مفوض اليها أمر وضع هذة الأحكام موضع التنفيذ و قد نشأت هذة السلطة الحاكمه للكنيسة قبل اعتبار المسيحية دين الدولة الرومانية. فإن كان البيت المكون من زوج وزوجة كأصغر مجتمع أعطى الله فيها السلطة للزوج وأمر الزوجة بالخضوع له **(أيها النساء اخضعن لرجالكن كما للرب لأن الرجل هو رأس المرأة كما أن المسيح أيضا رأس الكنيسة). (أف٥:٢٢-٢٣)** لكن دون التقليل من أحترام المرأة أو سلب حريتها كأنسان **(غير أن الرجل ليس من دون المرأة ولا المرأة من دون الرجل في الرب) (١كو١١: ١١)**. وكذلك بالنسبة للأسرة المكونة من والدين وأبناء كمجتمع أكبر أعطى الله فيها السلطة للوالدين وأمر الأبناء بالخضوع لهما **(أيها الأولاد أطيعوا والديكم في كل شئ لأن هذا مرضى في الرب) (كو٣:٢٠)** . وهكذا الحال بالنسبة لصاحب العمل و القادة **(أيها الخدام كونوا خاضعين بكل هيبة للسادة ليس للصالحين المترفقين فقط بل للعنفاء أيضا لأن هذا فضل إن كان أحد من أجل ضمير نحو الله يحتمل أحزانا متألماً بالظلم. لأنه أي مجد هو إن كنتم تلطمون مخطئين فتصبرون بل إن كنتم تتألمون عاملين الخير فتصبرون فهذا فضل عند الله. لأنكم لهذا دعيتم. فإن المسيح أيضاً تألم لأجلنا تاركا لنا مثالا لكي تتبعوا خطواته. الذي لم يفعل خطية ولا وجد في فمه مكر. الذي إذ شتم لم يكن يشتم عوضاً. وإذ تألم لم يكن يهدد بل**

كان يسلم لمن يقضى بعدل). (١بط٢: ١٨-٢٣) أما الدولة و المجتمع الكبير الذى يضم كافة الأطياف البشرية **(اكرموا الجميع. احبوا الاخوة. خافوا الله. اكرموا الملك). (١بط٢: ١٧)** ، **(لتخضع كل نفس للسلاطين الفائقة لأن ليس سلطان إلا من الله والسلاطين الكائنة هي مرتبة من الله. حتى أن من يقاوم السلطان يقاوم ترتيب الله والمقاومون سيأخذون لأنفسهم دينونة. فإن الحكام ليسوا خوفاً للأعمال الصالحة. بل للشريرة. أفتريد أن تخاف السلطان افعل الصلاح فيكون لك مدح منه لأنه خادم الله للصلاح. ولكن إن فعلت الشر فخف لأنه لا يحمل السيف عبثا و إذ هو خادم الله منتقم للغضب من الذي يفعل الشر. لذلك يلزم أن يخضع له. ليس بسبب الغضب فقط بل أيضا بسبب الضمير. فإنكم لأجل هذا توفون الجزية أيضا إذ هم خدام الله مواظبون على ذلك بعينه. فأعطوا الجميع حقوقهم، الجزية لمن له الجزية، الجباية لمن له الجباية، والخوف لمن له الخوف، والإكرام لمن له الإكرام). (رو١٣: ١-٧)** ، فكم بالحري للكنيسة التي تجمع المؤمنين معاً لذلك نرى أن الله يفوض السلطة لأناس معينين فيها ويأمر بقية الأعضاء بالخضوع لهم فيما لا يخالف تعاليم المسيحية.

ففى مثل السيد المسيح **(كأنما إنسان مسافر ترك بيته وأعطي عبيده السلطان ولكل واحد عمله...) (مر١٣: ٣٤)** نلاحظ تحديد عبيدة (كالمسئولين) و أعطاهم السلطان (تفويض السلطة). ثم ولكل واحد عمله (توصيف العمل) .

ومعلمنا بولس الرسول يقول أيضا (إذا جئت أيضاً لا أشفق) **(أكتب بهذا وأنا غائب لكي لا أستعمل جزماً وأنا حاضر حسب السلطان الذي أعطاني إياه الرب للبنيان لا للهدم) (٢كو١٣: ٢-١٠)** ويلاحظ أنه بالرغم من أنه يقول أن السلطة المعطاه له هي للبنيان لا للهدم ، نراه يقول **(إذا جئت أيضاً لا أشفق)** . مما يؤكد أنه سلطان مفوض لإحكام الانضباط في كنيسة الله.

و لاحظ أيضا **(فقال لهم يسوع أيضاً** سلاماً **لكم كما أرسلني الآب أرسلكم أنا. ولما قال هذا نفخ وقال اقبلوا الروح القدس. من غفرتم خطاياه تغفر له ومن أمسكتم خطاياه أمسكت). (يو٢٠: ٢١-٢٣)** هنا تفويض السلطة بالحل والربط.

و قال أيضا **(... وإن لم يسمع منهم فقل للكنيسة وإن لم يسمع للكنيسة فليكن عندك كالوثني والعشار. الحق أقول لكم كل ما تربطونه علي الأرض يكون مربوطاً في السماء وكل ما تحلونه علي الأرض يكون محلولاً في السماء) (مت١٨: ١٧-١٨)** في هذا تأكيد للتفويض.

ومعلمنا بطرس الرسول يقول **(أطلب إلي الشيوخ الذين بينكم أنا الشيخ رفيقهم والشاهد لآلام المسيح وشريك المجد العتيد أن يعلن. ارعوا رعية الله التي بينكم نظاراً لا عن اضطرار بل بالاختيار)(بط٥: ١-٢)** وواضح هنا تفويض السلطة للرعاة أن يكونوا نظاراً.

وفي سفر أعمال الرسل يسجل قرار أول مجمع لهم **(وإذ كانوا يجتازون في المدن كانوا يسلمونهم القضايا التي حكم بها الرسل والمشايخ الذين في أورشليم ليحفظونها) (أع١٦: ٤)** ويتضح من هذا أن السلطة الكنسية مفوَّضة لتصدر أحكاماً فيلتزم بها المؤمنون لكن عن طريق مجامع كنسية يتم التشاور فيها و الصلاة للوصول لقرار سليم فى أمر يهم جمهور الكنيسة ككل .

و يقول معلمنا بولس الرسول (**أطيعوا مرشديكم واخضعوا لأنهم يسهرون لأجل نفوسكم كأنهم سوف يعطون حساباً لكي يفعلوا ذلك لا آنيين لأن هذا غير نافع لكم) (عب١٣:١٧)** واضح بكل جلاء حتمية الخضوع لسلطة المرشدين الروحيين.

ويقول أيضا معلمنا بولس الرسول **(ثم نسألكم أيها الاخوة أن تعرفوا الذين يتعبون بينكم ويدبرونكم في الرب وينذرونكم وأن تعتبروهم كثيراً جداً في المحبة من أجل عملهم)(١تس٥: ١٢-١٣).**

و كمال قال معلمنا بطرس الرسول **(فَاخْضَعُوا لِكُلِّ تَرْتِيبٍ بَشَرِيٍّ مِنْ أَجْلِ الرَّبِّ. إِنْ كَانَ لِلْمَلِكِ فَكَمَنْ هُوَ فَوْقَ الْكُلِّ) (رسالة بطرس الرسول الأولى ٢: ١٣)** ولكن نحن نعلم ان الرب في يده مقاليد كل الامور وحتي لو كان الملك شرير جدا فالرب قادر ان يحول كل الامور للخير حتي الاضطهاد يتحول الي خير وان لم يكن ارضي فسيكون خير سماوي **(وَنَحْنُ نَعْلَمُ أَنَّ كُلَّ الأَشْيَاءِ تَعْمَلُ مَعًا لِلْخَيْرِ لِلَّذِينَ يُحِبُّونَ اللهَ، الَّذِينَ هُمْ مَدْعُوُّونَ حَسَبَ قَصْدِهِ.) (رسالة بولس الرسول إلى أهل رومية ٨: ٢٨)** و عندما أصبحت المسيحية دين الدولة الرومانية و تم تعديل التشريعات القانونية لتواءم المسيحية و افكارها عن الحق و العدل و الرحمة فأصبحت الدولة و الكنيسة ممثلى السلطة الحاكمة .وهكذا تبعت الجماعة المسيحيّة الأولى شريعة الانجيل وتعليم الرسل، ثمّ أدخلت النظم القانونية المسيحية وكانت الممارسة الاولى للسلطة التشريعيّة في مجمع أورشليم **(و كتبوا بايديهم هكذا الرسل و المشايخ و الاخوة يهدون سلاما الى الاخوة الذين من الامم في انطاكية و سورية و كيليكية. اذ قد سمعنا ان اناسا خارجين من عندنا ازعجوكم باقوال مقلبين انفسكم و قائلين ان تختتنوا و تحفظوا الناموس الذين نحن لم نامرهم. راينا و قد صرنا بنفس واحدة ان نختار رجلين و نرسلهما اليكم مع حبيبينا برنابا و بولس. رجلين قد بذلا انفسهما لاجل اسم ربنا يسوع المسيح. فقد ارسلنا يهوذا و سيلا و هما يخبرانكم بنفس الامور شفاها. لانه قد راى الروح القدس و نحن ان لا نضع عليكم ثقلا اكثر غير هذه الاشياء الواجبة.) (أعمال ١٥: ٢٣-٢٨).** وقد ظهرت الحاجة إلى ترجمة الشرع الالهيّ بتدابير وضعيّة مع بولس الرسول بشأن الزواج **(و اما العذارى فليس عندي امر من الرب فيهن و لكنني اعطي رايا كمن رحمه الرب ان يكون امينا. فاظن ان هذا حسن لسبب الضيق الحاضر انه حسن للانسان ان يكون هكذا. انت مرتبط بامراة فلا تطلب الانفصال انت منفصل عن امراة فلا تطلب امراة. لكنك و ان تزوجت لم تخطئ و ان تزوجت العذراء لم تخطئ و لكن مثل هؤلاء يكون لهم ضيق في الجسد و اما انا فاني اشفق عليكم. فاقول هذا ايها الاخوة الوقت منذ الان مقصر لكي يكون الذين لهم نساء كان ليس لهم. و الذين يبكون كانهم لا يبكون و الذين يفرحون كانهم لا يفرحون و الذين يشترون كانهم لا يملكون. و الذين يستعملون هذا العالم كانهم لا يستعملونه لان هيئة هذا العالم تزول. فاريد ان تكونوا بلا هم غير المتزوج يهتم في ما للرب كيف يرضي الرب. و اما المتزوج فيهتم في ما للعالم كيف يرضي امراته. ان بين الزوجة و العذراء فرقا غير المتزوجة تهتم في ما للرب لتكون مقدسة جسدا و روحا و اما المتزوجة فتهتم في ما للعالم كيف ترضي رجلها. هذا اقوله لخيركم ليس لكي القي عليكم وهقا بل لاجل اللياقة و المثابرة للرب من دون ارتباك. و لكن ان كان احد يظن انه يعمل بدون لياقة نحو عذرائه اذا تجاوزت الوقت و هكذا لزم ان يصير فليفعل ما يريد انه لا يخطئ فليتزوجا. و اما من اقام راسخا في قلبه و ليس له اضطرار بل له سلطان**

على ارادته و قد عزم على هذا في قلبه ان يحفظ عذراءه فحسنا يفعل. اذا من زوج فحسنا يفعل و من لا يزوج يفعل احسن. المراة مرتبطة بالناموس ما دام رجلها حيا و لكن ان مات رجلها فهي حرة لكي تتزوج بمن تريد في الرب فقط.) (١كور ٧ : ١٠-١٦)، والتبتّل **(١ كور ٧ : ٢٥-٣٩)**. واستمرت الكنيسة ترتّب شئون المؤمنين بشرائع وأنظمة، وفقاً لحاجاتهم الراعويّة والمدنيّة، حسب ترتيبات الأمبراطور قسطنطين (٣٠٦-٣٣٧) وسواه من الأباطرة من بعده، وتدابير المجامع المسكونيّة. هذه كلّها كانت تحيل نزاعات المسيحيّين الروحيّة والزمنيّة إلى محاكم أساقفتهم وبطاركتهم، ما استدعى صياغة قوانين وجمعها في مجموعات تشريعيّة، إنطلاقًا من القرنين الرابع والخامس. ومع الفتح الإسلاميّ اعترف الخلفاء الأوّلون بصلاحيّة الأساقفة والبطاركة في سنّ القوانين وحلّ النزاعات في محاكمهم، لقاء دفع الجزية.

الموقف أو الرأي السياسي :

من طبيعة أي إنسان أن يكون له رأي أو موقف تجاه كل حدث يعلم به ، حتى ولو كان الحدث لا يؤثر عليه . عندما يسمع الإنسان باعتداء يقع على أبرياء في أي مكان فإنّه يتألّم ويستنكر هذا الاعتداء . إنه موقف سياسي قد لا يترتّب عليه عمل ، لكنّه يعبّر عن الفطرة عند الإنسان الطبيعى ، ويعبرّ عن روح التسامح و المحبة فى المسيحية .

فالرأي هو نظرة محددة ينظر بها الفرد لظاهرة او مسألة معينة ،و هو مرتبط بالعقل الإنساني وملازم له ، و ليس بالضرورة ناتج عن التفكير فالرأي قد يتكون بتأثير العاطفة و ليس من عمل التفكير .

أما الرأي العام الإقليمي : يتعلق بمسألة إقليمية مثل رأي المواطن الخليجي بحرب الخليج او رأي المواطن العربي في مواقف الجامعة العربية .

***الرأي العام العالمي :** يتعلق بموضوع ذات أهمية عالمية و ينتشر في أنحاء العالم مثل الرأي العالمي بالتسلح الذري او الرأي العالمي بالإرهاب.

مثال الموقف أو الرأي هو رفض الاقباط المسيحيون عبادة الحاكم و ألهته الوثنية فهذا موقف لا يلين ، في أي مكان وتحت أي ظرف كان ، و سنوات الاضطهاد التى عاشها الأقباط فى مصر على يد الرومان دليل واضح على أن هناك وعى دينى و سياسى لدى الأقباط المسيحيون جعلهم يأخذون موقف من الحاكم الظالم .

و قد يكون موقف الأقباط سلبيا من الحدث مثل الثورات التى قاموا بها ضد الحكام الرومانيين أو المسلمين فى بداية دخول الإسلام مصر ، وقد يكون ايجابيا يعبّر عن روح المسيحية التى تدعو لمقاومة الشر بالخير مثل الاعتراض السلمى كهجرتهم للأراضى الزراعية و هروبهم للصحراء أو المظاهرات السلمية أو الهجرة لخارج الدولة . في جميع الحالات يعتبر رد الفعل سواء كان ايجابى أو سلبى موقفا سياسيا تجاه السلطة الحاكمه . لكن تدعو المسيحية الى أن يكون الموقف ملتزماً بروح المسيحية التى ترفض الأساليب الدموية لتغير السلطة .

فمثلا القديس أبالي بن يسطس ابن الملك نورماريوس . كان هذا القديس ولي عهد مملكة الرومان وقد تغيب في الحرب ولما عاد إلى إنطاكية وجد دقلديانوس قد أقام عبادة الأوثان ومع أن أبالي كان قادرا علي قتله وأخذ المملكة منه إلا أنه اختار المملكة الباقية التي لا تزول فتقدم إلى دقلديانوس واعترف بالمسيح فلاطفه دقلديانوس كثيرا وإذ لم يفلح في جذبه إلى عبادة الأوثان نفاه مع أبيه يسطس وأمه ثاؤكليه إلى مدينة الإسكندرية وكتب إلى أرمانيوس

واليها بأن يلاطفهم أولا ، وأن عصوا يفرق بينهم ولان أرمانيوس الوالي كان يعرف منزلتهم الملكية فقد أرسل يسطس إلى أنصنا وزوجته إلى صا وأبالي ابنه إلى بسطة وترك لكل واحد منهم غلاما يخدمه . ولما أتي أبالي إلى بسطة وأعترف بالمسيح عذبه الوالي عذابا أليما بالضرب والحرق وتقطيع الأعضاء ولما رأي الوالي أن كثيرين يؤمنون بسبب ما رأوا من ثبات هذا القديس علي التعذيب وأن الرب كان يشفيه من جراحاته ، أمر بقطع رأسه المقدس فنال إكليل الشهادة فى ١ مسـرى .[١٠]

و مثال أخر القديس اوساويوس ابن واسيليدس الوزير وكان هذا القديس أحد الجنود في الحرب ضد الفرس ولما ارتد دقلديانوس اخبره أبوه واسيليدس بما كان من أمر دقلديانوس و تركة الأيمان المسيحى فاعلم اوساويوس أقاربه القديسين أبادير ويسكس واقلاديوس وثاؤودورس بهذا فتحالفوا جميعا علي إن يسفكوا دماءهم علي اسم السيد المسيح . ولما انتهي القتال وعادوا إلى إنطاكية حاملين علم الغلبة والظفر ، خرج الملك للقائهم . وبعد ذلك عرض عليهم عبادة الأوثان مثله فرفضوا جميعا ثم تقدم اوساويوس وجرد سيفه وهم بقتل دقلديانوس ومن معه فهرب من أمامه واختفي ولولا وجود وزيره واسيليدس لكان القديسون اهلكوا كل كبار الدولة ، فأشار رومانوس أحد الوزراء علي الملك بنفي القديس اوساويوس إلى ارض مصر ليقتل هناك فتم ذلك وأرسلوه إلى موريانوس والي فقط الذي عذبه كثيرا بالهنبازين وتقطيع الأعضاء والضرب الشديد . وكان الرب يرسل إليه ملاكه فيقويه في جميع شدائده ويعزيه ويشفي جراحاته . ثم أراه في رؤيا الفردوس مساكن القديسين والمواضع التي أعدت له ولأبيه ولأخيه ففرحت نفسه جدا . وبعد ذلك أمر الوالي بحرقه في أتون خارج مدينة اهناس فنزل ملاك الرب وأطفأ اللهيب واخرج القديس سالما وأخيرا أمر الوالي بقطع رأسه حيث ونال إكليل الشهادة فى ٢٣ أمشير .[١١]

ملامح الفكر السياسى فى المسيحية :

الفكر هو نتاج التفكير الذى هو عمل البشر و من صنع الأنسان أما السياسة فهى حكم المجتمع بواسطة السلطة و هكذا يصبح الفكر السياسى هو مجمل التفكير البشرى فى فكرة السلطة و بناءا علية (فالفكر السياسى هو مجموعة القوانين و الأسس و النظم السياسية التى وضعها المفكرون السياسيون لرسم صورة الدولة و تنظيم العلاقات بين السلطة الحاكمة و أفراد المجتمع الذى تمارس فيه تلك السلطة) و مصادر (علم السياسة) تختلف بطبيعتها : فالمصدر الأساسي ليس أبدا أو دائما داخل العقل ولكنه أيضا داخل الوحي. فالأفكار لا تأتي دائما أو نهائيا من الإنسان الباحث عن اكتشاف العالم، إنها تأتي من الله وهو صاحب السيادة و الذي يرسل رسله و أنبيائه للناس فالعقيدة المسيحية نابعة من الله .

يقول سقراط، بداية الفلسفة هي الحيرة و الدهشة والاستغراب التي تعطي الاهتزاز و الحراك للعقل، أما الفلسفة في المسيحية فهى الإيمان بأمور لا ترى و بالتالي هي ابتعاد عما يدركه العقل المحدود و الانطلاق لما هو غير محدود أو ما لا يمكن أن يدركه العقل إذا هي(فعل ثقة). فالنبي إبراهيم يجسد إنسان الإيمان لأنه يخضع من غير تذمر لأوامر الله .

و الوحي لا يلغي العقل أو يقصيه، كما أن ما هو فوق طبيعي لا يلغي الطبيعي وحيث أن خالق ما فوق طبيعي هو من خلق الطبيعي. هناك معرفة عقلانية للأشياء ما فوق طبيعية

---

[١٠] **السنكسار ١ مسرى**

[١١] **السنكسار ٢٣ امشير**

وللحقائق الروحية الداخلية في الوحي. كل هذا يؤكد إمكانية معرفة أكيدة و طبيعية لله و في نفس الوقت وجود قانون أخلاقي و روحي طبيعي في داخل كل إنسان. إذا يوجد حقائق عقلانية خالصة : و الباب مفتوح أمام الفلسفة. و من وجهة نظر المسيحية، إن العهدين القديم و الجديد يعودان لتاريخ واحد متشابه حيث تنتشر عناية و تعاليم الله، الوحي يتقدم، يكتمل ويتحقق مع فعل التجسد. حيث فى الإنجيل يوجد برنامج سياسي للإصلاح الاجتماعي و الاقتصادي. فالمسيح يدعو إلى تغيير القلوب، وليس لتغيير القوانين أو المؤسسات. كما أنه تطرق إلى مسألة النظام أو المشاكل الأخلاقية و السياسية للحروب و مجامع كهنة اسرائيل و تفشى الرشوة و غياب العدالة فى المجتمع . الإنجيل يعتني بشكل كبير بإزالة الصورة المتعلقة بالمسيح كقائد حربى لكنه . برغم التطور الروحي الذي تشهد به النصوص التوراتية وكل كلام القديسين، الفكرة القديمة عن المسيح كقائد حربى تبقى الأقوى في داخل المجتمع اليهودي: (المسيح سيأتي ليقوم أو يكمل مهمة سياسية) إقامة المملكة الدنيوية لإسرائيل إذا وفق ظروف الزمن، سيضع نهاية للاحتلال الروماني. ولكن هذه المهمة ليست المهمة التى كان السيد المسيح مكلف بها لكنه لم يتجاهل قضايا اليهود عندما عرضت علية و فى النهاية ظلمة اليهود و حوكم و صلب كسياسى معادى لقيصر يدعى أنه ملك اليهود .

تطور الفكر السياسى فى المسيحية

أن فى المسيحية نظاما سياسيا تشكلت ملامحه من حياة السيد المسيح على الأرض و النصوص الملزمة فى الكتاب المقدس و تعاليم الأباء الرسل و المجامع المسكونية و هو نظام يضع الخطوط العريضة دون أن يتعرض كثيرا للتفاصيل و إنما نشأ الفكر السياسى فى المسيحية من خلال صراع الطبقات الغنية والفقيرة و الخيرة و الشريرة و كيفية القضاء على الصراع على السلطة من خلال الأخلاق و التقوى متمثلة فى قواعد ترتقى لفكر القانون و أحيانا يسمى الناموس الذى يشمل مجموعة كبيرة من التفاصيل و القواعد الحقوقية المرعية فى حكم المجتمع و علاقة الحاكم بالمحكومين فعلى مدار التاريخ الذى اصبح يؤرخ من بعد ميلاد المسيح كنقطة فارقة فى تاريخ البشرية و كافة النظم الاجتماعية و القانونية و السياسية و منذ أن اصبحت المسيحية الديانة الرسمية للدولة الرومانية اصبح هناك نظام سياسى مسيحى واحد لكن تعددت اشكال الفكر السياسى الدائر من حول النظام تعددا سببه طبيعة البشر و الأمم القابله للخلاف و رغم تعدد أشكال الفكر السياسى المسيحى الناجم عن اختلاف الكنائس حول فكرة الملك أو الحاكم و الحق الالهى فى الحكم و نظرية خضوع المواطنين لسلطة الحكام و أباء الكنيسة من الناحية الروحية الدينية بما يؤدى الى بعض الخلاف عن مفهوم النظام ذاته و الناجم كذلك عن امتداد الممارسة التاريخية للحكم تحت اسم المسيحية مما يؤكد وجود السياسة المسيحية و اشتراكها فى ادارة الدولة لكن لأن النظم السياسية تحيد احيانا عن القوانين و التشريعات و يظهر الملوك الفاسدين فتثور الشعوب لتطالب بحريتها فنتج عن ذلك ظهور الثورة الفرنسية و اسقاط راية اسمية شكلية كانت مرفوعة باسم المسيحية من قبل باباوات الكنيسة الكاثوليكية لكنها لا تمثل السيد المسيح و لا الفكر السياسى المسيحى. و سنتناول أهم أراء المفكرين المسيحين فى السياسة :

الفكر السياسى لدى القديس أمبروز

ولد إمبروسيوس عام ٣٤٠ ميلادية من أسرة تقية، فقد كان والده حاكما لبلاد الغال (فرنسا) في عهد قسطنطين الصغير، مقره تريف. وكانت أخته مارسيلينا التي تكبره بحوالي ١٠ سنوات إنسانة تقية قامت بدور فعّال في حياته كأم أكثر منها أختًا، أما أخوه ساتيروس الأكبر منه فمتقارب معه في السن. وإذ تنيح الوالد انتقلت الوالدة والولدان إلى قصرهم بروما كان إمبروسيوس وأخوه يدرسان معًا اللغة اليونانية والقانون الروماني والبيان والبلاغة. ذهب إمبروسيوس إلى ميلان ليتسلم عمله كحاكم ليجدها ميدانًا مضربًا بالمجادلات الأريوسية، إذ كانت تابعة للأسقف الأريوسي أوكسنيتوس، الذي لم يمضِ عام على مجيء إمبروسيوس لينتقل الأسقف، فتحولت المدينة إلى صراعات مرة حول اختيار الأسقف الجديد.زادت المجادلات حول اختيار الأسقف في وسط الكاتدرائية فاضطر إمبروسيوس أن يحضر بصفته حاكم المدينة. وعند دخوله سمع الكل صوتًا واضحًا يقول: "إمبروسيوس هو الأسقف"، وتكرر الصوت، فاندفع الكل يطلب سيامته، أما هو فقاوم وهرب لكنه تحت إلحاح الشعب رضخ أخيرًا.

دخل الأسقف مع الشعب في صراع ضد الإمبراطورة يوستينة الأريوسية التي استسلمت أخيرًا للواقع حينما وجدت أن حتى الجنود لا يقبلون الأريوسية.

كان موقف القديس إمبروسيوس لا يُحسد عليه حينما استشاط الإمبراطور ثيؤدوسيوس غضبًا على أهل تسالونيكي لأن عامة الشعب قتلوا أحد ضباطه، فدعي الشعب لمشاهدة المباريات في الساحة، وإذ جمعهم أصدر أمره للجنود بقتلهم فهلك الألوف وصار فزع في كل المملكة.

كان ثيؤدوسيوس مقتنعًا أن ما فعله كان من قبيل العدالة، وإذ أراد دخول الكنيسة منعه القديس إمبروسيوس حتى يقدم توبة عملية وعلنية ويصلح ما أمكن من آثار هذه المذبحة. هنا يقف الأسقف لا موقف صاحب سلطان أو منازع للسلطة وإنما كأب روحي، كان حازمًا كل الحزم مع الإمبراطور وكان أيضًا يفتح له أبواب الرجاء بكل حب وحنو، لذلك حينما حاول المحيطون بالإمبراطور أن يصوروا الأسقف بالشخص المتسلط العنيف لم يقبل الإمبراطور، وإنما بعد فترة قدم دموع توبة وانسحاقًا حقيقيًا وسجد حتى الأرض ليقبل الله توبته. هنا طالبه الأسقف بسن شرائع لحماية الضعفاء، منها عتق الأبناء الذين باعهم الآباء بسبب الفقر، وإصدار قانون يحمي الشعب من قسوة بعض الرجال الرسميين سواء كانوا مدنيين أو عسكريين، وألا ينفذ حكم الإعدام على أحد إلا بعد ٣٠ يومًا من صدور الحكم. حتى تُعطى فرصة للحاكم أن يراجع نفسه.

و ظهرت أبوة إمبروسيوس حين شفع في المأسورين من الوثنيين بأكويلا حتى لا ترتاع جماهير الوثنيين بميلان أو غيرها من البلاد، وقد قبل الإمبراطور الأمر الذي كان له أثره في حياة الوثنيين.

لقد وضع القديس إمبروسيوس قاعدة هامه هى **(أن الحاكم يخضع فى الأمور الروحية و الدينية فى أطار الكنيسة و ليس فوق هذا النطاق)** و لقد كتب أيضا للأمبراطور فالنتيان بصدد أمور العقيدة بجرأة قائلا **(أن الأساقفة هم الخليقون بمحاكمة الأباطرة المسيحين و ليس العكس)** و فى موقف أخر رفض تسليم كنيسة ليستعملها الأريوسين بأمر الأمبراطور مع أنه أقر بسلطة الأمبراطور على الممتلكات الدنيوية بما فيها أرض الكنيسة لكنه رفض تسليم أوانى المذبح و مبنى الكنيسة المخصص للأستخدام الروحى فليس من حق الأمبراطور

التعرض لها و مع ذلك فقد استنكر فى الوقت نفسة الزعم بمشروعية مقاومة تنفيذ أوامر الأمبراطور بالقوة فهو يبيح أن تناقش و أن تستنكر و تحتج و لكنه لا يحرض على الناس على الثورة و العصيان فالرأى عند القديس إمبروسيوس أن الحاكم الدنيوى يخضع فى المسائل الروحية لتوجيه الكنيسة .

الفكر السياسى لدى القديس أوغسطينوس :

يعتبر القديس أوغسطينوس من رواد الفكر السياسي المسيحي أو التفكير المسيحي في شئون الدولة. وقد كان يرى ضرورة الإفادة من فلسفة الوثنين و حكمة الماضى . وهذا يعني الإفادة من الأفلاطونية المُحْدثة وإقامة علاقةٍ بينها وبين اللاهوت المسيحي وما كان أرسطوو تفكيره معروفاً له، ولا لآباء الكنيسة الأوائل. وقد كان أفلاطون يرى أنّ هناك حقائق خالدة لا ترتبط بالزمان والمكان والظروف، وهي تتحول إلى قوانين أو نواميس. وما كان القديس أوغسطينوس مفكراً سياسياً بالدرجة الأولى، لكنه أراد من وراء بحوثه إظهار الجمال الإلهي، والحقيقة والرحمة الإلهية ؛ وذلك بحيث تتقاربُ المملكتان:

مملكة الله الأبدية، والأُخرى الأرضية التي نعيشُ فيها. فقد كان أوغسطينوس أسقفا، وكان معنياً بما يُزعج رعيته أو يفيدها في حياتها المديدة، ومن ضمن ذلك طبعاً الشأن السياسي الذي يؤثّر في الكنيسة. وهكذا فقد كان مهتماً بالحكم العادل، الذي ينظّم حياة الناس ويسعدهم فلا يكونون مثل الأسماك التي يأكل بعضُها بعضاً. و للأسف الأنظمة السائدة فى عصره تحولت إلى عصاباتٍ تجلْب الضرر على الناس، بدلاً من منعه عنهم. وقد حدث في العصر الذي عاش فيه ذلك الامتزاج والتوتُّر بين القوانين الموروثة للدولة الرومانية، وأعراف القبائل الجرمانية، واللاهوت المسيحي الصاعد. أنّ البشر متساوون في أنهم من مخلوقات الله، وفي أنهم وقعوا منذ آدم وحواء في الخطيئة الأصلية، وأنهم منذ ذلك الحين صاروا عُرضةً للذنوب والأخطاء. ولذلك فهم يحتاجون للقانون أو بعبارةٍ أخرى يحتاجون للشريعة.

وكما كانت للقانون الطبيعي تطوراته في الإمبراطورية الرومانية الشرقية (بيزنطة)، كذلك كانت هناك تطورات في الغرب. فمع تداعي الجزء الغربي من الإمبراطورية الرومانية، ظهرت البابوية باعتبارها مرجعيةً للاستقرار وللنظام والسلام. وعبر القرون طوَّر الكهنة والرُهبان مزيجاً من القانون الطبيعي، والقانون الإلهي؛ مفترضين أنّ الأول لا يناقضُ الثاني بل يتساوى معه ويهتدي به. فالكونُ من خَلْق الله، ونواميسه الأساسية موضوعةٌ من جانبه، ويسعَىَ الإنسان المؤمن للتلاؤم ضمن هذه الشريعة المزدوجة من خلال العقل، وطاعة الكنيسة.

كيف نرى هذا الانتماء الثنائي أو هذه المواطنة الثنائية في عالم أصبح رسميا مسيحي ؟

كيف يُنظّم تاريخ المدينة الزمنية و تاريخها الروحي؟

المدينة الزمنية أو (مجال عمل القيصر) لديها استقلاليتها، ولكن تشارك بالنظام الطبيعي الذي أراده الله.

فما هو هذا النظام الطبيعي وكيف يمكن ترتيبه وتنظيمه مع النظام ما فوق الطبيعي؟ فيما يتعلق بالممارسة في الميدان السياسي، هذه الممارسة حصلت على حريات مع مبدأ التمييز بين الأنظمة منذ صعود المسيح و بانتظار عودته . فالمسيحيون الأوائل، كانوا في معظمهم مقتنعين باقتراب نهاية الزمن. لذلك حذر القديس بولس قائلا لا أحد يعرف تاريخ

العودة لا في اليوم ولا في الساعة. لذلك دعا إلى حياة منظمة وبعيدة عن الفوضى، كل فرد فيها يملأ واجباته الاجتماعية. منتظرين عودة المسيح التاريخ سيستمر. و ستنتصر المسيحية بأفكارها و قوانينها. فالإمبراطورية الرومانية كانت خاضعة للدين الذي اضطهدته. فقد تحققت إرادة الله. التقليد الشرقي رأى فيما جرى لهذه الإمبراطورية وكأنه عناية إلهية.
أما القديس أوغسطينوس رفض ربط قدر الإمبراطورية عن قدر ومصير الكنيسة، إنه يرفض الفكرة القائلة بأن الشرور ستختفي مع الزمن. باختصارفالكمال ليس من هذا العالم. و ألف كتاب (مدينة الله ٤١٥ - ٤٢٧) واحد من أهم المؤلفات التي سيطرت على الفكر في الغرب المسيحي. الكتاب أخذ اتساعا كبيرا، عظيم في بلاغته وبيانه، لا يشكل وحدة منظمة كليا. من جانب هو كتاب لظروف وحالات، ومن جانب آخر هو توسط أو وساطة حول قدر الإنسانية على ضوء الوحي. أما الظروف و الحالات فهي: في عام ٤١٠،القوطيون Wisigoth استولوا على (المدينة الخالدة الأبدية – فى نظر البعض كانت روما) ونهبوها. النتائج كانت كبيرة: إنها نهاية عالم كان يبدو غير قابل للتدمير.
فالمؤمنون بالدين الروماني القديم يتهمون المسيحيين بكونهم مسئولين عن هذه الكارثة التي حصلت في الإمبراطورية. القديس اغسطينوس يرد عليهم: إنه يشير إلى ضعف روما الوثنية ،ثم يتحدث عن قيم الفضائل المدنية المسيحية. في الجانب الآخر من هذا الحديث و الاختلاف، إنه يفصل قدر الإمبراطورية التي هي في خطر عن قدر الكنيسة.
بلا شك لقد كان هو أيضا مواطنا وفيا لإمبراطوريته، ولكن كمسيحي أراد أن يقول: **الدين الحقيقي لا يخضع أو لا يتضامن مع النظام السياسى بأي شكل أو أي وقت.**
وفي هذا الإطار تحدث عن وجود مدينتين :- مدينة الله (السماوية) -
- مدينة الأرض (الدنيوية) – وحسب اغسطينوس فإن هناك حبين صنعا المدينتين :
- فحب الذات لحد احتقار الله صنع المدينة الأرضية والتي تبحث عن مجد البشر المكونين لها
- وحب الله لحد احتقار الذات صنع المدينة السماوية ، والتي تتمجد بالرب هو مؤسسها ومالكها .
- المدينتان يتعايشان معا ويوجدان في نفس الفترة والفرز بينهما يكون يوم القيامة .
- وهكذا فإن المدينتين تستعملان في أن معا الخيرات الدنيوية دون أن يكون لهما نفس الإيمان أو نفس الحب، فهما ممتزجتان في الحياة الدنيا وأنهما لن تتمايزا إلا في يوم القيامة .
- ليس بالضرورة أن مدينة الله تتطابق مع الكنيسة وان مدينة الأرض تتطابق مع الدولة ، ففي كلتا المدينتين يوجد أتقياء والعكس .

تصور الدولة عند القديس اغسطينوس

- الأنسان أعطاه الله السلطة على الحيوان لكن نتيجة لسقوطة فى الخطيئة أصبح الأنسان يتسلط على أخية الأنسان و هذه أجرة الخطيئة .
- الدولة موجودة لحفظ النظام و معاقبة الأفراد اللذين يرتكبون الأخطاء ويقومون بأعمال الشر، وبالتالي فالله هو الذي أراد قيام تلك الدولة والشخص الذي يكون على رأس هذه الدولة هو مفوض من طرف الله.
- يجب أن تكون الدولة مسيحية ليكون أهتمامها بخلاص أفرادها الروحى أهم غايتها.
- الدولة تدعم الكنيسة لنشرالدعوة للمسيحية.

تصور اغسطينوس لشكل الحكم

اغسطينوس لم يصنف الحكم كما صنف أرسطو وأفلاطون الأنظمة ولم يسعى باحثا عن النظام الأمثل ، حيث يرى بأن شكل الحكم والدستور أمر دنيوي وجائز كليا ، انه يتعلق بطبيعة الشعب الذي سيحكم وكذلك بالظروف ، فليس هناك نظام ثابت ، فيمكن أن يغير من اجل خير المواطنين . لذلك هو لم يحدد نوع الحكم سواء إمبراطوري، ملكي، جمهوري...الخ. فمهما كان نوع النظام فهذا لا يهم، المهم هو الهدف من النظام وهو تحقيق مدينة الله عن طريق الإنجيل.

- وهنا على العبد أن يقبل طاعه سيده ليس نفاقا أو خوفا إنما اقتناعا لأنها شرعية لان الخطيئة التي أحدثت اضطرابا في النظام الطبيعي يجب أن تعاقب.

والحكم القمعي فدية للخطيئة أيضا .

- لكن للشعب حق الثورة على الحاكم إذا دعاهم لمعصية الله أو التعاليم المسيحية ولكن بطريقة سلمية.

تصور اغسطينوس للعلاقة بين الكنيسة والدولة

- طالب بالتمييز بين السلطة الروحية ممثلة في الكنيسة والسلطة الزمنية وباستقلالهما المتبادل وتعاونهما الوثيق في نفس الوقت . لكن أعطى التفوق المعنوي للسلطة الروحية حيث وضع الكنيسة في مستوى أعلى .

أما عن التعاون بين السلطتين فهو أمر ضروري لكليهما بناءا على :

- مصلحة الدولة: لان الكنيسة هي المربية الأولى التي تعلم الواجبات الاجتماعية والفردية.
- مصلحة الكنيسة: أن الدولة تبشر بالإيمان بالمسيحية وان تسهر على تنمية درجة عبادة الله، وتعاقب بقسوة كل من يتصرف ضد الوصايا الإلهية.

نظرة اغسطينوس للقانون

- يرى أن القانون الوضعي هو أساس الحياة الاجتماعية موضوع من طرف البشر ، بشرط أن لا يكون متناقضا مع القانون الإلهي ويحترمونه .
- وقد ظهرت ضرورة القانون الوضعي نتيجة اختلال الإنسان وخطيئته منذ أن أخطأ آدم

إن مبدأ اغسطينوس واضح جدا: إنه يميز وبقوة النظام الروحي و النظام الزمني، بين مجال السلطة الكهنوتية الكنسية ومجال السلطة السياسية. لكنه يعالج هذه القضايا بشكل عام و أعطى نظرية دقيقة للعلاقات بين الكنيسة والدولة. بالتأكيد هو يتمنى أن المدينة السياسية تلقَّح بالمسيحية لكنه لا يرى أية ضمانة أن هذا الحل سيطبق أو سيستمر. و مهد الطريق لظهور

نظرية السيفين أو الولاء المزدوج

ظهرت المسيحية كحركة دينيه لها نظامها المستقل عن الدولة وكانت هي المسئولة عن النواحي الروحية وتسعى لتخليص الإنسان من الخطيئة ، وكانت تنظر للدولة كمؤسسة مستقلة تستمد سلطتها من الله مما يستوجب خضوع الكنيسة لسلطتها . ولكن مع تعاظم دور الكنيسة وتمتعها بسلطة منافسة لسلطة الإمبراطور فإذا تعارضت أوامر الحكام، مع التعاليم الدينية فعلى الفرد أن يطيع التعاليم الدينية لأنها هي التي ستؤهله للملكوت السماوى في الحياة الأبدية. وقد مثلت هذه الفكرة الأخيرة خطرا شديداً على الإمبراطورية الرومانية ونظامها السياسي، إذ أن الولاء للكنيسة عرض النظام الروماني كله للخطر، ذلك أن النظام الروماني يفرض ولاء واحدا على الفرد، وهو الولاء لشخص الإمبراطور سواء من الناحية الدينية أو الدنيوية، فكان الإمبراطور سواء من الناحية الدينية أو الدنيوية، فكان الإمبراطور يتمتع

بصفة التقديس Divinity وكان يسيطر على الحياة المدنية والدينية للأفراد بصفتة الكاهن الأعظم . أما في الديانة المسيحية فإن الكنيسة أرادت أن تأخذ من الإمبراطور السلطة الدينية ولذلك ظهرت فكرة جديدة تقول بأن هناك مجتمعين في الدولة، وهذا يشبه إنقسام الفرد إلى قسمين : أي يتكون من جسد ومن روح، نفس هذا ينطبق على المجتمع (أي يتكون من جسد ومن روح) وهكذا ظهرت فكرة (الولاء المزدوج) والتي تدور حول وجوب خضوع المسيحي لنوع من الولاء المزدوج انطلاقا من ازدواج طبيعته فالإنسان يتكون من روح وجسد والروح تتوجه بالولاء نحو خالقها والذي تظهر سلطته في الأرض من خلال الكنيسة أما الجسد فيتوجه بولائه إلى السلطة الدنيوية ممثله في الحكومة الإمبراطورية ، وهكذا خرجت إلى الوجود (نظرية السيفين أو ازدواج السلطة) على أساس وجود نوعين من الوظائف في المجتمع :

١- وظائف خاصة بالقيم الروحية والأخلاقية وتتولاها الكنيسة وتراقبها .

٢- وظائف تتعلق بالمحافظة على الأمن والنظام وتحقيق العدالة وتتولاها الحكومة.

و هكذا وجد بشكل دائم سلطتان قضائيتان مختلفتان في طبيعتهما. و حاول الباباوات دائما إرشاد السلطة السياسية لكنهم لم يستطيعوا ذلك نهائيا. فالمؤسسة السياسية و المؤسسة الكهنوتية تبقيان غير مرتبطتين.

و عند ظهورفكرالبروتستانت ظل التمسك بفكرة أن الله مصدر السلطة السياسية، ولكنها كانت تهدف إلى وضع هذه السلطة الإلهية في يد الملوك وليس في يد البابا الكاثوليكى ، بإعتبار أن الملوك كانوا حماة الحركة الدينية الجديدة، وكان أنصار المذاهب الجديدة في حاجة إلى السلطة السياسية للملوك ليساعدهم ذلك في نشر أفكارهم ومبادئهم في مواجهة الكنيسة الكاثوليكية. وكان من زعماء حركة الإصلاح الديني مارتن لوثر وكالفيه. وقد بدأت هذه الحركة أصلا كحركة إحتجاج (ومنها استمد لفظ بروتستنت) ضد فساد رجال الكنيسة والباب ونزوعهم إلى تكديس الأموال وإصدار صكوك الغفران، والسيطرة على أملاك واسعة في مختلف الدول الأوربية وفرض ضرائب باهظة عى الشعب. وقد تسببت مفاسد ومظالم بابا روما في سقوط هيبة الكنيسة الكاثوليكية وقيام الثورة ضدها. وقد لاقت هذه الثورة أو الاحتجاج قبولا حسنا من جانب الملوك الذين وجدوا في الحركة الجديدة تقوية لسلطانهم ونفوذهم على حساب نفوذ وسلطة البابا. وقد تطور هذا الإتجاه إلى تم الفصل بين الكنيسة والدولة في معظم الدول الأوربية، وأصبح للدولة السلطة السياسية المطلقة دون أي تدخل من جانب الكنيسة، مع عدم تدخل الدولة في الشئون الدينية (وهو الإتجاه الذي لا يزال سائدا في كثير من الدول الأوربية).

الانظمة الحاكمة و فكر المسيحية :-

ظهرت حكومات الملوك في العالم لأول مرة على يد الوثنيين، ومنهم أخذ بنو إسرائيل تلك العادة .لقد كان هذا هو أكثر اختراعات الشيطان نجاحًا في ترويج عبادة الأوثان بجل الوثنيون ملوكهم المتوفين تبجيلًا رفعهم إلى مقام الآلهة كالفراعنة ، لكن إرادة الله كما أبلغها موسى و ويشوع و جدعون و صموئيل النبى ترفض صراحة حكومة الملوك. فقد كانت حكومة اليهود فى البداية نوعا من الولايات يديرها قاض و مجلس من شيوخ القبائل. و أعتبرت الملكية في الكتاب المقدس على أنها إحدى خطايا اليهود، التي استحقوا بسببها لعنة نزلت بهم . وتاريخ هذه الخطيئة جدير بالاهتمام بداية من القاضى جدعون الذى خلص بني إسرائيل من قهر المديانيين بجيش صغير، وحقق النصر، بمعجزة إلهية. فاقترح اليهود الذين غرهم النصر فأرجعوا النصر إلى عبقرية جدعون الحربية و طلبوا منه أن يصبح ملك عليهم **(فقال لهم جدعون لا أتسلط انا عليكم و لا يتسلط ابني عليكم الرب يتسلط عليكم)(قض ٨ : ٢٣)** فجدعون يستنكر حقهم في منحه إياه الملك و بأسلوب إيجابي يليق بنبى يتهمهم بالجحود وعدم الولاء لمولاهم الحق ملك السموات والأرض.

و بعد سنين طويلة ، ذهبوا إلى صموئيل النبى وحدثوه بغلظة طالبين ملكا **(و قالوا له هوذا أنت قد شخت و ابناك لم يسيرا في طريقك فألان اجعل لنا ملكا يقضي لنا كسائر الشعوب فساء الأمر في عيني صموئيل إذ قالوا أعطنا ملكا يقضي لنا و صلى صموئيل إلى الرب فقال الرب لصموئيل اسمع لصوت الشعب في كل ما يقولون لك لأنهم لم يرفضوك أنت بل إياي رفضوا حتى لا املك عليهم حسب كل أعمالهم التي عملوا من يوم أصعدتهم من مصر إلى هذا اليوم و تركوني و عبدوا آلهة أخرى هكذا هم عاملون بك أيضا فألان اسمع لصوتهم و لكن اشهدن عليهم و اخبرهم بقضاء الملك الذي يملك عليهم)(١صم٨: ٥ - ٩)** فغضب صموئيل النبى من جحودهم وكفرهم بنعمة الله عليهم و عين لهم شاول ملكا عليهم لكنه أيضا أوضح لهم غضب الله عليهم لرفضهم أن يكون الله ملكا عليهم .

(أما هو حصاد الحنطة اليوم فاني أدعو الرب فيعطي رعودا و مطرا فتعلمون و ترون انه عظيم شركم الذي عملتموه في عيني الرب بطلبكم لأنفسكم ملكا فدعا صموئيل الرب فأعطى رعودا و مطرا في ذلك اليوم و خاف جميع الشعب الرب و صموئيل جدا)(١صم١٢: ١٧ - ١٨) .

الديموقراطية : تعنى فى الأصل حكم الشعب لنفسه ، لكن كثيراً ما يطلق اللفظ على الديموقراطية الليبرالية لأنها النظام السائد للديمقراطية فى دول الغرب و كذلك فى العالم فى القرن الواحد و العشرين، و بهذا يكون إستخدام لفظ (الديموقراطية) لوصف الديموقراطية الليبرالية خلطاً شائعاً فى إستخدام المصطلح سواء فى الغرب أو الشرق ، فالديموقراطية هى شكل من أشكال الحكم السياسى قائم بالإجمال على التداول السلمى للسلطة و حكم الأكثرية ، بينما الليبرالية تؤكد على حماية حقوق الأفراد و الأقليات و هذا نوع من تقييد الأغلبية فى التعامل مع الأقليات و الأفراد بخلاف الأنظمة الديمقراطية التى لا تشتمل على دستور يلزم مثل هذه الحماية و التى تدعى بالديموقراطيات اللاليبرالية ، فهنالك تقارب بينهما فى أمور و تباعد فى أخرى يظهر فى العلاقة بين الديموقراطية و الليبرالية كما قد تختلف العلاقة بين الديموقراطية و العلمانية بإختلاف رأى الأغلبية ، و تحت نظام الديموقراطية الليبرالية أو درجة من درجاته يعيش فى بداية القرن الواحد والعشرين ما يزيد عن نصف سكان الأرض

فى أوروبا و الأمريكتين و الهند و أنحاء أخرى ، بينما يعيش معظم الباقى تحت أنظمة تدعى نَوعاً آخر من الديمقراطية كالصين التى تدعى الديموقراطية الشعبية ، يطلق مصطلح الديموقراطية أحياناً على معنى ضيق لوصف نظام الحكم فى دولة ديمقراطية ، أو بمعنى أوسع لوصف ثقافة مجتمع ، و الديمقراطية بهذا المعنى الأوسع هى نظام إجتماعى مميز يؤمن به و يسير عليه المجتمع و يشير إلى ثقافة سياسية و أخلاقية معينة تتجلى فيها مفاهيم تتعلق بضرورة تداول السلطة سلمياً و بصورة دورية .

يعتبر فردريك أوزنام (أستاذ القانون التجارى فى جامعة ليون) أول من إستخدم تعبير (المسيحية الديموقراطية) سنة ١٨٤٨ عندما قال (أعتقد فى إمكانية الديموقراطية المسيحية) ، عندما أصبح التصنيع و الحكومة الدستورية من السمات المميزة لأوروبا الحديثة بدأت تظهر قوى جديدة إشتراكية و شيوعية فظهرت الديموقراطية المسيحية كرد فعل لهذه القوى لمواجهة آثار الحرب العالمية و لتخفيف حالة البؤس و الدمار الذى خلفته الحرب و الإنحلال الأخلاقى الذى ساد فى تلك الفترة فكانت هناك حاجة للنهوض مجدداً بالأخلاق المسيحية .

لقد عمل المفكر الكاثوليكى الفرنسى (جاك ماريتين) بصورة خاصة على تقديم الحجج التى تلزم المسيحيين بإعتناق الديمقراطية و حقوق الإنسان ، ألف ماريتين كتيبات و منشورات عن التوفيق و المصالحة بين المسيحية و الديمقراطية ، و التى ألقتها قاذفات القنابل التابعة للحلفاء على مدن أوروبا ، و لم يكل ماريتين قط من التأكيد على أن الأصول المسيحية للديمقراطية المزدهرة فى أمريكا كان لها أبلغ الأثر عليه ، حيث كان الدين المسيحى هو حجر الأساس فى إنشاء الديمقراطية الأمريكية و هو الذى يحدد سياساتها الخارجية و الداخلية على حد سواء .

فالديموقراطية المسيحية هى سياسة تسعى لتطبيق المبادئ المسيحية فى السياسة العامة ، فأتباعها عادة ما يؤكدون على أهمية التراث المسيحى و الأخلاقيات المسيحية ، و يرون الإقتصاد لخدمة الإنسانية و ليس العكس ، و إن كانوا لا يرفضون الرأسمالية من حيث المبدأ و يعظمون أهمية واجب الدولة نحو مواطنيها ، كما أنهم عادة محافظون إجتماعياً ، و بالتالى يعارضون الإجهاض و تحديد النسل و الدعارة و الخمر و القمار و المخدرات و كافة العادات الرذيلة ، و تدعو إلى إقتصاد السوق الإجتماعى أى العبور بالإقتصاد الإشتراكى الديمقراطى إلى إقتصاد السوق الإجتماعى .

مبادئ الديموقراطية المسيحية :-

١- التأكيد على حقوق الإنسان و المبادرة الفردية ، مع التأكيد على حقيقة أن الفرد جزء من المجتمع و عليه واجبات نحوه.

٢- الحفاظ على الإخلاقيات و تعاليم المسيح (فى أمور مثل الزواج و الطلاق و الإجهاض و رفض المثليين و رفض الخمور و إتلاف الجسد و الصحة) ، و لكنها تقبل بالتطور المجتمعى من حيث حق الإنسان فى الرفاهية و التسلية بدون إباحية .

٣- تنادى بالتضامن الإجتماعى (دولة الرفاهية ، أهمية القضاء على الفقر و فرض الضرائب تصاعدياً على الأثرياء) و الإستعداد لتقييد قوى السوق لحماية الفقراء ، و لكنها ترفض صراع الطبقات و تساند الرأسمالية النزيهة و إقتصاد السوق الأخلاقى .

٤- العدالة الإجتماعية من حيث حق المرضى و الفقراء و كبار السن فى رعاية الدولة لهم ، و يرجع نجاح الديمقراطية المسيحية إلى موقفها المناهض للشيوعية أثناء الحرب الباردة. إن بداية عمل الأحزاب الديموقراطية المسيحية كانت فى الميدان الإجتماعى و لم تكن فى الميدان السياسى ، حيث ظهرت حركات تسمى (حركات الإصلاح الإجتماعى المسيحى) ، التى نشأت لإصلاح الأوضاع الإجتماعية القائمة فى أوروبا بعد الحرب ، و حول نظرة الأحزاب المسيحية للإقتصاد و السياسية فهى ضرورة توفير قدر أكبر من المساواة فى توزيع الدخل ، و إحترام حقوق الجميع ظهر الإتحاد الديموقراطى المسيحى فى عام ١٩٤٥ فى ألمانيا، و السبب الأبرز لظهوره كان إنهزام ألمانيا فى الحرب العالمية الثانية حيث كانت ألمانيا مقهورة و يهيمن عليها الجوع و اليأس و البؤس ، ففى الوقت الذى إنشغل فيه كثير من الناس من أجل الطعام و المأوى تطلعت أقلية نشطة سياسياً لتأسيس مجتمع جديد يرتكز على الكرامة الإنسانية و حرمة الفرد و الصدقة المسيحية و حقوق الإنسان و الديموقراطية ، فى نهاية المطاف عمل الكاثوليك و البروتستانت معاً لدعم الحزب بسبب خوفهم من الشيوعية و لرغبتهم فى نهضة دينية حقيقية و رغبة فى التجديد الإجتماعى الذى يؤثر أيضاً على الإشتراكيين و الليبراليين و رغبتهم فى تدشين بداية جديدة لمرحلة ما بعد الحرب ، أما بالنسبة لنظرة الحزب الإجتماعية يؤمن فى الديموقراطية حيث أكد على بناء نظام إجتماعى جديد يقوم على إحترام حقوق الفرد ، و دعا للإعتراف بالأسرة بوصفها وحدة إجتماعية حيوية ، و دعم حقوق النساء و الأطفال ، و حق الآباء فى إتخاذ قرار بشأن تعليم أبنائهم ، و بالنسبة لرؤيته للمسائل الإقتصادية و السياسية فقد شهدت مرحلتين :-

المرحلة الأولى : إهتم الحزب فيها بدعم التأميم ، و تحديداً بالنسبة لبعض الصناعات الأساسية ، و دعا لإلغاء التكتلات الإحتكارية و الرقابة الحكومية الفعالة للإقتصاد و رفض العودة للممارسات الرأسمالية التى كانت سائدة قبل الحرب .

المرحلة الثانية : شهد الحزب تحولاً نحو الإقتصاد الحر بسبب إزدياد أنصار الرأسمالية فى الحزب ، فقد تشكل حزب الإتحاد الديموقراطى المسيحى و الإتحاد الإجتماعى من كل من حزب الإتحاد الديموقراطى المسيحى و الإتحاد الإجتماعى و بذلك أصبح تجمعاً يضم الليبراليين و الإشتراكيين و الكاثوليك و البروتستانت و العمال و أرباب العمل فأصبح حركة ذات برنامج مطاط يتسع لأكبر عدد من الأعضاء ، و نجح الحزب و تمتع بنسبة عالية من أصوات المزارعين و النساء ، و نظر بأهمية لأصوات النساء نظراً لكثرة النساء بالنسبة لسكان ألمانيا بعد الحرب العالمية ، كما أن الحزب بذل جهوداً ترمى إلى كسر العداوات الطبقية فجذب شريحة كبيرة من المجتمع الألمانى ، و من أهم إنجازاته الملحوظة أنه إستطاع إيجاد طريقة للتعايش السياسى بين الكنائس المسيحية .

بعد هذا الإستعراض السريع لنشأة الديمقراطية المسيحية و الأحزاب المسيحية فى أوروبا تجدر ملاحظة أن هذه الأحزاب تعمل فى دول علمانية و تنسجم برامجها الإنتخابية مع هذا الأطار ، و من الملاحظ أيضاً أن الأحزاب المسيحية ظهرت فى بعض الدول الأوروبية كقوة سياسية فاعلة بشكل كبير، كما كان الحال بالنسبة لألمانيا و لم يكن لها ذات الدور فى دول مثل بريطانيا .

الفرق بين الموقف السياسى للمسيحى القبطى و الموقف السياسى للكنيسة الأرثوذكسية

على الكنيسة ان تكون حرة و مستقله دينيا لكنها خاضعة لاي نظام سياسي مهما كانت مبادئه ما دام لا يمتد للتدخل فى الشئون الدينية للمسيحين و لا يصدر قوانين تمنع المسيحين من حرية العبادة و الاعتقاد .

المسيحية أعطت وجودا لمجتمع له قدر ومصير شامل إنه الكنيسة. الكنيسة هي مجتمع من المؤمنين مفتوح ومن غير تمييز لجميع البشر. إنها مؤسسة،أنشئت مع تكليف الرسل والمبشرين،وقد بنيت و أصبحت مركزية بشكل متدرج. المجتمع الكهنوتي أصبح مجتمع حقوق، من خصائصه وجود مؤسسات، إنها المؤسسة الكهنوتية.

هل تعتبر الكنيسة القبطية الأرثوذكسية حزب سياسى و ما هى حدود سلطاتها ؟

بداية يجب أن نعرف ما هو تعريف الحزب السياسى و ما هى مقوماته لكى نعرف أذا كانت تنطبق على الكنيسة أم لا .

الحزب السياسى : هو تجمع طوعى ينشأ للدفاع عن مصالح طبقية أو رؤية ثقافية محددة من خلال برنامج سياسى يسعى للوصول إلى السلطة من خلال الانتخابات لوضع هذا البرنامج موضع التطبيق، ولكى يكون الحزب السياسى بهذا المفهوم قادراً على المنافسة الحزبية والمنافسة الانتخابية للحصول على أغلبية برلمانية تمكنه من تشكيل الحكومة . فإنه يجب أن تتوافر له مجموعة من المقومات الأساسية فى مقدمتها:

١ـ رؤية فكرية وسياسية لتولى السلطة حيث يتم ترجمتها فى برنامج سياسى يحدد موقف الحزب من قضايا ومشكلات المجتمع والحلول التى يقدمها لها وأولوياته فى حلها والإجراءات المحددة التى سينفذها عندما يتولى السلطة لوضع هذه الحلول موضع التطبيق.

٢ـ التنظيم الحزبى الذى يمكن الحزب من توصيل رؤيته الفكرية وبرنامجه السياسى إلى المواطنين فى مختلف أرجاء البلاد ويشترط فى هذا التنظيم أن تتواجد وحداته الأساسية حيث يعيش الناس وحيث يعملون ويمارسون النشاط، بإعتبار أن الوحدة الأساسية للحزب هى حلقة الصلة بين الحزب والشعب التى تنظم نشاط أعضاء الحزب فى عمل جماعى فى مجتمعهم المحلى والمنظمات الجماهيرية كالنقابات والجمعيات الأهلية والجمعيات التعاونية والأندية .

٣ـ الانتشار الجغرافى لا يكفى أن يملك الحزب السياسى تنظيماً يعبئ أعضاءه وينسق حركته ويوحد نضاله السياسى، بل من الضرورى لضمان فاعلية هذا النضال السياسى أن يتوافر للتنظيم الحزبى الانتشار الجغرافى لتتواجد وحداته الأساسية فى معظم القرى والأحياء السكنية بالمدن وأن تتواجد أيضاً فى مواقع العمل من مصانع ووحدات خدمات، وبدون هذا الانتشار الجغرافى لا يكون الحزب طرفاً فاعلاً فى المنافسة الحزبية والانتخابية.

٤ـ الكوادر و القيادات السياسية حيث يعتبر الكادر السياسى من المقومات الأساسية للحزب السياسى والتى لا يمكن بدونها أن يمارس الحزب نضاله ويصل بأفكاره إلى أوسع دائرة ممكنة على إمتداد البلاد. هذه القيادات يستطيع الحزب أن يكتشفها من بين العناصر الحركية فى العضوية التى تتميز بالقدرة على المبادرة والاستعداد للتجاوب مع الأحداث ويزود الحزب هذه العناصر بالوعى السياسى والمعرفة العلمية التى تمكنها من تولى مواقع قيادية فى مختلف مستويات الحزب ومن خلال هذه المواقع القيادية تتشكل لها شعبية داخل الحزب وخارجه فتكتسب القدرة على التأثير فى الآخرين وقيادتهم فى إطار أهداف الحزب ومواقعه وبقدر ما يزيد عددها يتسع نشاط الحزب فى مختلف المواقع ومختلف المجالات.

٥ـ أدارة داخلية ديمقراطية حيث أن تقوم أدارتة الداخلية على أسس ديمقراطية تحكم العلاقات داخل الحزب مثل أن تكون الهيئات ومراكز المسئولية فى الحزب بالانتخاب، وألا تزيد مدة بقاء الشخص فى المسئولية على دورتين انتخابيتين لتوسيع تداول القيادة داخل الحزب، وألا يتولى الشخص الواحد أكثر من مسئولية قيادية واحدة.

٦ـ توافر الموارد المالية لتمكنه من ممارسة نشاطه بفاعلية فى المجتمع حيث يتطلب النشاط الحزبى إيجاد مقرات فى مختلف المواقع يلتقى فيها الأعضاء فضلاً عن تكلفة انتقال الأعضاء لحضور الاجتماعات الحزبية، وتكلفة إصدار المطبوعات الحزبية وغيرها من أوجه النشاط الحزبى التثقيفى والجماهيري. وهناك أيضاً الموارد المالية اللازمة لامتلاك الحزب وسائل إعلام جماهيرية. ومن الضرورى أن يبحث الحزب بجدية كيفية تأمين مصادر دائمة لتمويل أنشطته بما يضمن استمرار نشاطه وإتساع رقعة هذا النشاط.

فهل تتوافر هذه المقومات فى الكنيسة القبطية الأرثوذكسية ؟

الكنيسة القبطية الأرثوذكسية يتوافر لها كثير من المقومات الحزبية لكن ينقصها الرغبة فى تولى السلطة فالكنيسة تعلم أن تولى السلطة السياسية مع السلطة الدينية يعرض السلطة الدينية للأنتقاد بسبب السلطة السياسة و هناك دائما أحتمالية تعارض المصالح بين السلطات و لأنها ككنيسة لا يمكنها التخلى عن السلطة الدينية لأنها أساس وجودها فبالتالى المنطق يدفعها للتخلى عن السلطة السياسية المدنية للأحزاب المدنية كما ان الكنيسة محكومة بنظرية السيفين التى تمنعها من شغل كلا من السلطتين و بمبادئ الديمقراطية الحديثة التى ترفض تجمع سلطتين قويتين فى يد حاكم واحد .

فالأختيار السياسي علي اساس ديني وزج الدين في السياسيه هو بداية الفتن الطائفية والأنقسامات الشديدة والتعصب الديني وفشل الدوله ، لأن المعتقد الديني هو شئ يقيني في داخل كل انسان لن يقبل ان ينافسه فكر أخر ولكل شخص يقينه الديني وفكره المذهبي الذي لا يجوز ان يقارن مع فكر اخر والكل لديه الأستعداد ان يدافع عن هذا الدين ويناصره بحياته ودمه حتي تنتهي بفتن وانقسامات وقد تصل الي حروب أهلية كما حدث فى لبنان و ما كان سيحدث فى مصر قبل ثورة ٣٠ يونيو و تدخل الجيش للسيطرة على الفتنة .و هكذا يصبح الخلاف السياسي هو خلاف ما بين مؤمنين و كفار ويصبح التنافس جهاد ، وهذا كله يحدث نتيجه سعي الأحزاب الدينيه الي السلطة وتستغل في هذا التعصب الديني لأن هذه هي افضل طريقه لكسب مؤيدين احتكار صفة سلطة الدين فحينما تفلس الأحزاب ويفلس السياسيون يلعبون علي المشاعر الدينيه لأنها المدخل السريع لمشاعر الناس وليس عقولهم فالأحزاب الدينية المسيحية تفرق بين المسيحيين انفسهم و تثير مشاعر من الكراهية للطوائف المسيحية الأخرى فأذا قام الأرثوذكس بعمل حزب فسيقوم البروستانت بأقامة حزب أخر و فى أوربا الأحزاب ذات المرجعية الكاثوليكية تتنافس مع احزاب بروتستانت و هكذا نتنافس و ننسى أننا فى النهاية كلنا مسيحيون ، فالديموقراطيه مبنيه علي حرية الرأي والتنافس السياسي بين الأحزاب وتداول السلطة ، حرية الرأي هو امر يتحمل الخطأ والصواب والتنافس بين الأحزاب مبني علي برامج سياسيه يفوز بها البرنامج الأفضل وبعد هذا يظهر البرنامج الأفضل منه و هكذا بأستمرار لكن الأحزاب الدينيه الناس تعتقد فيها بقدسية الرأى والرأى الأخر ضد الدين ، التنافس يكون بين الحق والباطل وفي النهاية الوصول للسلطه والعمل علي عدم تركها وهذا فعلاً موجود في الأنظمة الدينيه وهذه الحالة ضد الديموقراطيه علي

طول الخط و الدين لا يمكن تحجيمة في حزب وبرنامج سياسي ومشروع وإلا نعتبر فشل الحكم الدينى فشل للدين كله و هذا غير صحيح بدليل انهيار دوله الباباوات فى اوربا فى العصور الوسطى لكن المسيحية لم تنهار .

هل يجوز للمسيحى التمرد على السلطة الحاكمة ؟

تمرد أو العصيان : هو رفض تنفيذ الأوامر. ويمكن تعريفه بأنه مجموعة من أنماط السلوك الاجتماعي الموجَّه إلى أشكال السلطة المختلفة ومظاهر النفوذ، للخروج عليها وإعادة بنيتها وسمات مظاهرها بالشكل الذي يخدم الفاعلين، ويحقِّق أهدافهم ويعيد إليهم قدراً من السلطة والنفوذ.

أمثلة التمرد في الكتاب المقدس:

١ - شاول الملك:

يذكر الكتاب المقدس قصة التعدي التي سقط فيها شاول الملك بالخروج على ترتيب الله والتعدي على حقوق السلطة الدينية المفوضة من قبل الله **(مكث (شاول) سبعة أيام حسب ميعاد صموئيل ولم يأت صموئيل إلى الجلجال والشعب تفرق عنه. فقال شاول قدموا إليَّ المحرقة وذبائح السلامة. فأصعد المحرقة. وكان لما انتهى من إصعاد المحرقة إذا صموئيل مقبل فخرج شاول للقائه ليباركه فقال صموئيل: ماذا فعلت؟ فقال شاول لأني رأيت أن الشعب قد تفرق عني وأنت لم تأت في أيام الميعاد والفلسطينيون متجمعون في مخماس فقلت الآن ينـزل الفلسطينيون إلى الجلجال ولم أتضرع إلى وجه الرب فتجلدت وأصعدت المحرقة. فقال صموئيل لشاول قد انحمقت لم تحفظ وصية الرب إلهك التي أمرك بها ... الآن مملكتك لا تقوم) (١صم١٣ :٨-١٤)**

ويلاحظ أنه رغم كل هذه المبررات الجبرية التي ذكرها شاول لكن الحكم كان عليه بأنه ارتكب حماقة لأنه تعدى ترتيب الله الذي فوض السلطة الدينية لصموئيل النبي الكاهن فقط أن يقدم الذبيحة، ونتيجة لتمرده زالت مملكته.

٢ - تمرد قورح وداثان وأبيرام:

وهذه صورة أخرى من صور التمرد فقد أخذ هؤلاء الثلاثة يقاومون موسى النبى مع أناس من بنى إسرائيل مائتين وخمسين رؤساء الجماعة مدعوين للاجتماع ذوي اسم. فاجتمعوا على موسى وهرون وقالوا لهما كفاكما.

(إن كل الجماعة بأسرها مقدسة وفى وسطها الرب فما بالكما ترتفعان على جماعة الرب ... وكلم الرب موسى وهرون قائلا افترزوا من بين هذه الجماعة فإني أفنيهم ... وفتحت الأرض فاها وابتلعتهم ... فنـزلوا هم وكل ما كان لهم أحياء إلى الهاوية وانطبقت عليهم الأرض فبادوا من بين الجماعة) (عدد١٦ :١-٣٣)

٣ - تمرد ديوتريفوس على تعاليم الرسل :

يذكر يوحنا الحبيب قصة تمرد ديوتريفوس هذا قائلا **(كتبت إلى الكنيسة ولكن ديوتريفوس الذي يحب أن يكون الأول بينهم لا يقبلنا. من أجل ذلك إذا جئت فسأذكره بأعماله التي يعملها هاذرا علينا بأقوال خبيثة وإذ هو غير مكتف بهذه لا يقبل الاخوة ويمنع أيضا الذين يريدون، ويطردهم من الكنيسة. أيها الحبيب (الشيخ غايس) لا تتمثل بالشر بل بالخير لأن من يصنع الخير هو من الله ومن يصنع الشر فلم يبصر الله) (٣يو٩ :١١)**

هذه بعض صور التمرد التي أوردها الكتاب المقدس ويتضح منها روح العصيان الاثم على السلطة في عناد وعصيان وتكبر. أما الخنوع فهو الاستسلام في مذلة لاستجداء رضى الناس وخاصة أصحاب السلطة بأية وسيلة ولو على حساب المبادئ والقيم ووصايا الرب.

ولعل موقف لوط من أهل سدوم كان موقف الخنوع، فقد أحاطوا بالبيت وقالوا له **(أين الرجلان (الملاكان) اللذان دخلا إليك الليلة. أخرجهما إلينا لنعرفهما (أي ليفعلا الشر بهما)، فخرج إليهم لوط إلى الباب واغلق الباب وراءه وقال لا تفعلوا شراً يا اخوتي. هوذا لي ابنتان لم تعرفا رجلاً أخرجهما إليكم فافعلوا بهما كما يحسن في عيونكم)(تك١٩ :٥-٨)** فقد حاول لوط أن يرضى أهل سدوم بأي وسيلة على حساب المبادئ والقيم بتعريض ابنتيه للرذيلة. إنه موقف الخنوع.

والوقع أن الخنوع يصدر عن نفسية مريضة كئيبة يائسة، فاقدة الثقة محصورة في موقف الضعف يرجفها الخوف فلا تملك إلا الخنوع والاستسلام مثلما حدث من بنهدد ملك آرام بعد هزيمته أمام آخاب ملك إسرائيل، فهرب ودخل المدينة من مخدع إلى مخدع. وعمل بنصيحة مشيريه فلبس المسوح وشد حبالاً على رأسه وأرسل إلى ملك إسرائيل وقال **له (إني أرد المدن التي أخذها أبى من أبيك، وتجعل لنفسك أسواق في دمشق فقطع له عهداً وأطلقه) (١مل٢٠ :٣٠-٣٤)** كان هذا العهد من منطلق الخنوع لا الخضوع بدليل أنه بعد سنوات ثلاث اكتشف آخاب أن ملك آرام لم يفِ بعهده وأنه لم يعطه راموت جلعاد فقامت الحرب بينهما من جديد. **(١مل٢٢ :١-٤٠)**

أما الخضوع السليم للسلطة فهو: موقف إيجابي متزن بين التمرد والخنوع أما الخضوع هو تصرف روحاني يرى الله في المشهد بينك وبين السلطة، أما التمرد والخنوع فهما تصرفات بشرية مع السلطة في حد ذاتها دون اعتبار لمشيئة الله.

فالخضوع هو تسليم لمن يقضى بعدل **(بط٢ :٢٣)** بصفته المسئول عن مصير المؤمن، أما التمرد فهو محاولة بشرية ممتلئة بالحقد والمرارة والعنف لتتخلص من السلطة التي تلعب بمصيرك. فمنطلق الخضوع هو أن مصير المؤمن ليس متروكا لأهواء الناس يلعبون به. بل هو محفوظ في يد الله كما قال معلمنا بولس الرسول **(لهذا السبب أحتمل هذه الأمور أيضا لكنني لست اخجل لأنني عالم بمن آمنت وموقن أنه قادر أن يحفظ وديعتي إلى ذلك اليوم). (٢تى١ :٣)**

إن من أروع الأمثلة على الخضوع بلا خنوع أو تمرد هو مثل ربنا وإلهنا ومخلصنا يسوع المسيح في موقفه أمام رؤساء الكهنة وبيلاطس البنطي. فما كان هناك أي أثر للتمرد وإلا لكان قد أعلن الحرب وحرض التلاميذ على الثورة لكي يخلص نفسه، بل على العكس نراه في البستان يقول لبطرس الذي استل سيفه وضرب عبد رئيس الكهنة فقطع أذنه **(رد سيفك إلى مكانه لأن كل الذين يأخذون السيف بالسيف يهلكون. أتظن أنى لا أستطيع الآن أن أطلب إلى أبى فيقدم لي أكثر من أثنى عشر جيشاً من الملائكة) (مت٢٦ :٥٢-٥٣)**

وموقف الرب يسوع المسيح لم يكن فيه شيئاً من الخنوع وإلا لحاول أن يستعطف العسكر وبيلاطس ويبرر موقفه وتصرفاته حتى يعفوا عنه، ولكن الرب يسوع المسيح له المجد كان قد قضى الليل كله في صلاة وخضوع مطلق لمشيئة الآب قائلاً **(ولكن لا لتكن إرادتي بل إرادتك) (لو٢٢ :٤٢)** فما كان بيلاطس والكهنة والعسكر في نظره سوى آلات في يد الآب يتمم بها مشيئته لأنه **(سلم لمن يقضى بعدل) (١بط٢ :٢٣)**

ولنا أيضا في قدوة معلمنا بولس الرسول الذي سار على منهج سيده مثلا آخر للخضوع بلا خنوع أو تمرد. ففي تعاملاته مع السلطات لم يتصرف قط بتمرد وإلا كنا نلمس روح المرارة في كتاباته عن السلطات ولكنه علمنا عن الخضوع لها على أنها مرتبة من الله **(رو١٣:١-٨)** وكذلك لم يكن خانعاً وإلا كان قد حاول استعطافهم ليطلقوه، ولكننا نراه يتكلم أمام فيلكس عن الأيمان بالمسيح بكل ثقة **(أع٢٤:٢٤-٢٥)** ويحتج أمام أغريباس بكل حكمة ومحبة **(أع٢٦:١-٣٢)** فلم يكن معلمنا بولس الرسول في خضوعه ممسوح الشخصية أي إنسان بلا شخصية بل كان ينظر إلى نفسه في المسيح يسوع بنظرة إيجابية عالما قيمة هذه النفس عند الرب لذلك يقول **(لهذا السبب أحتمل هذه الأمور أيضا لكنني لست اخجل لأنـي عالم بمن آمنت وموقن أنه قادر أن يحفظ وديعتي إلى ذلك اليوم) (٢تى١:١٢)**

فالمؤمن في خضوعه للسلطات التي يستخدمها الله لخيره وصقله وتشكيله ينمو في التشبه بالسيد المسيح له المجد. وما أجمل تعبير المرنم **(أدخلتنا إلى الشبكة جعلت ضغطاً على متوننا. ركبت أناساً على رؤوسنا. دخلنا في النار والماء ثم أخرجتنا إلى الخصب) (مز١٦:١١)**. وقد قال أيضا معلمنا بطرس الرسول **(فاخضعوا لكل ترتيب بشرى من أجل الرب إن كان للملك فكمن هو فوق الكل أو للولاة فكمرسلين منه للانتقام من فاعلي الشر وللمدح لفاعلي الخير). (١بط٢:١٣-١٤)وقال أيضا (اكرموا الجميع. احبوا الاخوة. خافوا الله. اكرموا الملك) (١بط٢:١٧) وسليمان الحكيم قال (لا تسب الملك ولا في فكرك). (جا١٠:٢٠)**

وبرغم الإضطهادات التى عانت منها الكنيسة القبطية الأرثوذكسية فى عصور كثيرة لكن لم يتم التحَكُّم في الكنيسة القبطية الأرثوذكسية ، ولم تسمح الكنيسة القبطية الأرثوذكسية لنفسها بالتدخل فى حكم مصر. وهذا الفصل بين الدين والدولة مبني على قول الرب يسوع نفسه: **(إعطوا ما لقيصر لقيصر، وما لله لله.) (متى٢٢:٢١)**. و قول بولس الرسول **(لتخضع كل نفس للسلاطين الفائقة، لأنه ليس سلطان إلا من الله، والسلاطين الكائنة هي مرتبة من الله،حتى إن من يقاوم السلطان يقاوم ترتيب الله، والمقاومون سيأخذون لأنفسهم دينونة.فإن الحكام ليسوا خوفا للأعمال الصالحة بل للشريرة. أفتريد أن لا تخاف السلطان؟ افعل الصلاح فيكون لك مدح منه، لأنه خادم الله للصلاح! ولكن إن فعلت الشر فخف، لأنه لا يحمل السيف عبثا، إذ هو خادم الله، منتقم للغضب من الذي يفعل الشر. لذلك يلزم أن يخضع له، ليس بسبب الغضب فقط، بل أيضا بسبب الضمير. فإنكم لأجل هذا توفون الجزية أيضا، إذ هم خدام الله مواظبون على ذلك بعينه. فأعطوا الجميع حقوقهم: الجزية لمن له الجزية. الجباية لمن له الجباية. والخوف لمن له الخوف. والإكرام لمن له الإكرام..) (رومية ١٣ : ١-٧)** ولم تقم الكنيسة القبطية أبدًا بمقاومة السُلطات أو الغُزاه، ولم تأخذ أي سُلطة، لأن كلام السيد المسيح واضح: **(رُدّ سيفك إلى مكانه، لأن كل الذين يأخذون السيف، بالسيف يهلكون.) (متى٢٦:٥٢)**. و كما وضح أرميا النبي **(جيد أن ينتظر الإنسان ويتوقع بسكوت خلاص الرب ... يجلس وحده ويسكت... يجعل في التراب فمه لعله يوجد رجاء. يشبع عاراً لأن السيد لا يرفض إلى الأبد فإنه لو أحزن يرحم حسب كثرة مراحمه. لأنه لا يذلّ من قلبه ولا يحزن بنى الإنسان. أن يدوس أحد تحت رجليه كل أسرى الأرض (ظلماً) أن يحرق حق الرجل (ظلماً) أمام وجه العلي. أن يغلب الإنسان في دعوى (ظلماً) (فهل)**

السيد لا يرى؟ من ذا الذي يقول فيكون والرب لم يأمر؟ من فم العلي ألا تخرج الشرور (المصائب) والخير؟) (مراثى٣:٢٦-٣٨).
فالكنيسة تنتظر إعلان الرب عن مشيئته التي لابد أن تسري دون عائق يعوقها و اثناء الانتظار تهتم الكنيسة بالصلاة والتسليم للرب وتوقع خلاص الرب بأن يغير الرب فكر الطغاه أو الظروف والملابسات. و تتوقع أن يكون رد الفعل لخضوعها مزيداً من الضغوط والقيود عليها ، فتحتمل الكنيسة الاضطهاد ، وهى متأكده أن الله يستخدم كل ذلك للخير **(ونحن نعلم أن كل الأشياء تعمل معاً للخير للذين يحبون الله الذين هم مدعوون حسب قصده) (رو٨:٢٨).** لذلك تحرص الكنيسة على أن تكون ردود أفعالها صحيحة حتى لا تكون سبب عثرة للشعب المسيحى و تدفعة للثورة بل تساعد المسيحين على الصبر **(انتظر الرب ليتشدد وليتشجع قلبك وأنتظر الرب. (مز٢٧:١٤)** و تحذرهم من الاندفاع لتغيير الواقع السيء بالقوة **(أسرعوا فنسوا أعماله.ولم ينتظروا مشورته) (مز٦:١-١٣)**
الأنسان المسيحى مطالب بأن يكون له موقف سياسى سواء كان يتفق فى موقفة مع الكنيسة أو يختلف لأنه أنسان حر ذو أرادة خاصة و مصالح خاصة به و ليس للكنيسة سلطة سياسية على رعاياها . أما الكنيسة الأرثوذكسية فلها مواقف ثابته لا يتغير من حيث ضرورة الخضوع للسلطة المدنية الحاكمة فيما لا يخالف تعاليم السيد المسيح .

بين الثورة و التمرد على السلطة الحاكمة ؟

الثورة : هى تغير مفاجئ في النظام الاجتماعي و تعرف أيضا بأنها التغيير الكامل لجميع المؤسسات والسلطات الحكومية في النظام السابق لتحقيق طموحات التغيير لنظام سياسي نزيه وعادل ويوفر الحقوق الكاملة والحرية والنهضة للمجتمع. والمفهوم الدارج أو الشعبي للثورة فهو الانتفاض ضد الحكم الظالم. وقد تكون الثورة شعبية مثل الثورة الفرنسية عام ١٧٨٩ وثورات أوروبا الشرقية عام ١٩٨٩، أو عسكرية عندما يقوم بها الجيش ضد الحاكم لأسباب وطنية ، أو حركة مقاومة ضد مستعمر. لكن الثورة أكثر عقلانية من التمرد فهى لا تبحث فقط عن التحطيم بل تريد أيضا بناء نظام جديد، ولا تبقى في لحظة النقد والسجال بل تسعى الى أن تكون فاعلة وتتحول الى قوة اقتراح وتبدع بدائل ممكنة.
تمرد : يعني الفعل الجماعي الذي ترفض بواسطته مجموعة السلطة السياسية الموجودة أو القواعد الاجتماعية القائمة. ويدل أيضا على حالة من الفكر يرفض من خلالها فرد مع عداوة شديدة كل سلطة تحد من حريته. ان الروح المتمردة هي حالة مستمرة من المعارضة ضد النظام والمؤسسات والنزعة الأكاديمية بل وأيضا ضد الوضع البشري برمته وما يعانيه من ازدراء وامتهان.
اذا كان التمرد واجب على كل فرد تعرض الى الاضطهاد والاستغلال فإن الثورة حق بالنسبة الى الشعوب التي تصاب بداء الاستبداد والشمولية. والثورة التامة والجذرية هي التي تريد تغيير نمط الحياة وتحويل العالم وتجديد الفنون واستبدال بنية الملكية و القضاء على نمط الحكم القديم وخلق نمط حكم مختلف يتناسب مع طموحات القوى الصاعدة ومختلف شرائح المجتمع في العدالة والكرامة والحقوق والحريات والمساواة. لكن اذا كان التمرد يقتصر على المجال الاجتماعي والسياسي فإن الثورة تطلق على مختلف المجالات وبالتحديد تشمل ميادين الثقافة والعلم والاقتصاد والسياسة والتقنية والفنون.

هل كانت عظات السيد المسيح خطاب سياسي

الخطاب السياسى : يعرف بأنه شكل من أشكال الخطاب المتعددة، ويستخدم من قبل فرد أو جماعة أو حزب سياسي معين، من أجل الحصول على سلطة معينة عند حدوث صراع أو خلاف سياسي، وله أهمية كبيرة تعود على الجهة المستخدمة له، وتكمن أهميته في أنه أداة ضرورية لاكتساب السلطة، ويتم اللجوء له من قبل القوى السياسية المختلفة، من أجل الوصول إلى المراكز العليا في السلطة، وكسب المشروعية على المحاولات التي تقوم بها الجهة المعنية.

هدف الخطاب السياسى : يتميز الخطاب السياسي بأنه خطاب يقوم على عملية الإقناع للجهة الموجه لها الخطاب، بالإضافة إلى تلقي القبول والاقتناع بمصداقيته، من خلال العديد من الوسائل والطرق المدعمة بالحجج والبراهين، لذلك يوظف الخطاب السياسي الوسائل اللغوية والمنطقية الصحيحة، وجمل تعبيرية تتناسب مع طريقة التواصل مع الأفراد، كالصور والموسيقى بالإضافة إلى استخدام لغة الجسد، مع مراعاة أن تتناسب مع الموقف والمقام الذي يتم إلقاء الخطاب السياسي على أساسه.

تحليل الخطاب السياسى :

نقطة البدء في تحليل الخطاب- أي خطاب - هي في تحديد ما إذا كانت اللغة أداة محايدة للتواصل بين الأفراد، وشفافة تنم عن مضمونها بيسر ، أم أنها "مراوغة" ، ثم هل هي أداة تصف الواقع لا غير؟ أم انها تبدع واقعها الخاص . مثلا كيف يوظف السياسي مفهوم الحرية في لغته؟ أولا يفترض أن للحرية معنى لغويا محددا، لكن السياسي يتلاعب بسياقات المفردة ليحصل على معانٍ مختلفة تحقق أهدافة من الخطاب عن الحرية .

و من المعروف أن السيد المسيح أستخدم اللغة الارامية[١٢] فى الحديث للناس اثناء تبشيره رغم تحدث الفريسيون باللغة العبرية و الصدقيون باللغة العبرية و اليونانية كلغة الطبقة المثقفة و لكن السيد المسيح اختار لغة العامة المليئة بالمترادفات و سهلة الانتشار بين الجمهور المستهدف و هو خراف اسرائيل الضالة التى لم تحظى بالتعليم و الثقافة الهيلينية و اهمل الكتبة والفريسيون تعليمهم العبرية لأنهم فقراء لا يستطيعون دفع ثمن الدروس .

وإذا كان أطراف الخطاب ثلاثة: مرسل ومستقبل وبينهما رسالة (نص مكتوب أو مسموع)، فهل هناك توزيع لموازين القوى بين هذه الأطراف؟ ولمن يختل ذلك الميزان؟ ومتى يختل؟ أم أن التوازن في القوى هو القاعدة؟ وكل ذلك يعني أن العلاقة بين الأطراف الثلاثة هي علاقة قوى، وجوهر السياسة هو "علاقات قوى".

أن علماء السياسة في تحليلهم للخطاب السياسي يسعون نحو استقلالية عن محددات الخطاب الأدبي بحكم لغتهم الخاصة، فكيف نفهم قول وزير الخارجية الأمريكي الأسبق هنري كيسنجر بأن "الدبلوماسي الذكي هو الذي إذا قال نعم فهو يعني ربما، وإذا قال ربما فهو يعني لا، ولكنه لا يقول لا" ، فإذا كان الفعل السياسي هو عمل قصدي لتنظيم الحياة اليومية

---

[١٢] اللغة الأرامية أو السريانية هي احدى اللغات السامية ، وهي أقرب ماتكون للعبرية والفينيقية ، ولكنها تنفرد ببعض الخواص ، كما أنها مازالت حية في لهجات مختلفة . ولعل موطن اللغة الأرامية الأصل كان بلاد ما بين النهرين (أرام) ولكنها انتشرت شمالاً وغرباً، وأصبحت اللغة الرئيسية في أقطار كثيرة واسعة . وبعد الرجوع من السبي ، حلت الأرامية محل اللغة العبرية كلغة لليهود في فلسطين ، وتعرف الأرامية في شكلها الشرقي بالسريانية .

للمجتمع، فإن ذلك يعني أن تفاصيل السلوك الإنساني هي في جوهرها سياسية، لكن لكل خطاب مركزه أو منظوره ، ومركز الخطاب السياسي هو "السلطة"، فإذا انتزعنا هذا المفهوم من الخطاب السياسي انهار هذا الخطاب. و لهذا تعجب الفريسيين من اسلوب خطاب السيد المسيح للجموع قائلين **(فلما اكمل يسوع هذه الاقوال بهتت الجموع من تعليمه.لأنه كان يعلمهم كمن له سلطان و ليس كالكتبة) (مت ٧ : ٢٨)**

أنواع الخطاب السياسي:

نشير بداية إلى انواع الخطاب السياسي على ثلاثة هي:

أ- **الخطاب السياسي الأكاديمي التعليمي:** ويشمل هذا اللون المؤلفات السياسية التعليمية منهجا ومعلومة، وهي أدبيات تسعى للتعريف بالخطاب منزهة –افتراضا– عن كل غرض.

ب- **الخطاب السياسي الجماهيري:** وهو نص تحريضي، دعائي يرتبط في الغالب الأعم بالمناسبات والأزمات، ويأخذ شكل الخبر السياسي أو النص المتكامل أو الشعار أو الأغنية أو الطرفة أو الموعظة.

ج- **الخطاب التنظيري الأيديولوجي:** وهو الخطاب الذي يبدعه مفكرون أو تيارات فكرية تتواصل في تشييد هذا البناء عبر مراحل تاريخية، وتروجه وتتبناه المنظمات السياسية كالأحزاب وجماعات الضغط وجماعات المصالح، ويبدو هذا الخطاب كنص مبني بعناية، يبرهن على صحة مقولاته بقدر من المقدمات والنتائج المنطقية من وجهة نظر صاحبه.

أسس الخطاب السياسي :

ويرى أرسطو أن الخطاب السياسي يقوم على أسس ثلاث هي:

١- أخلاقيات المجتمع (ethos)

٢- محاكاة المشاعر الشعبية (pathos)

٣- المنطق (logos) : وهو ما يعني التشابك المرهق بين المنطق وقواعد اللغة وبين الصورة التي تركبها الاستعارات اللفظية (metaphor) والمجاز (metonymy) والجناس (analogy) في بنية الخطاب .

ذلك يستدعي عند تحليل الخطاب التوقف عند مفرداته التي تشتمل :

أ- الإشارة للزمان والمكان (الحدود، الجوار، المياه الإقليمية، الشرق والغرب، والشمال والجنوب..الخ) والمكانة والعلاقة والسياق مثلا توبيخ السيد المسيح للكتبة و الفريسيون لأنهم متعلمون و يفهمون في علم الفلك و اخرى لكنهم لم يفهموه **(و في الصباح اليوم شتاء لان السماء محمرة بعبوسة يا مراؤون تعرفون ان تميزوا وجه السماء و اما علامات الازمنة فلا تستطيعون) (متى ١٦ : ٣) .**

ب- التفاعل الذي يقوم على الترابط مع جهة معينة أو الانفصال عن أخرى.

ج- التفاوض وخداع اللغة ، أو في مفردات الوصف، وهو ما يفتح باب مشكلة الترجمة سواء في المفاهيم (هناك فرق في المستوى بين الصراع والنزاع ، أو في الاتفاقيات الدولية التي تعد بلغة غير عربية وينص فيها على المرجعية اللغوية عند الاختلاف على المعنى (فاتفاقية كامب ديفيد تنص على أن اللغة الإنجليزية هي المرجعية عند الخلاف على معنى مصطلح معين في الاتفاقية) و لغة خطاب السيد المسيح هى الارامية لكن الاناجيل التى سجلت خطابات السيد المسيح كتبت بلغات مختلفة لكنها اتفقت فى المعنى و المضمون و قد حافظت الترجمات على نفس المعانى و كثيرا ما استخدم السيد المسيح الأمثال و الاستعارات للحديث

مع التلاميذ عن المقاومين للتعليم مثل الفريسيون و الصدوقيين فقد شبة تعاليهم بالخمير الغير صالح فمثلا **(وقال لهم يسوع: انظروا وتحرّزوا من خمير الفرّيسيّين والصدّوقيّين. ففكّروا في أنفسهم قائلين: إننا لم نأخذ خبزًا.فعلم يسوع وقال لهم: لماذا تفكّرون في أنفسكم يا قليلي الإيمان أنكم لم تأخذوا خبزًا؟أحتّى الآن لا تفهمون، ولا تذكرون خمس خبزات الخمسة آلاف وكم قُفّة أخذتم؟ولا سبع خبزات الأربعة آلالاف وكم سلاً أخذتم؟كيف لا تفهمون إني ليس عن الخبز قلت لكم أن تتحرّزوا من خمير الفرّيسيّين والصدّوقيّين؟حينئذ فهموا أنه لم يقل تحرّزوا من خمير الخبز بل من تعليم الفرّيسيّين والصدّوقيّين)(متى ١٦ : ٦-٩).**

د- التنبؤ ومفرداته: لكل خطاب سياسى غرض يتنبأ بالمستقبل أو نتيجة تتحقق فى المستقبل **٠(من ذلك الوقت ابتدأ يسوع يظهر لتلاميذه انه ينبغي ان يذهب الى اورشليم و يتألم كثيرا من الشيوخ و رؤساء الكهنة و الكتبة و يقتل و في اليوم الثالث يقوم) (متى ١٦ : ٢١)** فالسيد المسيح كان يعلم أن نهاية أصطدامة بسلطة معلمى اليهود أنهم سيدبرون مؤامرة ضده ليقتلوه .

هـ- التصنيفات المتعارضة: وهي التي تأخذ طابعا ثنائيا مثل: العدو الصديق، الخير الشر، الحرب السلام ، الموت والحياة **(قال لها يسوع انا هو القيامة و الحياة من امن بي و لو مات فسيحيا)(يو ١١ : ٢٥).**

و- توزيع الأدوار: إذ ينطوي الخطاب السياسي على توزيع ضمني للأدوار مثل الحكم والمحكوم، السلطة والشعب، الحكومة والمعارضة. فمثلا أرسال السيد المسيح التلاميذ للخدمة **(هؤلاء الإثنا عشر أرسله يسوع وأوصاهم قائلاً: إلى طريق أمم لا تمضوا، وإلى مدينة للسامريّين لا تدخلوا. بل اذهبوا بالأحرى إلى خراف بيت إسرائيل الضالة)(متى ١١ :٥-٦)** في بدء كرازتهم حدّد لهم منطقة الكرازة "بالأمة اليهوديّة" دون أن يتجاوزوها إلى مدينة للسامريّين أو طريق للأمم ، على أنه قبيل صعوده أعلن لهم حدود الكرازة بقوله في نفس الإنجيل: **(اذهبوا وتلمذوا جميع الأمم وعمّدوهم) (متى ٢٨: ١٩).** فإنه لم يسمح لهم بالكرازة بين الأمم إلا بعد أن يُعلن اليهود رفضهم للمسيّا. لم يكن هذا تحيزًا لليهود على حساب الأمم، وإنما لكي لا يتشكّك اليهود في رسالته ، فإذا ما رفضوه ينفتح الباب للأمم، وإن كان السيّد المسيح نفسه لم يحرم السامرة من خدمته وبعض الأمميّين من التمتّع ببركات نعمه. ويلاحظ أن الكلمة "أوصاهم" جاءت في اليونانيّة Paragellein وهي تستخدم في ظروف معيّنة، منها:

١: في القيادات العسكرية في الجيوش، وكأن السيّد يمثّل القائد الأعلى في معركة دائمة ضدّ إبليس وكل أعماله. على تلاميذه أن يتهيئوا للخدمة، لا كطريق للكرامة، بل للجهاد الروحي المستمر والقتال ضدّ عدوّ الخير نفسه. ليس ضدّ بشر، وإنما ضدّ الشيطان والقوات الروحيّة الشرّيرة (أف ٦: ١٠-١٢).

٢: تستخدم من الصديق حينما يدعو أصدقاءه للمساندة، هنا يظهر السيّد المسيح في علاقته بتلاميذه على مستوى علاقة الصداقة فوق الرسميّات والبروتوكولات.

٣: يستخدمها المعلّم أو الفيلسوف مع تلاميذه ومريديه، وكأن السيّد المسيح يتحدّث مع تلاميذه كمريديه الذي يتتلمذون على يديه ليحملوا فكره.

٤: تستخدم أيضًا في الأوامر الإمبراطورية، وكأنما السيّد المسيح هو الملك الذي يرسل سفراءه، يحملون سماته شهادة حق له، ويعلنون دستوره الروحي في حياتهم كما في كرازتهم.
هـ : الاستعارات والخيال التي تستهدف التأثير على المتلقي، مثال: أن الفرِّيسيِّين هنا مخادعون، تظاهروا بالحب نحو السيِّد المسيح بينما كان الدافع لتصرفاتهم هو حسدهم، لأنه يجتذب الجماهير من حولهم، فيفقدهم كرامتهم ومكاسبهم. فأرادوا طرده من المقاطعة الخاضعة لحكم أنتيباس هيرودس بنصحهم إيَّاه أن يخرج لئلاَّ يقتله هيردوس فشبة السيد المسيح هيرودس بأنة ثعلب فى هجوم واضح على شخصية الحاكم بل وأرسل له رسالة معناها أنة لن يتوقف عن العمل لخدمة مصلحة الجماهير. **(في ذلك اليوم تقدَّم بعض الفرِّيسيِّين قائلين له: اخرج واذهب من ههنا، لأن هيردوس يريد أن يقتلك. فقال لهم: امضوا وقولوا لهذا الثعلب، ها أنا أخرج شياطين وأشفي اليوم وغدًا وفي اليوم الثالث أكمل. بل ينبغي أن أسير اليوم وغدًا وما يليه، لأنه لا يمكن أن يهلك نبي خارجًا عن أورشليم).(لو ١٣ : ٣١-٣٣)**
ح- العاطفة: وهي مصطلحات الشحن الوجداني للمتلقي، مثل حب الوطن، أهلي واخوتى و عشيرتى ، المدينة العظيمة، التاريخ المجيد.. ذوي القربى... مصر ام الدنيا هتبقى قد الدنيا ...إلخ مثلا تأثر السيد المسيح بما سيحدث للمدينة العظيمة أورشليم و الهيكل المقدس **(و فيما هو يقترب نظر الى المدينة و بكى عليها.قائلا انك لو علمت انت ايضا حتى في يومك هذا ما هو لسلامك و لكن الان قد اخفي عن عينيك. فانه ستاتي ايام و يحيط بك اعداؤك بمترسة و يحدقون بك و يحاصرونك من كل جهة.و يهدمونك و بنيك فيك و لا يتركون فيك حجرا على حجر لانك لم تعرفي زمان افتقادك.)(لو ١٩ : ٤١-٤٤)**
خطاب العظة على الجبل
العظة على الجبل أو عظة الجبل الموعظة على الجبل، وتعرف أيضًا باسم شريعة العهد الجديد، طرح فيها المسيح، إحدى وعشرين قضية تنظيمية تشكل لب الإنجيل والعهد الجديد، موضحًا نقاطًا في شريعة موسى، وملقيًا عددًا من الإرشادات التي يلتزم بها المسيحيون. تدعى العظة، عظة الجبل، أن المسيح ألقاها من على جبل، لعله أحد جبال الجليل بالقرب من كفر ناحوم. الشرّاح والمفسرين، يرون في عظة الجبل لبًا لمواعظ المسيح جميعها، وقد يكون أعاد جزءًا منها في مواضع أخرى من بشارته خارج كفر ناحوم، ولعلها استغرقت عدة أيام، وهي تشكل ثلاث فصول كاملة من إنجيل متى، وأهمّ ما فيها التطوبيات والصلاة الربيّة.
بعد أن اختار المسيح تلاميذه، ألقى عليهم عظة فريدة وافية شاملة أبدية، تُعتبر قاعدة المواعظ وخلاصة الدين، وتُسمَّى "الموعظة على الجبل". ألقاها المسيح في مكان مرتفع بقرب كفرناحوم، اتفق أكثر المفسرين على أنه المكان المعروف حالياً باسم "قرون حطين" وهو للجهة الشرقية الشمالية من مدينة طبرية. والموعظة على الجبل هي أهم وأكمل ما ورد من عظات المسيح، كما أنها الأكثر شهرة، والأقرب قبولاً عند أضداد المسيحية من سائر خُطب المسيح.
هذه الموعظة دستور الملكوت الروحي الجديد الذي أنشأه المسيح على أساس النظام القديم الإلهي الذي أُنزل على موسى والأنبياء، وجاء المسيح لا لينقضه بل ليكمله. في هذا الملكوت نرى أن المسيح هو الملك الذي أنبأ الله عنه قبلاً بفم نبيّه داود: "أَمَّا أَنَا فَقَدْ مَسَحْتُ مَلِكِي عَلَى

صِهْيَوْنَ جَبَلِ قُدْسِي" (مزمور ٢:٦). فلا بدَّ له من منشور خصوصي يسلّمه لسفرائه الرسل معلناً فيه ما هو جديد في نظام هذا الملكوت، وما هو المعنى الجديد لما حفظ فيه من النظام القديم. فالملك الذي عيَّن رسله، يؤيدهم بقوة خصوصية تمكّنهم من القيام بمهمتهم المتنوعة العجيبة. لنقف قليلاً لنشرح الظروف الخارجية المتعلّقة بهذه العظة، التي لم تُعْطَ كما أُعطيت الشريعة القديمة، فقد أُعطيت شريعة موسى على جبل سيناء الأجرد، بصوت إلهٍ غير منظور، ومحُوطةٍ بالبروق والرعود والزلازل ولهيب النار المخيفة، بينما حُرِّم على كل حيٍ، سوى موسى الكليم، الدنوّ من هذا الجبل وإلا قُتل رجماً. أما الموعظة على الجبل فأُلقيت على جبل "قرون حطين" الأنيس، في وسط المروج الخضراء، وبين تغريد العصافير الأليفة، وأريج الأزهار الجميلة. والصوت صوت الإله متأنساً متسربلاً بالطبيعة البشرية، محاطاً بتلاميذه، وراءهم جمهور من كل الأنحاء جاءوا لسماع كلامه.

وقد تم تبني الأفكار التي تضمنتها هذه العظة من قبل العديد من المفكرين الدينيين والأخلاقيين، مثل تولستوي وغاندي.

عظة الجبل كتبت في ثلاث اصحاحات متتابعة من إنجيل متى بدء من الاصحاح الخامس حتى الاصحاح الثامن ، ومواضيعها الأساسية ذكرت في إنجيل لوقا على وجه الخصوص.

تفتح العظة التطويبات، وهي "دستور أخلاقي، ومعيار السلوك لكل المؤمنين بالمسيح"، ويلي التطويبات تفسير لسبب الالتزام بها في (مت٥: ١٣ -١٦) ومع ختام نصوص التطويبات وملحقها يأتي تثبيت الشريعة أي توراة موسى وتعاليم الأنبياء السابقين، وعدم نقضها أو إلغائها، والحضّ على الالتزام بها، لاسيّما الوصايا العشر، الذي انتقل المسيح لتفسير بعضًا منها في القسم الثاني من الفصل الخامس، فبدأ بتفسير الوصية الخامسة لا تقتل في (مت ٥: ٢١- ٢٦) ثم لا تزن في (متى ٥: ٢٧-٣٢)، ثم لا تحلف باسم الربّ بالباطل ٥: ٣٣-٣٧؛ وختم الاصحاح الخامس بمناقشة القاعدة التشريعية الشهيرة في الشرق القديم والتي ذكرت في توراة موسى أيضًا "العين بالعين، والسن بالسن" في (مت ٥: ٣٨-٤٦) وبررها بأنّ لا تقاوموا الشر بمثله. ثم ناقش السيد المسيح قضايا تعبديّة، فبدأ بالصدقة ثم الصلاة معلمًا الصلاة الربية، وهي الصلاة الوحيدة المأثورة عن المسيح، وختم الجانب التعبدي بالصوم، لينهي الحديث عن العبادات بتشبيهها بالكنوز السماوية وناصحًا بعدم إيثار كنوز الأرض والتي يفسدها السوس والصدأ وينقب اللصوص ويسرقون بكنوز السماء.ثم يعود المسيح لمناقشة الوصايا، لا تشته أي الوصيتين التاسعة والعاشرة، والأولى أي لا يكن لك إله غيري، فيوضح المسيح أن الأوثان قد تكون أمورًا لا مادية كالمال، ويناقش موضوع العناية الإلهية والتدبير الإلهي للكون والمخلوقات، خاتمًا بسبعة نصائح: أولها، **(لا تدينوا لئلا تدانوا، فبالكيل الذي به تكيلون يكال لكم)(مت ٧: ٢)** والثانية: **(لا تعطوا ما هو مقدس للكلاب، ولا تطرحوا درركم أمام الخنازير)** في إشارة لمن هم غير أهل لها، فالكلاب والخنازير تعتبر حيوانات نجسة توراتيًا. والثالثة **(إسألوا تعطوا، اطلبوا تجدوا، إقرعوا يفتح لكم)**، في إشارة للعلاقة الشخصية بين كل إنسان والله؛ أما الرابعة فهي **(ادخلوا من البابا الضيّق، فإنّ الباب المؤدي إلى الهلاك واسع وطريقه رحب)** ، والخامسة **(احذروا الأنبياء الدجالين الذين يأتون إليكم لابسين ثياب الحملان)**، والسادسة: **(ليس كل من يقول يا رب يا رب، يدخل ملكوت السموات، بل من يعمل بإرادة أبي الذي في السموات)**، أما السابعة : وهي خاتمة عظة

الجبل، وأول أمثال الإنجيل، فهي مَثل البيت المؤسس على الصخر، فشبه كلامه ومن يعمل به بالبيت المؤسس على الصخر.

(وَلَمَّا رَأَى الْجُمُوعَ صَعِدَ إِلَى الْجَبَلِ، فَلَمَّا جَلَسَ تَقَدَّمَ إِلَيْهِ تَلاَمِيذُهُ. فَعَلَّمَهُمْ قَائِلاً: "طُوبَى لِلْمَسَاكِينِ بِالرُّوحِ، لأَنَّ لَهُمْ مَلَكُوتَ السَّمَاوَاتِ. طُوبَى لِلْحَزَانَى، لأَنَّهُمْ يَتَعَزَّوْنَ. طُوبَى لِلْوُدَعَاءِ، لأَنَّهُمْ يَرِثُونَ الأَرْضَ. طُوبَى لِلْجِيَاعِ وَالْعِطَاشِ إِلَى الْبِرِّ، لأَنَّهُمْ يُشْبَعُونَ. طُوبَى لِلرُّحَمَاءِ، لأَنَّهُمْ يُرْحَمُونَ. طُوبَى لِلأَنْقِيَاءِ الْقَلْبِ، لأَنَّهُمْ يُعَايِنُونَ اللهَ. طُوبَى لِصَانِعِي السَّلاَمِ، لأَنَّهُمْ أَبْنَاءَ اللهِ يُدْعَوْنَ. طُوبَى لِلْمَطْرُودِينَ مِنْ أَجْلِ الْبِرِّ، لأَنَّ لَهُمْ مَلَكُوتَ السَّمَاوَاتِ. طُوبَى لَكُمْ إِذَا عَيَّرُوكُمْ وَطَرَدُوكُمْ وَقَالُوا عَلَيْكُمْ كُلَّ كَلِمَةٍ شِرِّيرَةٍ، مِنْ أَجْلِي، كَاذِبِينَ. اِفْرَحُوا وَتَهَلَّلُوا، لأَنَّ أَجْرَكُمْ عَظِيمٌ فِي السَّمَاوَاتِ، فَإِنَّهُمْ هكَذَا طَرَدُوا الأَنْبِيَاءَ الَّذِينَ قَبْلَكُمْ)(متى ١:٥-١٢).

بداية الموعظة: طوبى

صعد المسيح إلى الجبل. ولما جلس تقدم إليه تلاميذه، فعلمهم قائلاً: "طوبى".

افتتح المسيح وعظه، لا بالوصايا والوعيد، بل بالتهنئة، لأنه أتى من عند الآب لكي يردَّ للبشر سعادة فقدوها بسبب الخطيئة، فجعل الفرح من أهم أركان ملكوته، وجمع في كلمة "طوبى" التهنئة والفرح والسعادة، لأنه يتكلم عن الطوبى الحقيقية لا الوهمية. ففي يومنا هذا نرى أن مبادئ ملكوته الجديد قد رسخت في العالم، وأنها تتسلَّط تدريجياً قرناً بعد قرن من يوم ظهورها إلى الآن، فقد أجمع البشر وعلماؤهم على اختلاف مذاهبهم وأماكنهم، بأن شريعة المسيح أسمى كل ما ظهر في تاريخ الإيمان.

استحسن المسيح أن يكون استهلال شريعته كلمة "طوبى"، وهي الكلمة التي استهلَّ بها جده داود بعض مزاميره الفائقة الشهرة والجمال.

نرى في سلسلة التطويبات التي أتت في مقدمة هذه العظة أمراً يجب الانتباه الخصوصي إليه، وهو ما أتى قديماً في القول الإلهي: **(لأن أفكاري ليست أفكاركم، ولا طرقكم طرقي يقول الرب) (إشعياء ٨:٥٥)**. فمن أول أعمال المسيح أنه نقض الآراء الدينية الباطلة السائدة في ذلك الزمان، ونفى الخطأ في تعاليم رؤساء الدين اليهودي في زمانه.

طوبى للمساكين

الطوبى الأولى تقول: (طوبى للمساكين بالروح، لأن لهم ملكوت السماوات) وهي تتحدث عن أشخاص غير الذين ظنَّهم أهل ذلك الزمان أصحاب ملكوت السماوات، فهذه الحجة للتطويب لا يصدقها سامعوه، لأنهم يحسبون أن في مقدمة أصحاب السعادة رؤساء الدين من كهنة وكتبة وفريسيين (أي الأغنياء في المنصب الديني). لهؤلاء يكون القول الأول والمنفعة الكبرى في الملكوت المجيد الذي يقيمه المسيح . لكن المسيح يرى أن ملكوت السماوات ليس لأولئك وأمثالهم، بل للمساكين بالروح، لأن هؤلاء هم الذين يملكون مع المسيح. كان المسيح قد استشهد في عظته الشهيرة المختصرة في الناصرة بالنبوة القائلة فيه: **(الرب مَسَحَنِي لِأُبَشِّرَ الْمَسَاكِينَ) (لوقا ١٨:٤)** ولهذا خصص تطويبه الأول للمساكين بالروح.

طوبى للحزانى

الطوبى الثانية أعطاها للذين يتمتعون بتعزيات الحياة في وسط مصائبها ويفرحون بعد البكاء. ولا خلاف بين المسيح وسامعيه في هذا القول، لكنهم يخصصون هذه التعزيات للأغنياء، الذين يدفعون عنهم المصائب بمعاونة ذويهم، ويتعزون بكثرة الأصدقاء. أما فهو

فخصصها للباكين من الويل والشقاء. التعزية الإلهية هي للذين قد عُفي عن إثمهم، وقد قبلوا من يد الرب ضعفين عن كل خطاياهم (إشعياء ٢:٤٠).

وطوبى للودعاء

الطوبى الثالثة هي للذين يرثون الأرض. نعم ومن هم؟ حسب رأي اليهود الفقراء الذين يرثون الأرض هم أصحاب النفوذ، الذين بدهائهم يسيطرون على البشر، وبمهارتهم يوسّعون أملاكهم ويزيدون ثروتهم. أليس هؤلاء هم الذين يرثون الأرض؟ أما المسيح فيرى أن الذين يرثون الأرض هم الودعاء. في ملكوت المسيح ليس الموهوب بل المحبوب هو الذي يرث الأرض. رأى هذه الحقيقة داود النبي فقال: **(بَعْدَ قَلِيلٍ لاَ يَكُونُ الشِّرِّيرُ. تَطَّلِعُ فِي مَكَانِهِ فَلاَ يَكُونُ. أَمَّا الْوُدَعَاءُ فَيَرِثُونَ الْأَرْضَ، وَيَتَلَذَّذُونَ فِي كَثْرَةِ السَّلاَمَةِ) (مزمور ٣٧:١٠، ١١).**

طوبى للجياع والعطاش

الطوبى الرابعة هي نصيب الشباعى. هنا أيضاً اتفاق بين المسيح وسامعيه. لكن من هم الشباعى؟ عند سامعيه هم الأغنياء في المال، الذين لا يشتهون أمراً إلا ويأتيهم المال به. هم الذين لا يعرفون من الجوع إلا اسمه. إنما حسب رأي المسيح، هم الذين لا يبالون بالغنى المادي، ولا يشتهون كثيراً خيرات هذا العالم، بل يجوعون ويعطشون إلى البر السماوي لأجل نفوسهم ولأجل من حولهم. في ملكوت المسيح هؤلاء هم الذين يشبعون. وقد قال نبي الله إشعياء: "هَكَذَا قَالَ السَّيِّدُ الرَّبُّ: **(هُوَذَا عَبِيدِي يَأْكُلُونَ وَأَنْتُمْ تَجُوعُونَ. هُوَذَا عَبِيدِي يَشْرَبُونَ وَأَنْتُمْ تَعْطَشُونَ) (إشعياء ٦٥:١٣).**

طوبى للرحماء

الطوبى الخامسة خصَّها للرحومين، الذين ينالون من الله الرحمة ومن الناس المراعاة. لكن هل هم الأغنياء في السلطان، أي الملوك والحكام المرعيو الجانب، السالمون من المظالم؟ وهل هم الذين يرغمون الناس على مراعاتهم بسطوتهم؟ يقول المسيح إن الذين يُرحمون هم اللطفاء لا المتجبِّرون. هم الذين يراعون الناس لا الذين يراعيهم الناس. هم الذين يخضعون للآخرين لا الذين يُخضِعونهم. في ملكوته ينال الرحماء الرحمة لا العتاة. قال الحكيم سليمان : **(اَلرَّجُلُ الرَّحِيمُ يُحْسِنُ إِلَى نَفْسِهِ) (أمثال ١١:١٧).** وقال أبوه داود لله: **(مَعَ الرَّحِيمِ تَكُونُ رَحِيماً) (مزمور ١٨:٢٥).**

طوبى للأنقياء القلب

السبب المعطى للطوبى السادسة هو أصعب الكل وأبعدها عن التصديق. قال: (طوبى للأنقياء القلب، لأنهم يعاينون الله). أليس هذا مستحيلاً في هذه الدنيا؟ أليس هو العلي الذي يرى ولا يُرى؟ ألم يقل المسيح سابقاً: **(اَللهُ لَمْ يَرَهُ أَحَدٌ قَطُّ؟) (يوحنا ١:١٨)** مع كل ذلك نعلم أن اشتهاء الإنسان معاينة الله أمر فطري، وأشرف ما هو فطري في الإنسان.

حسب تصوُّرات الذين خاطبهم المسيح إن الذين يعاينون الله في هذه الدنيا، أو في الآخرة هم الأغنياء في العلم، ولا سيما المتعمِّقين في الدروس اللاهوتية، لأن لهم البصيرة الكافية ليروا من الأمور الإلهية ما لا يراه غيرهم. لكن المسيح يرى أن أنقياء القلب هم الذين يعاينون الله. لا أنقياء العين بل أنقياء القلب. العين التي تستطيع رؤية الله إذاً ليست عين العقل الذكي بل القلب النقي. قال داود النبي: **(لِأَنَّ الرَّبَّ عَادِلٌ وَيُحِبُّ الْعَدْلَ. الْمُسْتَقِيمُ يُبْصِرُ**

وَجْهَهُ.. مَنْ يَصْعَدُ إِلَى جَبَلِ الرَّبِّ، وَمَنْ يَقُومُ فِي مَوْضِعِ قُدْسِهِ؟ اَلطَّاهِرُ الْيَدَيْنِ، وَالنَّقِيُّ الْقَلْبِ)(مزمور ٧:١١ و٣:٢٤، ٤).

طوبى لصانعي السلام

الطوبى السابعة للذين يُدعون أبناء الله. حسب زعم سامعي المسيح هم أبناء إبراهيم، سلالة النسل المختار، الداخلون بالاختتان في عداد شعب الله من بني إسرائيل. هم الذين يقصدون إثارة الحرب على الرومان ليحرروا الأمة المقدسة من نيرهم، حتى لا يكون عليهم ملكٌ إلا الله. هم الذين يقصدون أيضاً محاربة الشعوب الأخرى لكي يُكرهوهم بالسيف على اتِّباع الدين الحق، وترك العبادات الوثنية، ويجعلونهم خُدَّاماً عند شعب الله الخاص الأصلي. لكن المسيح يرى أبناء الله هم الذين يصنعون في العالم سلاماً لا حرباً، لأن السلام هو من أركان ملكوته الرئيسية. هم الذين يصنعون سلاماً مع الله بالطاعة. وسلاماً مع الناس بالمحبة. قيل في الإنجيل إن المسيح جاء ليخلق منّا إنساناً واحداً جديداً. صانعاً سلاماً (أفسس ٢:١٥) **(وَثَمَرُ الْبِرِّ يُزْرَعُ فِي السَّلاَمِ مِنَ الَّذِينَ يَفْعَلُونَ السَّلاَمَ) (يعقوب ١٨:٣).**

طوبى للمطرودين

أخيراً يكرر المسيح الطوبى للذين لهم ملكوت السماوات. يظن سامعوه أن ملكوت السماوات، هو للأغنياء في التديُّن الخارجي، الذين يكثرون من الأصوام والصلوات ويقدّمون الحسنات، على شرط أن يكونوا من الجنس المختار الإسرائيلي، الذين يعتقدون أن مسيحهم متى جاء يجعل الشخص الذي كان مجده كنور النجم يصبح كنور القمر، والذي كان مجده كنور القمر يصبح كنور الشمس. ويعود مجد الشعب الإسرائيلي إلى أضعاف ما كان عليه في أفخر أيام عزهم. هذا هو ملكوت السماوات الذي يحلمون به، وهؤلاء هم الذين لهم الملكوت ويستفيدون منه. لكن المسيح يرى أن ملكوت السماوات هو للمطرودين من أجل البر، الذين لأنهم مساكين بالروح، وحزانى، وودعاء، وجياع، وعطاش، ورقيقو الشعور، وأنقياء القلب، ومسالمون، لا يعتبرهم العالم، بل يحتقرهم ويجتنبهم ويخرجهم من دوائره، فيعوِّضهم الرب ملك الملكوت الجديد بإعطائهم إياهم ملكوت السماوات.

كانت هذه التطويبات مقدمة عمومية لخطاب في صيغة المخاطب، كلّم به المسيح الذين اختارهم ليكونوا رسلاً. وكأنه يقول لهم: لقد تولدتْ فيكم مبدئياً الصفات التي بنَيْتُ عليها التطويبات، وذلك يجعلكم ممقوتين من قومكم الذين تربَّيتم بينهم. فأقول لكم طوباكم أنتم متى عاملوكم على الكيفية التي شرحتُها الآن. فمتى طردوكم وأهانوكم وعيّروكم وأفرزوكم من أجل البر، ومن أجل ابن الإنسان، لا تحزنوا ولا تتكدروا، بل افرحوا وتهللوا. أولاً لأن أجركم في السماء لقاء ذلك يكون عظيماً، ثم لأنكم بذلك تماثلون الأنبياء الأقدمين، فتشتركون في شرفهم الدائم.

أنتم ملح.. أنتم نور

(أَنْتُمْ مِلْحُ الأَرْضِ، وَلكِنْ إِنْ فَسَدَ الْمِلْحُ فَبِمَاذَا يُمَلَّحُ؟ لاَ يَصْلُحُ بَعْدُ لِشَيْءٍ، إِلَّا لأَنْ يُطْرَحَ خَارِجاً وَيُدَاسَ مِنَ النَّاسِ. أَنْتُمْ نُورُ الْعَالَمِ. لاَ يُمْكِنُ أَنْ تُخْفَى مَدِينَةٌ مَوْضُوعَةٌ عَلَى جَبَلٍ، وَلاَ يُوقِدُونَ سِرَاجاً وَيَضَعُونَهُ تَحْتَ الْمِكْيَالِ، بَلْ عَلَى الْمَنَارَةِ فَيُضِيءُ لِجَمِيعِ الَّذِينَ فِي الْبَيْتِ. فَلْيُضِئْ نُورُكُمْ هكَذَا قُدَّامَ النَّاسِ، لِكَيْ يَرَوْا أَعْمَالَكُمُ الْحَسَنَةَ، وَيُمَجِّدُوا أَبَاكُمُ الَّذِي فِي السَّمَاوَاتِ) (متى ١٣:٥-١٦).

في هذه الكلمات يقول المسيح ربنا لنا: أنتم ملح الأرض وأنتم نور العالم. فإذا رفضكم العالم فإن رفضه لا يفسد ملوحتكم ولا يخفي نوركم. وكما يفعل الملح في الطعام تفعلون أنتم فعلاً إصلاحياً، وإنْ كان خفيّاً، حتى في القوم الذين يريدون أن يهلكوكم. وكما أن طبيعة النور هي الانتشار، هكذا لا بد أن تضيء فضائلكم التي هي ثمر الروح القدس فيكم، فيرى الناس أعمالكم الحسنة ولكن ليس لتمجيدكم أنتم، بل لتمجيد أبيكم الذي في السماوات. وكما أن السراج لا يوقد لكي ينظر الناس إليه، بل لكي ينظروا بواسطته شيئاً آخر أهمَّ منه، هكذا تكونون أنتم. لأن لا قيمة للملح في حدّ ذاته بل في فعله، ولا قيمة للسراج إلا في نوره. ولا قيمة لكم كتلاميذي إلى بأن تصلحوا وتنيروا. قد أقمتُكم لأجل هذا، ليس بين شعب إسرائيل فقط، بل أنتم ملح الأرض بأسرها ونور العالم كله. في شخصكم قبل تعليمكم يظهر الملح والنور، لأن الشخص الحي يفعل ما لا يفعله مجرد التعليم.

المسيح يكمل القديم، لا ينقضه

(لا تَظُنُّوا أَنِّي جِئْتُ لِأَنْقُضَ النَّامُوسَ أَوِ الْأَنْبِيَاءَ. مَا جِئْتُ لِأَنْقُضَ بَلْ لِأُكَمِّلَ. فَإِنِّي الْحَقَّ أَقُولُ لَكُمْ: إِلَى أَنْ تَزُولَ السَّمَاءُ وَالْأَرْضُ لَا يَزُولُ حَرْفٌ وَاحِدٌ أَوْ نُقْطَةٌ وَاحِدَةٌ مِنَ النَّامُوسِ حَتَّى يَكُونَ الْكُلُّ. فَمَنْ نَقَضَ إِحْدَى هذِهِ الْوَصَايَا الصُّغْرَى وَعَلَّمَ النَّاسَ هكَذَا، يُدْعَى أَصْغَرَ فِي مَلَكُوتِ السَّمَاوَاتِ. وَأَمَّا مَنْ عَمِلَ وَعَلَّمَ، فَهذَا يُدْعَى عَظِيماً فِي مَلَكُوتِ السَّمَاوَاتِ. فَإِنِّي أَقُولُ لَكُمْ: إِنَّكُمْ إِنْ لَمْ يَزِدْ بِرُّكُمْ عَلَى الْكَتَبَةِ وَالْفَرِّيسِيِّينَ لَنْ تَدْخُلُوا مَلَكُوتَ السَّمَاوَاتِ) (متى ٥: ١٧-٢٠).

وهنا يقول لنا المسيح: لا تتوهَّموا أن تعاليمي الجديدة تستخفُّ بالكتاب الإلهي الذي بين أيديكم، لأن زوال السماء والأرض أيسر من زوال أدنى نقطة من نقطِهِ، إلا بعد أن تتم. إني أقصد إثبات الناموس المُنزل على موسى والأنبياء لا إلغاءه. أبدل منه ما هو وقتيّ بعد أن أكمله. أتيتُ لأنقض أعمال إبليس وليس ناموس الله وأقوال الأنبياء، فالناموس في يد الكتبة والفريسيين لا يثمر بالصلاح، فهو كبزر الفاكهة الذي لا يؤكل. وإن مطاليب الناموس، جئت لأبيّن لهم عظمتها فوق ما كانوا يتصوّرون.

شريعة الصلح

(قَدْ سَمِعْتُمْ أَنَّهُ قِيلَ لِلْقُدَمَاءِ: لَا تَقْتُلْ، وَمَنْ قَتَلَ يَكُونُ مُسْتَوْجِبَ الْحُكْمِ. وَأَمَّا أَنَا فَأَقُولُ لَكُمْ: إِنَّ كُلَّ مَنْ يَغْضَبُ عَلَى أَخِيهِ بَاطِلاً يَكُونُ مُسْتَوْجِبَ الْحُكْمِ، وَمَنْ قَالَ لِأَخِيهِ: رَقَا يَكُونُ مُسْتَوْجِبَ الْمَجْمَعِ، وَمَنْ قَالَ: يَا أَحْمَقُ يَكُونُ مُسْتَوْجِبَ نَارِ جَهَنَّمَ. فَإِنْ قَدَّمْتَ قُرْبَانَكَ إِلَى الْمَذْبَحِ، وَهُنَاكَ تَذَكَّرْتَ أَنَّ لِأَخِيكَ شَيْئاً عَلَيْكَ، فَاتْرُكْ هُنَاكَ قُرْبَانَكَ قُدَّامَ الْمَذْبَحِ، وَاذْهَبْ أَوَّلاً اصْطَلِحْ مَعَ أَخِيكَ، وَحِينَئِذٍ تَعَالَ وَقَدِّمْ قُرْبَانَكَ. كُنْ مُرَاضِياً لِخَصْمِكَ سَرِيعاً مَا دُمْتَ مَعَهُ فِي الطَّرِيقِ، لِئَلَّا يُسَلِّمَكَ الْخَصْمُ إِلَى الْقَاضِي، وَيُسَلِّمَكَ الْقَاضِي إِلَى الشُّرَطِيِّ، فَتُلْقَى فِي السِّجْنِ. اَلْحَقَّ أَقُولُ لَكَ: لَا تَخْرُجُ مِنْ هُنَاكَ حَتَّى تُوفِيَ الْفَلْسَ الْأَخِيرَ) (متى ٥: ٢١-٢٦).

يقول المسيح هنا: إن الوصية التي تنهَى عن القتل تنهَى أيضاً عن الغضب والنميمة والبُغض. صلاتكم وقرابينكم لا تُقبل بمجرد امتناعكم عن القتل، إذ يجب أن تمتنعوا عن البُغض، فهذا روح الوصية قبل حروفها.

تعلّمتم أن تتركوا ذبيحة الفصح قدام المذبح وتتوقَّفوا عن تقديمها، لكي ترجعوا وتنزعوا من بيوتكم خميراً غفلتُم عنه. وأنا أعلّمكم أن ترجعوا وتستغفروا الذي أسأتم إليه قبل تقديمكم الصلاة لله.

شريعة الطهارة

(قَدْ سَمِعْتُمْ أَنَّهُ قِيلَ لِلْقُدَمَاءِ: لاَ تَزْنِ. وَأَمَّا أَنَا فَأَقُولُ لَكُمْ: إِنَّ كُلَّ مَنْ يَنْظُرُ إِلَى امْرَأَةٍ لِيَشْتَهِيَهَا، فَقَدْ زَنَى بِهَا فِي قَلْبِهِ. فَإِنْ كَانَتْ عَيْنُكَ الْيُمْنَى تُعْثِرُكَ فَاقْلَعْهَا وَأَلْقِهَا عَنْكَ، لأَنَّهُ خَيْرٌ لَكَ أَنْ يَهْلِكَ أَحَدُ أَعْضَائِكَ وَلاَ يُلْقَى جَسَدُكَ كُلُّهُ فِي جَهَنَّمَ. وَإِنْ كَانَتْ يَدُكَ الْيُمْنَى تُعْثِرُكَ فَاقْطَعْهَا وَأَلْقِهَا عَنْكَ، لأَنَّهُ خَيْرٌ لَكَ أَنْ يَهْلِكَ أَحَدُ أَعْضَائِكَ وَلاَ يُلْقَى جَسَدُكَ كُلُّهُ فِي جَهَنَّمَ) (متى ٥:٢٧-٣٠).

كم من أناس يعترفون بخطاياهم الفعلية ولا يحسبون حساباً لخطاياهم الفكرية، ناسين أن النظرة الشهوانية هي الزنى بعينه، لأنها سببه وأصله - إنني أشدد على استئصال جرثومة الخطأ من أسسها، ومن كل ما يؤدي إلى ارتكابها.

لا تنسوا أنه خيرٌ لكم أن تخسروا أثمن ما عندكم ولو كان أحد أعضاء جسدكم، حتى العين أجملها وأعزها، من أن تخسروا الرضى الإلهي فهو حياتكم وسماؤكم، وأن تجلبوا عليكم الدينونة الإلهية التي هي موتكم وجحيمكم.

شريعة الطلاق

(وَقِيلَ: مَنْ طَلَّقَ امْرَأَتَهُ فَلْيُعْطِهَا كِتَابَ طَلاَقٍ وَأَمَّا أَنَا فَأَقُولُ لَكُمْ: إِنَّ مَنْ طَلَّقَ امْرَأَتَهُ إِلَّا لِعِلَّةِ الزِّنَى يَجْعَلُهَا تَزْنِي، وَمَنْ يَتَزَوَّجُ مُطَلَّقَةً فَإِنَّهُ يَزْنِي) (متى ٥:٣١، ٣٢).

أجاز موسى الطلاق بسبب ما كانت حال قومه من البداوة والقساوة، ولم يستحسن الله ذلك، لأنه يكره الطلاق. ولما كان يكرهه يكون ممنوعاً، ولذلك حُرِّم الطلاق في العصر المسيحي.

كان اليهودي يطلق زوجته لأتفه الأسباب، بمجرد صدور كلمة من فمه (تثنية ٢٤:١)، فصعَّب موسى الطلاق وأوصى أن من أراد تطليق إمرأته فليُعطها رغبته في الطلاق مكتوبة.أما في العهد المسيحي فإني أطهِّر هذه الرابطة الزوجية لتثبت وتدوم. فالمرأة تبقى مرتبطة أمام الله بزوجها الأول.

شريعة الحق

(أَيْضاً سَمِعْتُمْ أَنَّهُ قِيلَ لِلْقُدَمَاءِ:لاَ تَحْنَثْ، بَلْ أَوْفِ لِلرَّبِّ أَقْسَامَكَ. وَأَمَّا أَنَا فَأَقُولُ لَكُمْ: لاَ تَحْلِفُوا الْبَتَّةَ، لاَ بِالسَّمَاءِ لأَنَّهَا كُرْسِيُّ اللّهِ، وَلاَ بِالأَرْضِ لأَنَّهَا مَوْطِئُ قَدَمَيْهِ، وَلاَ بِأُورُشَلِيمَ لأَنَّهَا مَدِينَةُ الْمَلِكِ الْعَظِيمِ. وَلاَ تَحْلِفْ بِرَأْسِكَ، لأَنَّكَ لاَ تَقْدِرُ أَنْ تَجْعَلَ شَعْرَةً وَاحِدَةً بَيْضَاءَ أَوْ سَوْدَاءَ. بَلْ لِيَكُنْ كَلاَمُكُمْ: نَعَمْ نَعَمْ، لاَ لاَ. وَمَا زَادَ عَلَى ذلِكَ فَهُوَ مِنَ الشِّرِّيرِ) (متى ٥:٢٣-٣٧).

عندكم الوصية التي توجب عليكم القيام بالقَسَم. أما أنا فأقول لكم: ليس فقط لا تحلفوا كذباً، بل أيضاً لا تحلفوا صدقاً. انزعوا من حديثكم كل يمين مهما كان بسيطاً وصادقاً. الحلف في الحديث لا محل له إلا ليبيّن أن بعض هذا الحديث صادق فيؤيد باليمين، وبعضه غير صادق فيُترك دون يمين. أما الصادق الوقور فيكتفي بقوله: "نعم نعم ولا لا" عالماً أن (ما زاد على ذلك فهو من الشرير).

شريعة الحقوق

(سَمِعْتُمْ أَنَّهُ قِيلَ: عَيْنٌ بِعَيْنٍ وَسِنٌّ بِسِنٍّ. وَأَمَّا أَنَا فَأَقُولُ لَكُمْ: لاَ تُقَاوِمُوا الشَّرَّ، بَلْ مَنْ لَطَمَكَ عَلَى خَدِّكَ الأَيْمَنِ فَحَوِّلْ لَهُ الآخَرَ أَيْضاً. وَمَنْ أَرَادَ أَنْ يُخَاصِمَكَ وَيَأْخُذَ ثَوْبَكَ فَاتْرُكْ لَهُ الرِّدَاءَ أَيْضاً. وَمَنْ سَخَّرَكَ مِيلاً وَاحِداً فَاذْهَبْ مَعَهُ اثْنَيْنِ) (متى ٥:٣٨-٤٢).

أيضاً تعوّدْتم تحليل الانتقام استناداً على النظام الموسوي الذي يقول: "عين بعين وسن بسن". لكن هذا القول قاعدة العلاقات الرسمية المدنية لا الشخصية. أجعل لكم تعليماً جديداً، بأن أنزع روح الانتقام ممن يسيء إليكم. تمنع الأحكام المدنيّة الانتقامات الشخصية، وتوكلُ إلى الحكّام معاقبة المذنبين لردعهم. فالأحكام الدينية تمنع الانتقام طاعة لقول الإنجيل: "لاَ تَنْتَقِمُوا لأَنْفُسِكُمْ أَيُّهَا الأَحِبَّاءُ، بَلْ أَعْطُوا مَكَاناً لِلْغَضَبِ، لأَنَّهُ مَكْتُوبٌ: (**لِيَ النَّقْمَةُ أَنَا أُجَازِي يَقُولُ الرَّبُّ) (رومية ١٩:١٢)** فالتنازل عن حقوقكم الشخصية لمن يقصد أن يسلبها منكم أفضل من خِصامكم لأجلها. و سياسيا أن الرد بالمثل، بالتأكيد ليس أفضل. فبالرغم من أنه يعطي صاحبه جرعة مخدرة من هدوء النفس، إلا أنه يدمر نفس المنتقم، ويجعله يحصد ثمار الموت والعنف وفقدان السلام في الحاضر والمستقبل. وحتى على نطاق قومي، لقد سجل التاريخ أبرز الثورات التي لم ولن تُنسى، ثورة مهاتما غاندي ضد الاستعمار البريطاني، ولاقت ثورته أكبر نجاحًا مقارنةً بأي حرب أو ثورة في القرن العشرين وفي جميع القرون التي مضت. لقد تأثر غاندي بتعاليم المسيح، وأعجب بها، وهذا شكل أفكاره وآراءه السياسية، وجعله يحرر الهند كاملة من الأنجليز. وفيما يلي بعض آراءه المُعجَبة بالمسيح [١٣]" المسيح لا يمثل إنسانًا فحسب، بل المثال للاعنف وآمن غاندى بالعظة على الجبل، خاصة في فكرة اللاعنف وبخصوص تلك العظة، اعتبر غاندي نفسه مسيحيًا، أي مطبقًا للعظة وأطلق أشد العبارات عن الذين لا يؤيدون اللاعنف، لقد ميز غاندي بين العبادة المسيحية، والجانب التوجيهي للمسيح، والذي أخذه غاندي لنفسه وركز على التمثل في شخص المسيح وليس ممارسة العبادة المسيحية بحد ذاتها " ، قال غاندي أيضًا: "كل شخص فينا هو ابن الله وقادر أن يفعل ما فعله يسوع، إذا سعينا للتعبير عن الله الذي فينا ؛ وقال: " إن يسوع كفر عن الخطايا للذين قبلوا تعاليمه عن طريق رؤيته كمثال لم يخطئ أمامهم. لكن مثاله لم ينفع بشيء للذين لا يرغبون على تغيير حياتهم ١٤ نجد غاندي يطبق الموعظة على الجبل للمسيح (متى ٥-٧) (بحسب مفهومه الخاص) في تأسيس حركة مقاومة ضد الاحتلال البريطاني. فبالرغم من مفهوم غاندي الجزئي والمشوه عن تعاليم المسيح، كانت ثورته الأكثر نجاحًا وتأثيرًا وتميُزًا في التاريخ كله، قديمًا كان أو معاصرًا. لقد ساهمت الثورة السلمية بزرع بذار اللاعنف الجليلة في الهند، حصدت الهند ثمارهًا إلى اليوم، وأصبحت الهند اليوم من أسرع الدول تطورًا وأبرزها تكنولوجيا وصناعيًا. و قد طبق الشعب الفلسطينى سياسة السلمية لنتذكر الانتفاضة الأولى، أنها كانت سلمية نسبيًا، انتفاضة حجارة مقابل أسلحة قاتلة، وأحيانًا دبابات إسرائيلية. بينما الانتفاضة الثانية كانت أكثر دموية، استخدم الفلسطينيون فيها الأسلحة والمتفجرات في الحرب ضد إسرائيل التي أودت بحياة المئات من الاسرائيليين، واستخدم الاسرائيليون الطيارات والأسلحة الثقيلة لردعها، مما أدى إلى قتل الآلاف من الفلسطينيين. والسؤال هنا هو: ماذا حققت الانتفاضة الأولى للفلسطيني؟ وما حققت الانتفاضة الثانية؟ إن جميع المكاسب السياسية التي حققها الفلسطينيون كانت بفضل الانتفاضة الأولى وليست الثانية. لقد أجبرت الانتفاضة الأولى إسرائيل عن التخلي عن الشعار الذي رفعته منذ عام ٦٧

---

[١٣] مقتبس عن كتاب Robert Ellsberg بعنوان: (غاندي على المسيحية Mahatma Gandhi, Gandhi on Christianity, Edited by Robert Ellsberg, copyright 1991, Orbis Books)

[١٤] (كتبت تلك الملاحظات في مقالة لمنقح الكتاب، روبرت السبيرغ: http://www.soundwitness.org/pop_culture/a_critique_of_gandhi.htm).

ولغاية أوائل التسعينات؛ شعار "أرض إسرائيل الكاملة"، وأجبرتهم للجلوس على طاولة المفاوضات مع الفلسطينيين. أيضًا أدت إلى تأسيس السلطة الفلسطينية، رفع العلم الفلسطيني، تأسيس كيان فلسطيني...إلخ. بالرغم من أن الفلسطينيون يعتبرون هذا قليل جدًا من حقوقهم، إلى أن جميع هذه الانجازات ، نالها الفلسطينيون بفضل انتفاضة الحجارة وليست انتفاضة المنتحرين و التفجيرات . أن من يؤمنون بأن الذي يُؤخذ بالقوة، لا يسترد إلا بالقوة. نعم سيسترد بالقوة ربما، لكن في المستقبل سيسقط الذي استرده بالقوة، بالقوة أيضًا".. لأن كل الذين يأخذون السيف بالسيف يهلكون."(متى ٢٦: ٥٢)؛ وهكذا رأينا مصير كل ثورة أقيمت بالقوة، كانت نهايتها مثل الثورة الفرنسية حيث عادت الملكية و بقوة لأن شهوة الانتقام تمكنت من الثوار حتى كرههم الشعب المسالم الذى كره الارهاب تحت مسمى حماية الثورة .
أن ثورة غاندي أو الانتفاضة الأولى لا تتوافقان تماما مع تعاليم المسيح، انما هي صور واقعية باهتة عن اللاعنف. في النهاية أقول ان تطبيق سياسة لا عنف فى مواجهة دقلديانوس وأى حاكم حارب المسيحية احرذت نجاح ساحق بدليل زوال كافة الانظمة المقاومة للمسيحية و بقائها صامدة حتى الأن .

شريعة الحب

(سَمِعْتُمْ أَنَّهُ قِيلَ: تُحِبُّ قَرِيبَكَ وَتُبْغِضُ عَدُوَّكَ. وَأَمَّا أَنَا فَأَقُولُ لَكُمْ: أَحِبُّوا أَعْدَاءَكُمْ. بَارِكُوا لاَعِنِيكُمْ. أَحْسِنُوا إِلَى مُبْغِضِيكُمْ، وَصَلُّوا لأَجْلِ الَّذِينَ يُسِيئُونَ إِلَيْكُمْ وَيَطْرُدُونَكُمْ، لِكَيْ تَكُونُوا أَبْنَاءَ أَبِيكُمُ الَّذِي فِي السَّمَاوَاتِ، فَإِنَّهُ يُشْرِقُ شَمْسَهُ عَلَى الأَشْرَارِ وَالصَّالِحِينَ، وَيُمْطِرُ عَلَى الأَبْرَارِ وَالظَّالِمِينَ. لأَنَّهُ إِنْ أَحْبَبْتُمُ الَّذِينَ يُحِبُّونَكُمْ، فَأَيُّ أَجْرٍ لَكُمْ؟ أَلَيْسَ الْعَشَّارُونَ أَيْضاً يَفْعَلُونَ ذلِكَ؟ وَإِنْ سَلَّمْتُمْ عَلَى إِخْوَتِكُمْ فَقَطْ، فَأَيَّ فَضْلٍ تَصْنَعُونَ؟ أَلَيْسَ الْعَشَّارُونَ أَيْضاً يَفْعَلُونَ هكَذَا؟ فَكُونُوا أَنْتُمْ كَامِلِينَ كَمَا أَنَّ أَبَاكُمُ الَّذِي فِي السَّمَاوَاتِ هُوَ كَامِلٌ) (متى ٥:٤٣-٤٨).

أنتم تظنون أنه جائز لكم أن تبغضوا الذي يبغضكم، وتعادوا الذي يعاديكم. لكن روح الناموس الداخلي هو روح واضع الناموس، الذي يشرق شمسه وينزل مطره على أعدائه كما على أولاده. فإن عاديتُم من عاداكم وأحسنتُم إلى الذين يحسنون إليكم، لا تكونون أفضل من عبدة الأصنام والكفرة. فلا تقابلوا شراً بشر. إن أحسنتم إلى من يسيء إليكم، تخمدون جذوة العداوة، وتطفئون لهيب البغض. اتخذوا الكمالات الإلهية قاعدة لحياتكم فتكونون حقاً (ليس فقط اسماً) أولاد الآب السماوي. ولكن اعلموا أن كل الوصايا تُحفظ حقاً في القلب حفظاً روحياً قبل حفظها حرفياً في الخارج. وإلا فحفظها الخارجي لا يُعتبر عند الله.
جزء من سبب الإنتشار السريع للمسيحية، كما أشار المؤرخون، كان ببساطة أن المسيحيين الأوائل أناساً ودعاء. فوداعة المسيحيين وخدمتهم للفقراء والمسحوقين جذبت تابعين جدد. قال مؤرخ: "المسيحيون أدهشوا القدماء بإحسانهم.". فترتليان Tertullian يكتب في نهاية القرن الثاني: "نحن مجرد أبناء الأمس، ومع ذلك نملأ مدنكم، وجزيرتكم، وقصركم، ومجلسكم، وساحتكم، وقد تركنا لكم فقط معابدكم." ولذلك ففي غضون ١٥٠ عاماً إنتشرت المسيحية بسرعة كبيرة جداً جداً. وتفسير واحد لانتشارها السريع هو أن مسيحيين كثيرين لم يكونوا يعتنون فقط بخاصتهم، بل كانوا يعتنون بالجيران، والفقراء، والأرامل، والمجروحين، وكانوا محبين جداً بصورة أساسية. لقد أظهروا العطف تجاه الأطفال، الذين كانوا يُعاملون غالباً بقسوة من قِبَل الرومان واليونانيين عند ميلادهم، ولا سيما الأطفال من البنات. كان

أسلوب حياة المسيحيين يناسب تعاليمهم، ولذلك كان الكثير من المسيحيين الأوائل لا يخافوا أن يقولوا:" تمثلوا بنا كما نتمثل نحن بالمسيح." للأسف أنتشر قول خاطئ بين الخدام و الخادمات لتبرير تقصيرهم فى الخدمة : "لا تنظروا إلينا، أنظروا إلى المسيح"، لأننا نخشى ما سيجده الناس إن تعرَّضت حياتنا للفحص. لم يكن هذا مناسب للكثير من هؤلاء المسيحيين الأوائل – فقد كان هناك تناغم بين معتقداتهم وسلوكهم.

الصَّدقة والصوم

(إِحْتَرِزُوا مِنْ أَنْ تَصْنَعُوا صَدَقَتَكُمْ قُدَّامَ النَّاسِ لِكَيْ يَنْظُرُوكُمْ، وَإِلاَّ فَلَيْسَ لَكُمْ أَجْرٌ عِنْدَ أَبِيكُمُ الَّذِي فِي السَّمَاوَاتِ. فَمَتَى صَنَعْتَ صَدَقَةً فَلاَ تُصَوِّتْ قُدَّامَكَ بِالْبُوقِ، كَمَا يَفْعَلُ الْمُرَاؤُونَ فِي الْمَجَامِعِ وَفِي الأَزِقَّةِ، لِكَيْ يُمَجَّدُوا مِنَ النَّاسِ. اَلْحَقَّ أَقُولُ لَكُمْ: إِنَّهُمْ قَدِ اسْتَوْفَوْا أَجْرَهُمْ! وَأَمَّا أَنْتَ فَمَتَى صَنَعْتَ صَدَقَةً فَلاَ تُعَرِّفْ شِمَالَكَ مَا تَفْعَلُ يَمِينُكَ، لِكَيْ تَكُونَ صَدَقَتُكَ فِي الْخَفَاءِ. فَأَبُوكَ الَّذِي يَرَى فِي الْخَفَاءِ هُوَ يُجَازِيكَ عَلاَنِيَةً."وَمَتَى صُمْتُمْ فَلاَ تَكُونُوا عَابِسِينَ كَالْمُرَائِينَ، فَإِنَّهُمْ يُغَيِّرُونَ وُجُوهَهُمْ لِكَيْ يَظْهَرُوا لِلنَّاسِ صَائِمِينَ. اَلْحَقَّ أَقُولُ لَكُمْ: إِنَّهُمْ قَدِ اسْتَوْفَوْا أَجْرَهُمْ. وَأَمَّا أَنْتَ فَمَتَى صُمْتَ فَادْهُنْ رَأْسَكَ وَاغْسِلْ وَجْهَكَ، لِكَيْ لاَ تَظْهَرَ لِلنَّاسِ صَائِماً، بَلْ لأَبِيكَ الَّذِي فِي الْخَفَاءِ. فَأَبُوكَ الَّذِي يَرَى فِي الْخَفَاءِ يُجَازِيكَ عَلاَنِيَةً" (متى ٦:١-٤ ، ١٦-١٨).

نظام الملكوت الجديد الذي أدخلتكم فيه لا يلغي الفروض الدينية الموحى بها من الله، كالصدقة المتجهة نحو القريب، والصلاة المتجهة نحو الله، والصوم المتجه للإذلال الذات. لكن يُشترط في هذه الفرائض أن لا تُحفظ أمام الناس فقط، أو تؤخذ وسيلة لأجل الافتخار والتعظيم، وربح مدح الآخرين، وآلة للرياء الكريه. فإن كنتم لا تتصدّقون وتصلّون وتصومون في الخفاء، لا تُحسب صدقاتكم وصلواتكم وأصومكم الجهادية عند الله، لأنكم إذ ذاك تكونون مرائين. لا تتشبَّهوا بمعلمي الدين ورؤسائه عندكم، لأنهم مراؤون، واصطلاحاتهم في هذه الأمور مثل نواياهم، ومكروهة عند الله. لا تنقادوا إلى ضلالة الأمم كما انقاد رؤساؤكم فيتوهمون أن مجرد تكرار الصلاة تسرُّ الإله الذي يصلّون إليه.

الصلاة

(وَمَتَى صَلَّيْتَ فَلاَ تَكُنْ كَالْمُرَائِينَ، فَإِنَّهُمْ يُحِبُّونَ أَنْ يُصَلُّوا قَائِمِينَ فِي الْمَجَامِعِ وَفِي زَوَايَا الشَّوَارِعِ، لِكَيْ يَظْهَرُوا لِلنَّاسِ. اَلْحَقَّ أَقُولُ لَكُمْ: إِنَّهُمْ قَدِ اسْتَوْفَوْا أَجْرَهُمْ! وَأَمَّا أَنْتَ فَمَتَى صَلَّيْتَ فَادْخُلْ إِلَى مِخْدَعِكَ وَأَغْلِقْ بَابَكَ، وَصَلِّ إِلَى أَبِيكَ الَّذِي فِي الْخَفَاءِ. فَأَبُوكَ الَّذِي يَرَى فِي الْخَفَاءِ يُجَازِيكَ عَلاَنِيَةً. وَحِينَمَا تُصَلُّونَ لاَ تُكَرِّرُوا الْكَلاَمَ بَاطِلاً كَالأُمَمِ، فَإِنَّهُمْ يَظُنُّونَ أَنَّهُ بِكَثْرَةِ كَلاَمِهِمْ يُسْتَجَابُ لَهُمْ. فَلاَ تَتَشَبَّهُوا بِهِمْ. لأَنَّ أَبَاكُمْ يَعْلَمُ مَا تَحْتَاجُونَ إِلَيْهِ قَبْلَ أَنْ تَسْأَلُوهُ .فَصَلُّوا أَنْتُمْ هكَذَا: أَبَانَا الَّذِي فِي السَّمَاوَاتِ، لِيَتَقَدَّسِ اسْمُكَ. لِيَأْتِ مَلَكُوتُكَ. لِتَكُنْ مَشِيئَتُكَ كَمَا فِي السَّمَاءِ كَذلِكَ عَلَى الأَرْضِ. خُبْزَنَا كَفَافَنَا أَعْطِنَا الْيَوْمَ. وَاغْفِرْ لَنَا ذُنُوبَنَا كَمَا نَغْفِرُ نَحْنُ أَيْضاً لِلْمُذْنِبِينَ إِلَيْنَا. وَلاَ تُدْخِلْنَا فِي تَجْرِبَةٍ، لكِنْ نَجِّنَا مِنَ الشِّرِّيرِ. لأَنَّ لَكَ الْمُلْكَ، وَالْقُوَّةَ، وَالْمَجْدَ، إِلَى الأَبَدِ. آمِينَ"."فَإِنَّهُ إِنْ غَفَرْتُمْ لِلنَّاسِ زَلاَّتِهِمْ، يَغْفِرْ لَكُمْ أَيْضاً أَبُوكُمُ السَّمَاوِيُّ. وَإِنْ لَمْ تَغْفِرُوا لِلنَّاسِ زَلاَّتِهِمْ، لاَ يَغْفِرْ لَكُمْ أَبُوكُمْ أَيْضاً زَلاَّتِكُمْ)(متى ٦:٥-١٥).

إن أمعنتم النظر في هذه الصلاة النموذجية تلاحظون أن روح المصلي يكون روح البنوّة لله، لأنه يخاطب الله كأب، ويعظم المحبة المتبادلة بين هذا الآب السماوي وأولاده، ويعظّم أيضاً الطاعة له، والاتكال عليه لأجل احتياجاته كلها. وهو يعظم العلاقة المتبادلة بين أولاده. حتى

أن ما يريده المصلي لنفسه يريده للآخرين أيضاً، لأن روح البنوة لله يستلزم روح الأخوَّة للناس. فيصلي المسيحي لا "أبي" بل "أبانا". ولا يطلب غفران الآب لنفسه إلا ويقدم لإخوته غفرانه على سيئاتهم نحوه. فأقصد أن أعلّمكم جيداً حقيقة أبوية الله للبشر وأخوَّة البشر لبعضهم البعض، لأن معلمي الدين قد أهملوا هذه الحقيقة الجوهرية ولم يوضحوها في الماضي كما يجب.

ترون في هذه الصلاة روح الدالة البنوية، وروح المحبة الأخوية، كما ترون روح العبادة التقوية، لأن يوم الله وكتابه وبيته ورجاله (خدام الدين) وكنيسته كلها مقدسة، بسبب نسبتها إليه. وقد ذكرت لكم في هذه الصلاة طلب النجاة من الشرير. هذا الطلب هو اعترافٌ بقوة الشيطان العظيمة وسطوته على البشر، وبأن لا نجاة منه لأحد إلا بقوة إلهية تنقذهم. وأعلنت لكم جلياً في خاتمة هذه الصلاة، كما في فاتحتها، أن على المصلي أن يقدّم أمور الله على أموره، لأن الله هو الكل وفي الكل، فله وحده الملك والقوة والمجد.

المؤمن وحب المال

(لَا تَكْنِزُوا لَكُمْ كُنُوزاً عَلَى الْأَرْضِ حَيْثُ يُفْسِدُ السُّوسُ وَالصَّدَأُ، وَحَيْثُ يَنْقُبُ السَّارِقُونَ وَيَسْرِقُونَ. بَلِ اكْنِزُوا لَكُمْ كُنُوزاً فِي السَّمَاءِ، حَيْثُ لَا يُفْسِدُ سُوسٌ وَلَا صَدَأٌ، وَحَيْثُ لَا يَنْقُبُ سَارِقُونَ وَلَا يَسْرِقُونَ، لِأَنَّهُ حَيْثُ يَكُونُ كَنْزُكَ هُنَاكَ يَكُونُ قَلْبُكَ أَيْضاً. سِرَاجُ الْجَسَدِ هُوَ الْعَيْنُ، فَإِنْ كَانَتْ عَيْنُكَ بَسِيطَةً فَجَسَدُكَ كُلُّهُ يَكُونُ نَيِّراً، وَإِنْ كَانَتْ عَيْنُكَ شِرِّيرَةً فَجَسَدُكَ كُلُّهُ يَكُونُ مُظْلِماً، فَإِنْ كَانَ النُّورُ الَّذِي فِيكَ ظَلَاماً فَالظَّلَامُ كَمْ يَكُونُ! لَا يَقْدِرُ أَحَدٌ أَنْ يَخْدِمَ سَيِّدَيْنِ، لِأَنَّهُ إِمَّا أَنْ يُبْغِضَ الْوَاحِدَ وَيُحِبَّ الْآخَرَ، أَوْ يُلَازِمَ الْوَاحِدَ وَيَحْتَقِرَ الْآخَرَ. لَا تَقْدِرُونَ أَنْ تَخْدِمُوا اللّٰهَ وَالْمَالَ) (متى ١٩:٦-٢٤).

أحذركم كل التحذير من حب المال، وأذكركّم أن كنوز العالم فانية، ولن تبقى إلا الكنوز السماوية. وما أسعد من تعلق قلبه بالسماء لا بالأرض، فلذلك يتسهَّل له الصلاح. وأما إن ساد في قلبه حب المال، فيستحيل عليه أن يحب الله كما يجب. والكنز في السماء هو ثمر ما يعمله الإنسان ويبذله في سبيل خير الناس، حباً بالله.

لأنكم نور العالم يستنير بكم غيركم من البشر، كما يستنير بواسطة العين الصحيحة. فإن فقدتم أنتم الصلاح، فكم بالحري يفقده الذين ليس لهم وسائط الصلاح مثلكم؟ ومن الأمور المطلوبة منكم لتنيروا على الآخرين أن تتكلوا تماماً على الآب السماوي في أمر حاجاتكم الزمنية. إن عناية الله بمخلوقاته واضحة في طيور السماء التي ترفرف وتغرد فوق رؤوسكم، وفي الأزهار التي تزهو تحت أقدامكم. فكيف لا يعتني الله بالذين خلقهم على صورته، وهم أولاده؟ فإن كل ما في الجو من فوق، وكل ما على الأرض من أسفل، يشهد فعلاً لعنايته بما قد خلق. وما دام يعتني بأدناها، كيف يمكن أن يهمل أسماها؟ الذي وهب الجسد العجيب لا يبخل بالكساء الزهيد، والذي وهب الحياة الثمينة لا يتأخر عن تقديم القوت الرخيص لأجل حفظها. صحيح أن الإنسان يجب أن يهتم بالحاجيات الجسدية، لكنه يجب أن يفعل ذلك وهو متكل على عناية الآب السماوي، وهكذا لا يكون نهباً للقلق، ويجيء اهتمامه بالماديات بعد اهتمامه بالأمور الروحية - لا قبلها ولا فوقها - فما هي فائدة الإنسان لو لم تساعده العناية الإلهية؟ فإذاً ملجأكم في الدرجة الأولى هو هذه العناية لا اهتمامكم أنتم. وكيف تتفوَّقون على غير المؤمنين إن كنتم تهتمون بالدنيويات كما يهتم الوثنيون؟ أقدّم لكم أعظم نصيحة عندي وأحلاها: "أطلبوا أولاً ملكوت الله وبره، وهذه كلها تُزاد لكم".

لا تدينوا

(لَا تَدِينُوا لِكَيْ لَا تُدَانُوا، لِأَنَّكُمْ بِالدَّيْنُونَةِ الَّتِي بِهَا تَدِينُونَ تُدَانُونَ، وَبِالْكَيْلِ الَّذِي بِهِ تَكِيلُونَ يُكَالُ لَكُمْ. وَلِمَاذَا تَنْظُرُ الْقَذَى الَّذِي فِي عَيْنِ أَخِيكَ، وَأَمَّا الْخَشَبَةُ الَّتِي فِي عَيْنِكَ فَلَا تَفْطَنُ لَهَا؟ أَمْ كَيْفَ تَقُولُ لِأَخِيكَ: دَعْنِي أُخْرِجِ الْقَذَى مِنْ عَيْنِكَ، وَهَا الْخَشَبَةُ فِي عَيْنِكَ. يَا مُرَائِي، أَخْرِجْ أَوَّلاً الْخَشَبَةَ مِنْ عَيْنِكَ، وَحِينَئِذٍ تُبْصِرُ جَيِّداً أَنْ تُخْرِجَ الْقَذَى مِنْ عَيْنِ أَخِيكَ! لَا تُعْطُوا الْمُقَدَّسَ لِلْكِلَابِ، وَلَا تَطْرَحُوا دُرَرَكُمْ قُدَّامَ الْخَنَازِيرِ، لِئَلَّا تَدُوسَهَا بِأَرْجُلِهَا وَتَلْتَفِتَ فَتُمَزِّقَكُمْ) (متى ١:٧-٦).

ثم أوصيكم أن لا تكونوا من الذين يدينون بعضهم بعضاً، فالحكمة تنهَى عن هذا، لأن الناس يعاملونك كما تعاملهم. فالذي يكشف عيوب الناس تكشف الناس عيوبه وهلم جراً. الميّال إلى دينونة الآخرين يكون مدفوعاً من الافتخار والانتقام، فيُذمُّ افتخاراً أو انتقاماً. والأغلب أنه ظالم في الحالتين، لأنه يرى عيوب الآخرين، لا كما هي، بل مكبّرة. ويرى عيوبه هو لا كما هي، بل مصغَّرة. والمُخطئ لا يقدر أن يصلِح الأقل عيباً منه، فيصحُّ القول: "يا مرائي، أخرج أولاً الخشبة من عينك، وحينئذ تبصر جيداً أن تخرج القذى الذي في عين أخيك".

أسألوا تعطوا

(اِسْأَلُوا تُعْطَوْا. اُطْلُبُوا تَجِدُوا. اِقْرَعُوا يُفْتَحْ لَكُمْ. لِأَنَّ كُلَّ مَنْ يَسْأَلُ يَأْخُذُ، وَمَنْ يَطْلُبُ يَجِدُ، وَمَنْ يَقْرَعُ يُفْتَحُ لَهُ. أَمْ أَيُّ إِنْسَانٍ مِنْكُمْ إِذَا سَأَلَهُ ابْنُهُ خُبْزاً، يُعْطِيهِ حَجَراً؟ وَإِنْ سَأَلَهُ سَمَكَةً، يُعْطِيهِ حَيَّةً؟ فَإِنْ كُنْتُمْ وَأَنْتُمْ أَشْرَارٌ تَعْرِفُونَ أَنْ تُعْطُوا أَوْلَادَكُمْ عَطَايَا جَيِّدَةً، فَكَمْ بِالْحَرِيِّ أَبُوكُمُ الَّذِي فِي السَّمَاوَاتِ، يَهَبُ خَيْرَاتٍ لِلَّذِينَ يَسْأَلُونَهُ. فَكُلُّ مَا تُرِيدُونَ أَنْ يَفْعَلَ النَّاسُ بِكُمُ افْعَلُوا هكَذَا أَنْتُمْ أَيْضاً بِهِمْ، لِأَنَّ هذَا هُوَ النَّامُوسُ وَالْأَنْبِيَاءُ) (متى ٧:٧-١٢). أوصيكم أن تكونوا حكماء مميَّزين في أحاديثكم الدينية، لئلا تعرِّضوا كلامكم للهزء والاحتقار بغير فائدة، فتكونون كمن يعطي المقدس للكلاب ويطرح جواهره أمام الخنازير. لكل مقام مقال، فيجب أن يناسب التعليم المقام الذي يُقدَّم فيه وأحوال السامعين. أؤكد لكم أن الآب السماوي مستعد لاستماع صلواتكم واستجابتها. إن كان الأب البشري وهو خاطئ لا يتأخر عن طلب أولاده، إن كان هذا خيراً لهم، ويُخلِص في ما يمنحه، فكيف يمكن أن يتخلَّى الآب السماوي الكامل عن تضرُّعات طالبيه، أو يهبهم شيئاً ليس هو الخير الحقيقي؟ وأول ما يريد أن يهبه هو الروح القدس للذين يطلبونه.

وأسلمكم أيضاً أهم قاعدة أخلاقية و هي "كل ما تريدون أن يفعل الناس بكم، افعلوا هكذا أنتم أيضاً بهم. لأن هذا هو الناموس والأنبياء". نعم قد ورد في أقوال القدماء ما يقارب هذا القول، ويظن البعض أن هذه القاعدة تكفي لتحيط بالواجب الديني تماماً. لربما كان زَعْمهم يصحّ لو أنه لا يوجد إله. لكن بما أن الله موجود، لا يكون القيام بالواجب نحو الناس إلا القسم الأصغر في الدين، لأن القسم الأعظم هو القيام بالواجب من نحوه تعالى.

باب ضيق وباب واسع

(اُدْخُلُوا مِنَ الْبَابِ الضَّيِّقِ، لِأَنَّهُ وَاسِعٌ الْبَابُ وَرَحْبٌ الطَّرِيقُ الَّذِي يُؤَدِّي إِلَى الْهَلَاكِ، وَكَثِيرُونَ هُمُ الَّذِينَ يَدْخُلُونَ مِنْهُ! مَا أَضْيَقَ الْبَابَ وَأَكْرَبَ الطَّرِيقَ الَّذِي يُؤَدِّي إِلَى الْحَيَاةِ، وَقَلِيلُونَ هُمُ الَّذِينَ يَجِدُونَهُ! "اِحْتَرِزُوا مِنَ الْأَنْبِيَاءِ الْكَذَبَةِ الَّذِينَ يَأْتُونَكُمْ بِثِيَابِ الْحُمْلَانِ، وَلكِنَّهُمْ مِنْ دَاخِلٍ ذِئَابٌ خَاطِفَةٌ! مِنْ ثِمَارِهِمْ تَعْرِفُونَهُمْ. هَلْ يَجْتَنُونَ مِنَ الشَّوْكِ عِنَباً، أَوْ مِنَ الْحَسَكِ تِيناً؟ هكَذَا كُلُّ شَجَرَةٍ جَيِّدَةٍ تَصْنَعُ أَثْمَاراً جَيِّدَةً، وَأَمَّا الشَّجَرَةُ الرَّدِيَّةُ فَتَصْنَعُ أَثْمَاراً

رَدِيَّةً، لَا تَقْدِرُ شَجَرَةٌ جَيِّدَةٌ أَنْ تَصْنَعَ أَثْمَاراً رَدِيَّةً وَلَا شَجَرَةٌ رَدِيَّةٌ أَنْ تَصْنَعَ أَثْمَاراً جَيِّدَةً. كُلُّ شَجَرَةٍ لَا تَصْنَعُ ثَمَراً جَيِّداً تُقْطَعُ وَتُلْقَى فِي النَّارِ. فَإِذاً مِنْ ثِمَارِهِمْ تَعْرِفُونَهُمْ."لَيْسَ كُلُّ مَنْ يَقُولُ لِي: يَا رَبُّ يَا رَبُّ، يَدْخُلُ مَلَكُوتَ السَّمَاوَاتِ. بَلِ الَّذِي يَفْعَلُ إِرَادَةَ أَبِي الَّذِي فِي السَّمَاوَاتِ، كَثِيرُونَ سَيَقُولُونَ لِي فِي ذلِكَ الْيَوْمِ: يَا رَبُّ يَا رَبُّ، أَلَيْسَ بِاسْمِكَ تَنَبَّأْنَا، وَبِاسْمِكَ أَخْرَجْنَا شَيَاطِينَ، وَبِاسْمِكَ صَنَعْنَا قُوَّاتٍ كَثِيرَةً؟ فَحِينَئِذٍ أُصَرِّحُ لَهُمْ: إِنِّي لَمْ أَعْرِفْكُمْ قَطُّ! اذْهَبُوا عَنِّي يَا فَاعِلِي الإِثْمِ) (متى ١٣:٧-٢٣).

إني أضع أمامكم طريقين يسير جميع الناس في إحداهما. الأولى ضيقة في بدايتها رحبة في نهايتها، والثانية بالعكس، رحبة في بدايتها ثم ضيقة جداً في نهايتها، فأنصح لكم أن تختاروا الطريق الضيقة في هذه الدنيا والعامرة بالمجد في الآخرة. ولا تقتدوا - بأكثر البشر - لأنهم يفعلون بالعكس، إذ يختارون ما هو راحة حالية غاضين النظر عن العذاب الأبدي.وأنبّهكم إلى العلاقة بين الشجر والثمر، والتي تستلزم أن يكون الثمر من جنس الشجر، فأعمال الإنسان لا تكون إلا تابعة لحالة قلبه الداخلية. يجوز أن يدَّعي إنسان أنه نبي مرسَل من الله، وأنه يتكلم بكلام الأنبياء، لكن بمرور الأيام لا بد أن تثمر طبيعته في أعماله. ولا بد أيضاً من القَطْع والإلقاء في النار لكل من يثمر ثمراً رديئاً. ولا يوقف هذا القطع احتجاج الذين يتستّرون تحت ثوب الرياء، متظاهرين بالتديُّن، متكلين على حسناتهم الخارجية، وهم يهملون الوصايا الإلهية التي لا تروق لهم، أو التي تخالف أغراضهم. قد يكونون من الذين تنبأوا باسمي، وصنعوا معجزات كثيرة حتى إخراج الشياطين باسمي، وهم يعترفون بي بأفواههم، وينادونني: "يا رب، يا رب". لكنهم لم يفعلوا إرادة أبي الذي في السموات. فسأجيب على استنجادهم في يوم الدين: "إني لم أعرفكم قط. اذهبوا عني يا فاعلي الإثم".

العاقل والجاهل

(فَكُلُّ مَنْ يَسْمَعُ أَقْوَالِي هذِهِ وَيَعْمَلُ بِهَا، أُشَبِّهُهُ بِرَجُلٍ عَاقِلٍ، بَنَى بَيْتَهُ عَلَى الصَّخْرِ. فَنَزَلَ الْمَطَرُ، وَجَاءَتِ الأَنْهَارُ، وَهَبَّتِ الرِّيَاحُ، وَوَقَعَتْ عَلَى ذلِكَ الْبَيْتِ فَلَمْ يَسْقُطْ، لأَنَّهُ كَانَ مُؤَسَّساً عَلَى الصَّخْرِ. وَكُلُّ مَنْ يَسْمَعُ أَقْوَالِي هذِهِ وَلَا يَعْمَلُ بِهَا، يُشَبَّهُ بِرَجُلٍ جَاهِلٍ، بَنَى بَيْتَهُ عَلَى الرَّمْلِ. فَنَزَلَ الْمَطَرُ، وَجَاءَتِ الأَنْهَارُ، وَهَبَّتِ الرِّيَاحُ، وَصَدَمَتْ ذلِكَ الْبَيْتَ فَسَقَطَ، وَكَانَ سُقُوطُهُ عَظِيماً!) (متى ٢٤:٧-٢٧).

الذي يعرف مشيئة الله ويعملها يشبه الشخص الذي يضع أساس بيته على الصخرة. والذي يعرف ولا يعمل يشبه الذي يبني بيته على أساس رملي بجانب مجرى ماء، فما دام الجو صافياً والرياح ساكنة، يظهر أن الذي بنى على الرمل هو الحكيم، لأنه استراح من متاعب الحفر ونفقاته، فيهنّئ نفسه ويهنّئه الآخرون. ولكن صفاء الجو وسكون الريح لا يدومان إلى الأبد، فمتى جاء النوء يظهر جلياً من كان الحكيم الذي سَلِم بناؤه. الذي يعرف ولا يعمل يتلذذ حالياً بملذات الدنيا، ويجتنب المصاعب في سبيل البر، لكن متى هبّت رياح الدِّين، ونزل مطر الغضب الإلهي، وجاءت أنهار عذاب الضمير، وحدث سيل إرسال الخطاة إلى مكانهم في الهلاك "وصدم" هذا الشخص، يسقط حالاً، ويكون خرابه عظيماً. بينما الأول لا يسقط ولا يتزعزع لأنه مؤسس على صخر.

(فَلَمَّا أَكْمَلَ يَسُوعُ هذِهِ الأَقْوَالَ بُهِتَتِ الْجُمُوعُ مِنْ تَعْلِيمِهِ، لأَنَّهُ كَانَ يُعَلِّمُهُمْ كَمَنْ لَهُ سُلْطَانٌ وَلَيْسَ كَالْكَتَبَةِ) (متى ٢٨:٧ ، ٢٩).

و لأننا نبحث الخطاب السياسي للسيد المسيح مادةً نختبر من خلالها تساؤلاتنا السابقة، فإن علينا بداية أن نحدد معايير تمييز النص السياسي عن النص غير السياسي؟ فهل الخطاب عن مملكة المسيح للتلاميذ عندما قال **(اجاب يسوع مملكتي ليست من هذا العالم لو كانت مملكتي من هذا العالم لكان خدامي يجاهدون لكي لا اسلم الى اليهود و لكن الان ليست مملكتي من هنا)(يو ١٨ : ٣٦)** هو نص سياسي أم غير سياسي؟ ثم لمن هو موجه هذا النص؟ هل هم أفراد كالتلاميذ أم سلطة سياسية أم زعماء أم ثوار، أم مفكرون؟ وما هي الرسالة السياسية ؟ هل تستهدف الرسالة السياسية شريحة مجتمعية (المتلقي) دون غيرها؟ وعليه في هذه الحالة مَن هو المعني بخطابات السيد المسيح عن السلام أو الحرية أو المساواة أو العدالة أو الحرب هل المستهدف من خطابات السيد المسيح أهو فرد معين أم الجمع كله؟

فالخطاب عن مملكة المسيح هو نص فى ظاهرة سياسى لكن فى باطنة دينى فملك السماء و الأرض لن يدخل فى منافسة مع ملوك أرضيين لكنه ملك يفوقهم قوة و سلطان لأنهم فى الحقيقية يأخذون سلطانهم منه فرسالة السيد المسيح هي رسالة حب وسلام: سلام مع الله، وسلام مع الناس: أحباء وأعداء. وسلام داخل نفوسنا بين الجسد والعقل والروح.

في ميلاد المسيح غنت الملائكة قائلة **(المجد لله في الأعالي، وعلى الأرض السلام، وفي الناس المسرة) (لو٢: ١٤). وقد دعي السيد المسيح (رئيس السلام) (أش٩: ٦)**

وقد قال لنا **(سلامي أترك لكم، سلامي أعطيكم.. لا تضطرب قلوبكم ولا تجزع) (يو١٤: ٢٧)**، وقال **(أي بيت دخلتموه، فقولوا سلام لأهل هذا البيت) لو١٠: ٦** .وذكر السلام كأحد ثمار الروح في القلب. **فقيل (ثمر الروح: محبة فرح سلام) (غل٥: ٢٢)** .وفى مقدمة عظة السيد المسيح على الجبل **(طوبي لصانعي السلام لأنهم أبناء الله يدعون) (مت٥: ٩).**

كما ورد في الإنجيل أيضًا **(أطلب إليكم.. أن تسلكوا كما يليق بالدعوة التي دعيتم لها، بكل تواضع القلب والوداعة وطول الأناة، محتملين بعضكم بعضًا بالمحبة، مسرعين إلى حفظ وحدانية الروح برباط السلام. ولكي تكونوا جسدًا واحدًا وروحًا واحدًا) (أف٤: ١-٤).**

ودعا السيد المسيح إلى السلام، حتى مع الأعداء والمقاومين، فقال **(لا تقاوموا الشر. بل من لطمك على خدك الأيمن، فحول له الآخر أيضًا .ومن أراد أن يخاصمك ويأخذ ثوبك، فاترك له الرداء أيضًا. ومن سخرك ميلًا، فاذهب معه اثنين، ومن سألك فأعطه" (مت٥: ٣٩-٤٢)** بل قال أكثر من هذا **(أحبوا أعداءكم، باركوا لاعنيكم، أحسنوا إلى مبغضيكم، وصلوا لأجل الذين يسيئون إليكم ويطردونكم.. لأنه إن أحببتم الذين يحبونكم فأي أجر لكم.. وإن سلمتم على أخوتكم فقط، فأن فضل تصنعون) (مت٥: ٤٤-٤٧)**

ينبغي أن نوضح إن الإنجيل يحوي الكثير من الرمز، ومن المجاز. ومن الاستعارات والكنايات، من الأساليب الأدبية المعروفة.

مثلا : جئت لألقى نارًا:وهى قول السيد المسيح **(جئت لألقى نارًا على الأرض. فماذا أريد لو اضطرمت) (لو١٢: ٤٩).**

١- إن النار ليست في ذاتها شرًا. وإلا ما كان الله قد خلقها. إن النار لها معان رمزية كثيرة في الكتاب المقدس:

٢- فالنار ترمز إلى عمل الروح القدس في قلب الإنسان.

وقد قال يوحنا المعمدان عن السيد المسيح **(هو يعمدكم بالروح القدس ونار) (لو٣: ١٦).**
وقد حل الروح القدس على تلاميذ المسيح على هيئة ألسنة كأنها من نار. (أع٢: ٣)
وكان هذا إشارة إلى أن روح الله ألهبهم بالغيرة المقدسة للخدمة. وهذه الغيرة يشار إليها في الكتاب المقدس بالنار.
وهى النار التي أعطت قوة لتطهير الأرض من الوثنية وعبادة الأصنام. وهذه النار هي مصدر الحرارة الروحية. وقد طلب منا في الإنجيل أن نكون (حارين في الروح) (رو١٢: ١١). وقيل أيضًا (لا تطفئوا الروح) (١تس٥: ١٢٩).
٣- والنار ترمز أيضًا في الكتاب إلى المحبة:
وقيل في ذلك **(مياه كثيرة لا تستطيع أن تطفئ المحبة) (نش ٨: ٧)**. وقيل أيضًا **(لكثرة الإثم تبرد محبة الكثيرين) (مت ٢٤: ١٤).**
٤- والنار قد ترمز أيضًا إلى كلمة الله:
كما قيل في الكتاب **(أليست كلمتي هذه كنار، يقول الرب) (ار٢٣: ٢٩)**. وقد قال ارمياء النبي عن كلام الرب إليه **(فكان في قلبي كنار محروقة) (أر٢٠: ٩)** .لذلك لم يستطع أن يصمت. على الرغم من الإيذاء الذي أصابه من اليهود حينما أنذرهم بالكلمة.
٥- والنار في الكتاب ترمز أحيانًا إلى التطهير:كما قيل عن إشعياء النبي إن واحدًا من الملائكة طهر شفتيه بجمرة من النار. (أش ٦: ٦، ٧).
وإن كانت النار تحرق القش، إلا أنها تنقي الذهب من الأدران، وتقوى الطوب الطين وتجعله صلبًا. وكانت تستخدم في العلاج الطبي (بالكي)
فالذي كان يقصده السيد المسيح: إنني سألقى النار المقدسة في القلوب .فتطهرها، وتشعلها بالغيرة المقدسة لبناء ملكوت الله، على الأرض، لذلك قال :(ماذا أريد لو اضطرمت)
هذه النار قابلتها نار أخري من أعداء الإيمان تحاول إبادته. وهكذا اشتعلت الأرض نارًا، كانت نتيجتها إبادة الوثنية، بعد اضطهادات تحملها المسيحيون.
هناك إذن نار اشتعلت في قلوب المؤمنين، ونار أخرى اشتعلت من حولهم. وكانت الأولى من الله، والثانية من أعدائه.
والسيد المسيح نفسه تعرض لهذه النار المعادية، لذلك قال بعد هذه الآية مباشرة، يشير إلى آلامه المستقبلية، **(وَلِي صِبْغَةٌ أَصْطَبِغُهَا، وَكَيْفَ أَنْحَصِرُ حَتَّى تُكْمَلَ؟) (لوقا ١٢: ٥٠).**
وبنفس الأسلوب تحدث عن صبغة آلامه في (مت٢٠: ٢٢؛ مر١٠: ٣٨).
ما جئت لألقى سلامًا بل سيفًا: وهى قول السيد المسيح بعد الإشارة إلى آلامه مباشرة.
(أتظنون أنى جئت لألقي سلامًا على الأرض؟ كلا، أقول لكم بل انقسامًا) (لو١٢: ٥١).
إنه جاء ينشر عبادة الله في العالم كله، بكل وثنيته، ولذلك قال لتلاميذه **(اذهبوا إلى العالم أجمع. واكرزوا بالإنجيل للخليقة كلها)(مر١٦: ١٥)**
تضاف إلى هذا: المبادئ الروحية الجديدة التي جاء بها المسيح. وهي تختلف عن سلوكيات وطقوس العبادات القديمة.
وكان أول من انقسم على المسيح، ثم على تلاميذه: اليهود وقادتهم. ليس بسبب المسيح، إنما بسبب تمسك اليهود بملك أرضي، وبسبب فهمهم الحرفي للكتاب .لدرجة أنهم تآمروا عليه ليقتلوه، لأنه شفى مريضًا في سبت (مت ١٢: ٤٩)

وتضايق منه اليهود، لأنه كان يبشر الأمم الأخرى بالإيمان. وهو يريدون أن يكونوا وحدهم شعب الله المختار. لذلك لما قال بولس الرسول أن السيد المسيح أرسله لهداية الأمم، صرخ اليهود طالبين قتله (أع٢٢: ٢١، ٢٢) .بل أن القديس بولس لما تحدث عن القيامة، حدث انشقاق وانقسام بين طائفتين من اليهود هما الفريسيون والصدوقيون، لأن الصدوقيين ما كانوا يؤمنون بالقيامة ولا بالروح (أع٢٣: ٦، ٩)

وانقسم اليهود على المسيح، لأنهم كانوا يريدون ملكًا أرضيًا ينقذهم من حكم الرومان. أما هو فقال لهم **(مملكتي ليست من هذا العالم) (يو١٨: ٣٦).** فلم يعجبهم حديثه عن ملكوت الله، ولا قوله (أعطوا ما لقيصر لقيصر..) (مت٢٢: ٢١)

وهكذا قام ضد المسيح كهنة اليهود وشيوخهم والكتبة والفريسيون والصدوقيون.

كان يمكن للمسيح أن يمنع هذا الانقسام، بأن يجامل اليهود في عقيدتهم عن الشعب المختار، ورفضهم لإيمان الأمم الأخرى. ورغبتهم في الملك الأرضي، وحرفيتهم في تفسير وصايا الله؟ أم كان لا بُدّ أن ينشر الحق. و لا يبالى بالانقسام؟

كذلك واجه السيد المسيح العبادات القديمة بكل تعددها وتعدد آلهتها: آلهة الرومان الكثيرة تحت قيادة جوبترJupiter ، والآلهة اليونانية الكثيرة تحت قيادة زيوسZeus ، والآلهة المصرية الكثيرة تحت قيادة رع Ra وأمونAmun ، وباقي العبادات وكذلك الفلسفات الوثنية المتعددة. وكان لا بُدّ من صراع بين عبادة الله والعبادات الأخرى. أكان المسيح يترك رسالته لا ينادى بها خوفًا من الانقسام، تاركًا الوثنيين في عبادة الأصنام، لكي يحيا في سلام معهم؟! ألا يكون هذا سلامًا باطلًا؟! أم كان لا بُدّ أن ينادى لهم بالإيمان السليم. و لا خوف من الانقسام، لأنه ظاهرة طبيعية فطبيعي أن ينقسم الكفر على الإيمان. وطبيعي أن النور لا يتحد مع الظلام. لم يكن الانقسام صادرًا من السيد المسيح، بل كان صادرًا من رفض الوثنية للإيمان الذي نادى به المسيح. وهكذا أنذر السيد المسيح تلاميذه، بأن انقسامًا لا بُدّ سيحدث. وأنهم في حملهم لرسالته، لا يدعوهم إلى الرفاهية، بل إلى الصدام مع الانقسام. لذلك قال لهم **(في العالم سيكون لكم ضيق) (يو١٦: ٣٣) (تأتى ساعة يظن فيها كل من يقتلكم أنه يقدم خدمة لله) (يو١٦: ٢) (إن كان العالم يبغضكم، فاعلموا أنه قد أبغضني قبلكم) (يو١٥: ١٨-٢٠).** لقد وقف السيف ضد المسيحية. لم يكن منها، وإنما عليها. وعندما رفع بطرس سيفه ليدافع عن المسيح وقت القبض عليه، انتهره ومنعه قائلًا **(اردد سيفك إلى غمده. لأن كل الذين يأخذون بالسيف، بالسيف يهلكون) (مت٢٦: ٥٢)**

وكانت نتيجة السيف الذي تحمله المسيحيون، ونتيجة انقسام الوثنيين واليهود عليهم، مجموعة ضخمة من الشهداء. ومع الصمود في الإيمان، انتشر الإيمان وبادت الوثنية. في وقت من الأوقات.

ظن تلاميذ المسيح - كيهود- إن المسيح سيملك لذلك اشتهى بعضهم أن يجلس عن يمينه وعن شماله في ملكه. فشرح لهم السيد أن حملهم لبشارته سوف لا يجلب لهم سلامًا ورفاهية، وإنما انقسامًا من أعداء الإيمان. بل سيحدث هذا حتى في مجال الأسرة في البيت الواحد: إذ قد يؤمن ابن بالله، فيثور عليه أبوه الوثني، ويجبره على العودة إلى وثنيته أو يقتله. وهكذا مع باقي أفراد الأسرة التي تنقسم بسبب الإيمان.

فهل يرفض هؤلاء الإيمان، حرصًا على عدم الانقسام؟

كلا. فالانقسام هنا ليس شرًا، وإنما ظاهرة طبيعية. وكل ديانة انتشرت على الأرض، واجهت مثل هذا الانقسام في بادئ الأمر. إلى أن استقرت الأمور.

تكلم المسيح عن الانقسام في مجال نشر الإيمان. أما في الحياة العادية، فإنه دعا إلى الحب بكل أعماقه. وورد في الإنجيل إن (الله محبة) (١يو٤: ٨) كما قيل فيه أيضًا **(لتصر كل أموركم في محبة)** (١كو١٦: ١٤)

اختصار موضوعات خطابات السيد المسيح

١ـ موضوعات من البيئة الاجتماعية والثقافية .

٢ـ موضوعات من الإيمان الديني .

٣ـ موضوعات من المشكلات الشخصية التي تنشأ عادة من:

* الأزمات الشخصية

* المشاكل العائلية

* المشاكل الاقتصادية والسياسية

* أزمة القيّم لمجتمع معين.

أولا: من البيئة الاجتماعية والثقافية .

وهي مجموعة الوحدات الاجتماعية بدءا من الفرد والأسرة والعشيرة والقبيلة والأمة والحزب والنقابة... إلخ مثلا فى عصر السيد المسيح (التلاميذ والفريسيون و الكتبة و الغيورين و الاسيينين و الامة اليهودية و الرومان) ، ثم شبكة التفاعلات بين هذه الوحدات (التلاميذ بعضهم ينتمى للحزب الغيور و هم فى مواجهة مع الفريسيون و الكتبة الذين فى توافق مع السلطة الرومانية ما دامت لا تتعارض مع نفوذهم و عاداتهم)، ومنظومة القواعد التي تضبط هذه التفاعلات. أن الأزمة في البنية الاجتماعية هى نظام الاسباط هى التي أفرزت الخطاب الموجه لخراف بنى اسرائيل فى بداية البشارة ، و الأسباط توضح قبلية السلطة ، وفي كمون مفهوم ارض الاسباط في مفهوم الوطن، وهو ما يتضح في لحظات الأزمة، إذ يرتد الفكر في لحظة الأزمة نحو هذه المعاني فيمتد الظل الطويل للبنية الاجتماعية على بنية الخطاب. عند استعراض طبقات الشعب اليهودى تاريخيا نجدها تختصر فى طبقتين أساسيتين هما الكهنة سبط هارون و الشعب بقية الاسباط ثم بالتطور و الاتجاة للملكية اصبحت هناك طبقة مميزة داخل الشعب هى طبقة العائلة المالكة من سبط يهوذا ذرية داواد النبى المؤسس الحقيقى للدولة اليهودية . و سجلت الأناجيل حوارات اجتماعية فى موضوعات مختلفة للسيد المسيح مع افراد فى المجتمع منها :

* شفاء المرأة المنحنية **(و اذا امراة كان بها روح ضعف ثماني عشرة سنة و كانت منحنية و لم تقدر ان تنتصب البتة)** (لو ١٣: ١١-١٩)

* شفاء إنسان مُستسق **(و اذا انسان مستسق كان قدامه. فاجاب يسوع و كلم الناموسيين و الفريسيين قائلا هل يحل الابراء في السبت. فسكتوا فامسكه و ابراه و اطلقه)**. (لو ١٤: ١-٧)

* حول إعلان فضيلة الصدق والمحبة وحفظ المعروف، المرأة الخاطئة التي دهنت رجلي المسيح بالطيب **(و اذا امراة في المدينة كانت خاطئة اذ علمت انه متكئ في بيت الفريسي**

جاءت بقارورة طيب. و وقفت عند قدميه من ورائه باكية و ابتدات تبل قدميه بالدموع و كانت تمسحهما بشعر راسها و تقبل قدميه و تدهنهما بالطيب.)(لو ٧: ٣٦-٥٠)

* حول علاقة الخطاة بالأبرار **(و فيما هو متكئ في بيته كان كثيرون من العشارين و الخطاة يتكئون مع يسوع و تلاميذه لانهم كانوا كثيرين و تبعوه. و اما الكتبة و الفريسيون فلما راوه ياكل مع العشارين و الخطاة قالوا لتلاميذه ما باله ياكل و يشرب مع العشارين و الخطاة. فلما سمع يسوع قال لهم لا يحتاج الاصحاء الى طبيب بل المرضى لم ات لادعو ابرارا بل خطاة الى التوبة.)(مر٢: ١٥-١٨)**

* حول السلطة : عند النظر في الحقل الدلالي لمفهوم السلطة، نجد أنه يعني في المعاجم اللغوية "المُلك والقدرة"، بينما تتعدد المعاني في المعاجم الفلسفية فنجد لها ظلالا سياسية واقتصادية واجتماعية.

تخلو دراسات هذا المفهوم أو الإشارات له من تأصيل فكري لمعناه السياسي في التراث اليهودى ، ويبدو أن ذلك عائد للطريقة التي نشأت فيها السلطة السياسية في المجتمع اليهودى، إذ إن السلطة تشتمل على بعدين هما حاكم من ناحية ودستور أو عقد اجتماعي أو وثيقة حكم من ناحية ثانية، وفي التاريخ اليهودى تاسست الدولة بداية سلطة (موسى النبى) بإرادة لم يكن للمجتمع أي دور فيها (الوحي الالهى)، وتراكم النص التشريعي المنظم للسلطة والمجتمع خلال اكثرمن٤٠ سنة ، دون أن يكون لهذا المجتمع أي دور في صياغة هذه النصوص، واقتصرت مهمة الأفراد والنخب على فهم أو شرح أو حفظ هذه النصوص، ونظرا لإضفاء القداسة على السلطة الأولى(النبي) والنص التشريعي (التوراة)، تكرس تقليد بأن موضوع السلطة "ليس مما تنشغل به الأمة اليهودية " ، وما إن اكتمل النص، وتدربت الذهنية على التلقي، ضغطت التحولات الكبرى بعد موت موسى النبى نحو حل مشكلة السلطة، فظهر عصر القضاة اللذين استمدوا سلطتهم من النص التشريعى (التوراة) حتى القاضى صموئيل النبى جاء تاريخ حياته كقاضي (١صم١٥،٧:٦-١٧) له سمة خاصة هو الدور الروحي العامل بالصلاة وتقديم المشورة دون قيادة الجيوش للخلاص بواسطة الحروب. اتسم بالإصلاح الروحي قدر المستطاع إذ اتسم الشعب بالزيغان عن الله والجهل وهما السمتان اللتان غلبتا عليهم في عصر القضاة، لذا سمح الله لهم بالمذلة على أيدي الفلسطينيين. طلب الشعب إقامة ملك لهم مثل سائر الأمم. حسب صموئيل النبي ذلك رفضا لمُلك الله وله، لكن بأمر إلهي مسح لهم شاول ملكًا الذي اتسم بالعصيان فرفضه الله. مُسح داود ملكًا في الخفاء وبقى شاول يطارده لقتله مهما كلفه الثمن ، فكان الحل بنقل النموذج الملكي الوراثي، ليستقر هذا النموذج لبقية عصر اليهود ، ولم يتمكن الفكر اليهودى من تطوير مفهوم للسلطة فبقي يترنح بين السلطة "المقدسة" أو السلطة التي تعبر عن تقاليد دينية و السلطة " الملكية " ، وهو ما يتضح في كل النماذج الفكرية التي وقفنا عليها وأشرنا لها في هامش هذه الدراسة. غير أن الممارسة للسلطة، تشير إلى أن السلطة السياسية هي امتداد لمفهوم السلطة الأبوية، وفكرة الراعي، أو أنها ترى في البشر قصورا لا يؤهلهم لصياغة عقد اجتماعي خاص بهم. إن ابرز سمات المجتمع اليهودى فى عصر المسيح هو "تآكل مكانة السلطة" بكل أشكالها، فالسلطة بالنسبة لهم أصبحت شيء مكروة لأنها تمثل "مجموعة قواعد لتحديد السلوك الفعلي أو اللفظي ضمن ظرف اجتماعي يكره الأفراد أو يقنعهم بشكل أو آخر على الالتزام بها"، ويبدو أن درجة الالتزام باللغة العبرية لم تعد بتلك الأهمية لا

سيما في الخطاب السياسي نظرا لأن السيد المسيح تحدث الآرامية و لم يعانى أحد المستمعين من عدم الفهم بسبب اللغة قد لا يفهم بسبب الأسقاط السياسى فى الأمثال التى علم بها السيد المسيح (انظر مثل الكرامين و الصراع على لمن تؤدى الجزية إلخ)، ومهابة المعلم والأب وشيخ القبيلة و الكاهن ليست على القدر نفسه، وهو ما يجعل السلطة السياسية للكهنة و السنهدرين في غير منأى عن ذلك كله (نطاق المحاكم اليهودية و تطبيقهم للناموس الموسوى فيما لا يتعارض مع قوانين الرومان أو مدى صلاحياتهم، هجوم الحزب الغيورى المعارض على الصدقيون و الفريسيون و العشاريين الموالين للرومان . إلخ)، فديكتاتور السلطة السياسية ليس إلا نتاج شبكة ديكتاتوريات صغيرة في النسيج الاجتماعي فلكل منها نظام معرفي يسندها فقد أعتمد الرومان فى تثبيت سلطتهم على تعاون النخبة السياسية اليهودية معهم ، فإن نال الغيورين و المعارضين للرومان من هذا النسيج تراخت قدرة الديكتاتور.

أما السلطة الحقيقية فى نظر السيد المسيح هى سلطة لله على البشرو البشر يخافون أكثر من سلطة المجتمع، وهو ما يجعل الخطاب السياسي للمسيح بين فكين هما السلطة السياسية المجتمعية والسلطة الدينية ، فهو أقرب للنص الديني القابل للتأويل .

* حول التاريخ : لعل حضور التاريخ في الخطاب بشكل جليّ بدا لنا أن أغلب المناقشات تناولت الناموس الموسوى و الاحداث التاريخية التى مر بها شعب بنى اسرائيل فهى فى أطار المقارنات الشريعة أم القومية (يهود – سامريين) أم الوطن (اورشليم – الجليل) أم الطوائف الدينية (فريسيون – صدقيون) أم الطبقة (ارستقراطية يهودية – محتلين رومان)أم اللغة (عبرية – ارامية – يونانية) أم الحزب (غيورين – هيرودسين) وهو ما نجده في توظيفات هذه المفاهيم إلا أنها تقدم في هذه الخطابات على أنها ثوابت من الناموس الموسوى لا تحتاج لشرح لكن خطاب السيد المسيح كان خارجا عن المألوف فى تعاملة مع هذة الثوابت مما جذب له شريحة كبيرة من المجتمع اليهودى و اختلاف التيارات الفكرية التى كان ينتمى لها التلاميذ كان لة أثر كبير فى مناقشات مع السيد المسيح انتجت خطاب سياسى جديد للجموع فلم يكن استمرار لمنظور يقوم على "ثوابت مقدسة" فمنها ما تقبلها المسيح أو قدم "ثوابت جديدة مقابلة لها أومفسرة تفسير سليم لها ".

<u>ثانيًا: الإيمان الديني و المنظومة القيمية فى المجتمع اليهودى :</u>

الديانة تعمل كعنصر لانضمام الفرد في مجموعة اجتماعية معينة، وفي نفس الوقت هو عامل مؤثر على الروابط الاجتماعية، خاصة تأثير الديانة على التربية حتى أنه يتطابق مع التربية في أغلب الأحوال.

المنظومة القيمية في المجتمع اليهودى : وهي تعبير عن مثاليات المجتمع اليهودى التي تشكل مرجعية الحكم اذا كان السلوك سياسيا كان أم غير ذلك، ولعل الفارق بين مجتمع وآخر ليس في توافر منظومة قيمية، بل في تدرج القيم للمجتمع، فبعض المجتمعات تجعل من حرية الفرد قيمتها العليا، وتخضع بقية القيم (المساواة، العدالة.. إلخ) للقيمة العليا، بينما هناك من يجعل العدالة هي القيمة العليا (كأغلب الحضارات الدينية) ليخضع لها بقية القيم.. وهكذا.

مواضيع المسيح الحوارية من الإيمان الديني:

* مواضيع حول الصيام **(حينئذ اتى اليه تلاميذ يوحنا قائلين لماذا نصوم نحن و الفريسيون كثيرا و اما تلاميذك فلا يصومون فقال لهم يسوع هل يستطيع بنو العرس ان ينوحوا ما دام العريس معهم و لكن ستاتي ايام حين يرفع العريس عنهم فحينئذ يصومون. ليس احد يجعل**

رقعة من قطعة جديدة على ثوب عتيق لان الملء ياخذ من الثوب فيصير الخرق اردا. و لا يجعلون خمرا جديدة في زقاق عتيقة لئلا تنشق الزقاق فالخمر تنصب و الزقاق تتلف بل يجعلون خمرا جديدة في زقاق جديدة فتحفظ جميعا.)(مت٩: ١٤-١٧)

* مواضيع راحة السبت **(في ذلك الوقت ذهب يسوع في السبت بين الزروع فجاع تلاميذه و ابتداوا يقطفون سنابل و ياكلون. فالفريسون لما نظروا قالوا له هوذا تلاميذك يفعلون ما لا يحل فعله في السبت. فقال لهم اما قراتم ما فعله داود حين جاع هو و الذين معه. كيف دخل بيت الله و اكل خبز التقدمة الذي لم يحل اكله له و لا للذين معه بل للكهنة فقط. او ما قراتم في التوراة ان الكهنة في السبت في الهيكل يدنسون السبت و هم ابرياء. و لكن اقول لكم ان ههنا اعظم من الهيكل. فلو علمتم ما هو اني اريد رحمة لا ذبيحة لما حكمتم على الابرياء. فان ابن الانسان هو رب السبت ايضا. ثم انصرف من هناك و جاء الى مجمعهم.) (مت ١٢: ١-١٤)**

* مواضيع التقليد الديني **(لماذا يتعدى تلاميذك تقليد الشيوخ فانهم لا يغسلون ايديهم حينما ياكلون خبزا. فاجاب و قال لهم و انتم ايضا لماذا تتعدون وصية الله بسبب تقليدكم. (مت ١٥: ١-٢٠)**

* مواضيع الحياة الأبدية **(ليس احد يجعل رقعة من قطعة جديدة على ثوب عتيق لان الملء ياخذ من الثوب فيصير الخرق اردا.)(مت ٩:١٦)**

* مواضيع القيامة **(في ذلك اليوم جاء اليه صدوقيون الذين يقولون ليس قيامة فسالوه. قائلين يا معلم قال موسى ان مات احد و ليس له اولاد يتزوج اخوه بامراته و يقيم نسلا لاخيه. فكان عندنا سبعة اخوة و تزوج الاول و مات و اذ لم يكن له نسل ترك امراته لاخيه. و كذلك الثاني و الثالث الى السبعة. و اخر الكل ماتت المراة ايضا. ففي القيامة لمن من السبعة تكون زوجة فانها كانت للجميع. فاجاب يسوع و قال لهم تضلون اذ لا تعرفون الكتب و لا قوة الله. لانهم في القيامة لا يزوجون و لا يتزوجون بل يكونون كملائكة الله في السماء. و اما من جهة قيامة الاموات افما قراتم ما قيل لكم من قبل الله القائل. انا اله ابراهيم و اله اسحق و اله يعقوب ليس الله اله اموات بل اله احياء. فلما سمع الجموع بهتوا من تعليمه.)(مت ٢٢: ٢٣-٣٣)**

* مواضيع عبادة الله : **(قالت له المراة يا سيد ارى انك نبي. اباؤنا سجدوا في هذا الجبل و انتم تقولون ان في اورشليم الموضع الذي ينبغي ان يسجد فيه. قال لها يسوع يا امراة صدقيني انه تاتي ساعة لا في هذا الجبل و لا في اورشليم تسجدون للاب. انتم تسجدون لما لستم تعلمون اما نحن فنسجد لما نعلم لان الخلاص هو من اليهود. و لكن تاتي ساعة و هي الان حين الساجدون الحقيقيون يسجدون للاب بالروح و الحق لان الاب طالب مثل هؤلاء الساجدين له. الله روح و الذين يسجدون له فبالروح و الحق ينبغي ان يسجدوا. (يو٤: ١-٢٥)**

* تغليب فكرة "السلام على الصراع" بين الاحزاب المتطاحنة فتحقيق السلام فى المجتمع اليهودى ينتج عنة السلام العالمى مع الرومان:

أن السمة العامة في الفكر اليهودى هي اعتبار الصراع أداة تطور ضروري لبقاء هذا الشعب متماسك ، بينما يبدو الخطاب السياسي للسيد المسيح قائما على نظرة أن اصلاح الفرد هو المدخل للتطور .ومن بين المفاهيم التي تظهر وتختفي في الخطاب السياسى المسيحى عموما

هو مفهوم "التسامح"، فهو يبدو في مظهره الخارجي تعبيرا عن نزعة دينية تقوم على المغفرة للآخرين أو التغاضى عن هفواتهم، لكنه يستر بعدا أخر عند نقله للفضاء السياسي، إذ إنه يتضمن التقرير المسبق بأن الأخر غير ذي حق في قوله أو فعله ولكنني سأتجاوز له عن خطأ ربما بحسن معاملتى له يدرك خطأة بأختصار (الجواب اللين يصرف الغضب)، إنه حكم مسبق يفترض تنازلا عن حق رد العدوان .

ثالثًا: مشاكل شخصية

اللجوء إلى المشاكل الشخصية في التربية الحوارية لأجل تسهيل المواضيع هو أمر معتاد. الإستفزازات المباشرة للمشاكل الشخصية يضمن مشاركة حماسية للتلاميذ وتساهم في الرضى الفعال للأهداف التعليمية.

مواضيع المسيح الحوارية على أساس المشاكل الشخصي :

* العلاقات الشخصية و الخلافات ـ مثلا عن الغفران **(حينئذ تقدم اليه بطرس و قال يا رب كم مرة يخطئ الي اخي و انا اغفر له هل الى سبع مرات. قال له يسوع لا اقول لك الى سبع مرات بل الى سبعين مرة سبع مرات. لذلك يشبه ملكوت السماوات انسانا ملكا اراد ان يحاسب عبيده. فلما ابتدا في المحاسبة قدم اليه واحد مديون بعشرة الاف وزنة. و اذ لم يكن له ما يوفي امر سيده ان يباع هو و امراته و اولاده و كل ما له و يوفي الدين. فخر العبد و سجد له قائلا يا سيد تمهل علي فاوفيك الجميع. فتحنن سيد ذلك العبد و اطلقه و ترك له الدين. و لما خرج ذلك العبد وجد واحدا من العبيد رفقائه كان مديونا له بمئة دينار فامسكه و اخذ بعنقه قائلا اوفني ما لي عليك. فخر العبد رفيقه على قدميه و طلب اليه قائلا تمهل علي فاوفيك الجميع. فلم يرد بل مضى و القاه في سجن حتى يوفي الدين. فلما راى العبيد رفقاؤه ما كان حزنوا جدا و اتوا و قصوا على سيدهم كل ما جرى. فدعاه حينئذ سيده و قال له ايها العبد الشرير كل ذلك الدين تركته لك لانك طلبت الي. افما كان ينبغي انك انت ايضا ترحم العبد رفيقك كما رحمتك انا. و غضب سيده و سلمه الى المعذبين حتى يوفي كل ما كان له عليه. فهكذا ابي السماوي يفعل بكم ان لم تتركوا من قلوبكم كل واحد لاخيه زلاته.) (مت١٨: ٢١-٣٥)**

* أزمة العلاقات الزوجية ـ عن الزواج والطلاق **(و جاء اليه الفريسيون ليجربوه قائلين له هل يحل للرجل ان يطلق امراته لكل سبب. فاجاب و قال لهم اما قراتم ان الذي خلق من البدء خلقهما ذكرا و انثى. و قال من اجل هذا يترك الرجل اباه و امه و يلتصق بامراته و يكون الاثنان جسدا واحدا. اذا ليسا بعد اثنين بل جسد واحد فالذي جمعه الله لا يفرقه انسان. قالوا له فلماذا اوصى موسى ان يعطى كتاب طلاق فتطلق. قال لهم ان موسى من اجل قساوة قلوبكم اذن لكم ان تطلقوا نساءكم و لكن من البدء لم يكن هكذا. و اقول لكم ان من طلق امراته الا بسبب الزنى و تزوج باخرى يزني و الذي يتزوج بمطلقة يزني. قال له تلاميذه ان كان هكذا امر الرجل مع المراة فلا يوافق ان يتزوج. فقال لهم ليس الجميع يقبلون هذا الكلام بل الذين اعطي لهم. لانه يوجد خصيان ولدوا هكذا من بطون امهاتهم و يوجد خصيان خصاهم الناس و يوجد خصيان خصوا انفسهم لاجل ملكوت السماوات من استطاع ان يقبل فليقبل.) (مت ١٩: ٣-١٢)**

* معيار التفوق الأخلاقي في ملكوت الله ـ عن التواضع والبراءة **(في تلك الساعة تقدم التلاميذ الى يسوع قائلين فمن هو اعظم في ملكوت السماوات. فدعا يسوع اليه ولدا و**

اقامه في وسطهم. و قال الحق اقول لكم ان لم ترجعوا و تصيروا مثل الاولاد فلن تدخلوا ملكوت السماوات. فمن وضع نفسه مثل هذا الولد فهو الاعظم في ملكوت السماوات. و من قبل ولدا واحدا مثل هذا باسمي فقد قبلني. و من اعثر احد هؤلاء الصغار المؤمنين بي فخير له ان يعلق في عنقه حجر الرحى و يغرق في لجة البحر. ويل للعالم من العثرات فلا بد ان تاتي العثرات و لكن ويل لذلك الانسان الذي به تاتي العثرة. فان اعثرتك يدك او رجلك فاقطعها و القها عنك خير لك ان تدخل الحياة اعرج او اقطع من ان تلقى في النار الابدية و لك يدان او رجلان. و ان اعثرتك عينك فاقلعها و القها عنك خير لك ان تدخل الحياة اعور من ان تلقى في جهنم النار و لك عينان. انظروا لا تحتقروا احد هؤلاء الصغار لاني اقول لكم ان ملائكتهم في السماوات كل حين ينظرون وجه ابي الذي في السماوات. لان ابن الانسان قد جاء لكي يخلص ما قد هلك. ماذا تظنون ان كان لانسان مئة خروف و ضل واحد منها افلا يترك التسعة و التسعين على الجبال و يذهب يطلب الضال. و ان اتفق ان يجده فالحق اقول لكم انه يفرح به اكثر من التسعة و التسعين التي لم تضل. هكذا ليست مشيئة امام ابيكم الذي في السماوات ان يهلك احد هؤلاء الصغار. و ان اخطا اليك اخوك فاذهب و عاتبه بينك و بينه وحدكما ان سمع منك فقد ربحت اخاك. و ان لم يسمع فخذ معك ايضا واحدا او اثنين لكي تقوم كل كلمة على فم شاهدين او ثلاثة. و ان لم يسمع منهم فقل للكنيسة و ان لم يسمع من الكنيسة فليكن عندك كالوثني و العشار. الحق اقول لكم كل ما تربطونه على الارض يكون مربوطا في السماء و كل ما تحلونه على الارض يكون محلولا في السماء. و اقول لكم ايضا ان اتفق اثنان منكم على الارض في اي شيء يطلبانه فانه يكون لهما من قبل ابي الذي في السماوات. لانه حيثما اجتمع اثنان او ثلاثة باسمي فهناك اكون في وسطهم.)مت١٨ : ١-٢٠(

* مناقشات وجودية ـ عن خبز الحياة (أباؤنا اكلوا المن في البرية كما هو مكتوب انه اعطاهم خبزا من السماء لياكلوا. فقال لهم يسوع الحق الحق اقول لكم ليس موسى اعطاكم الخبز من السماء بل ابي يعطيكم الخبز الحقيقي من السماء. لان خبز الله هو النازل من السماء الواهب حياة للعالم. فقالوا له يا سيد اعطنا في كل حين هذا الخبز. فقال لهم يسوع انا هو خبز الحياة من يقبل الي فلا يجوع و من يؤمن بي فلا يعطش ابدا.) (يو٦: ٢٢-٥٩)

* حرية التعبير عن الرأي (و لما جاء يسوع الى نواحي قيصرية فيلبس سال تلاميذه قائلا من يقول الناس اني انا ابن الانسان. فقالوا قوم يوحنا المعمدان و اخرون ايليا و اخرون ارميا او واحد من الانبياء. فقال لهم و انتم من تقولون اني انا. فاجاب سمعان بطرس و قال انت هو المسيح ابن الله الحي. فاجاب يسوع و قال له طوبى لك يا سمعان بن يونا ان لحما و دما لم يعلن لك لكن ابي الذي في السماوات.) مت ١٦:١٥) ، (فاجابه الجمع نحن سمعنا من الناموس ان المسيح يبقى الى الابد فكيف تقول انت انه ينبغي ان يرتفع ابن الانسان من هو هذا ابن الانسان.(يو ١٢:٣٤)

* الاعتراف بحق التلاميذ فى الحوار (و اذا واحد تقدم و قال له ايها المعلم الصالح اي صلاح اعمل لتكون لي الحياة الابدية. فقال له لماذا تدعوني صالحا ليس احد صالحا الا واحد و هو الله و لكن ان اردت ان تدخل الحياة فاحفظ الوصايا. قال له اية الوصايا فقال يسوع لا تقتل لا تزن لا تسرق لا تشهد بالزور. اكرم اباك و امك و احب قريبك كنفسك. قال

له الشاب هذه كلها حفظتها منذ حداثتي فماذا يعوزني بعد. قال له يسوع ان اردت ان تكون كاملا فاذهب و بع املاكك و اعط الفقراء فيكون لك كنز في السماء و تعال اتبعني. فلما سمع الشاب الكلمة مضى حزينا لانه كان ذا اموال كثيرة. فقال يسوع لتلاميذه الحق اقول لكم انه يعسر ان يدخل غني الى ملكوت السماوات. و اقول لكم ايضا ان مرور جمل من ثقب ابرة ايسر من ان يدخل غني الى ملكوت الله. فلما سمع تلاميذه بهتوا جدا قائلين اذا من يستطيع ان يخلص. فنظر اليهم يسوع و قال لهم هذا عند الناس غير مستطاع و لكن عند الله كل شيء مستطاع. فاجاب بطرس حينئذ و قال له ها نحن قد تركنا كل شيء و تبعناك فماذا يكون لنا. فقال له يسوع الحق اقول لكم انكم انتم الذين تبعتموني في التجديد متى جلس ابن الانسان على كرسي مجده تجلسون انتم ايضا على اثني عشر كرسيا تدينون اسباط اسرائيل الاثني عشر. و كل من ترك بيوتا او اخوة او اخوات او ابا او اما او امراة او اولادا او حقولا من اجل اسمي ياخذ مئة ضعف و يرث الحياة الابدية. و لكن كثيرون اولون يكونون اخرين و اخرون اولين.) (مت ١٩: ١٦-٣٠)

* اعتراض المسيح على اللطمة التي نالها في إطار الحوار**(فسال رئيس الكهنة يسوع عن تلاميذه و عن تعليمه. اجابه يسوع انا كلمت العالم علانية انا علمت كل حين في المجمع و في الهيكل حيث يجتمع اليهود دائما و في الخفاء لم اتكلم بشيء. لماذا تسالني انا اسال الذين قد سمعوا ماذا كلمتهم هوذا هؤلاء يعرفون ماذا قلت انا.لما قال هذا لطم يسوع واحد من الخدام كان واقفا قائلا اهكذا تجاوب رئيس الكهنة. اجابه يسوع ان كنت قد تكلمت رديا فاشهد على الردي و ان حسنا فلماذا تضربني. و كان حنان قد ارسله موثقا الى قيافا رئيس الكهنة.) (يو ١٨: ١٩-٢٣)**

* الصمت – مغادرة الشاب الغني من الحوار مع المسيح **(اكرم اباك و امك و احب قريبك كنفسك. قال له الشاب هذه كلها حفظتها منذ حداثتي فماذا يعوزني بعد. قال له يسوع ان اردت ان تكون كاملا فاذهب و بع املاكك و اعط الفقراء فيكون لك كنز في السماء و تعال اتبعني. فلما سمع الشاب الكلمة مضى حزينا لانه كان ذا اموال كثيرة.)(مت ١٩:٢٢)**

* صمت المسيح أثناء حديثه مع بيلاطس على السؤال الأخير **(فدخل ايضا الى دار الولاية و قال ليسوع من اين انت و اما يسوع فلم يعطه جوابا. فقال له بيلاطس اما تكلمني الست تعلم ان لي سلطانا ان اصلبك و سلطانا ان اطلقك.)(يو١٩: ٩-١٠)**

* الحوار النقدي : هذا المستوى من الحوارات يظهر في إنجيل مرقس بطريقة مؤثرة في (مر٢: ١-٣٦)، ١١: ٢٧-٣٣، ١٢: ١٣-٣٤) و (مر٣: ٢٢-٣٠، ٧: ١-٢٣). أن المسيح يصدّ بحسم خصومه، رؤساء اليهود والكتبة والشيوخ ، أعضاء مجمع أورشليم (مر١١: ٢٧-٣٣، ١٢: ١-١٢)، الفريسيين والهيروديسين (مر١٢: ١٣-١٧)، الصدوقيين (مر١٢: ١٨-٢٧)، والكتبة (مر ١٢: ٢٨-٣٤). هذا الشواهد تقدم صورة للمسيح مختلفة تمامًا عن تلك الصورة التي نتجت عن حوارات شبيهة . المسيح يُعلن كمجادل ماهر متجاوب تمامًا على تطلعات الموضوع المثار أو على مستوى تفكير سائليه . لقد تحرك المسيح بسهولة على نفس مستوى خصومه الذين كانوا ينتمون إلى طبقة المفكرين.

الصورة العامة التي شُكلت من خلال الحوارات النقدية هي صورة معلم كفء شجاع يفسر مستندًا على مبررات نقدية التقليد مستخدمًا نفس التوراة التى يعتمد عليها محاورية. لكن رفض يسوع قبول أفكار المتحاورين معه الذين يريدون أن يجذبوا المسيح إلى معتقداتهم في

المواضيع التي يتناقشون فيها معه. أيضًا ترى المسيح في هذه الحوارات يورط محدثيه بطريقة شخصية عكس ما كانوا يتوقعون إذ تطلعهم أن يورطوه على المستوى الشخصي ، على سبيل المثال في(مر١٠: ١٧-٢١).**(وفيما هو خارج إلى الطريق ركض واحد وجثا له وسأله أيها المعلم الصالح ماذا أعمل لأرث الحياة الأبدية. فقال له يسوع لماذا تدعوني صالحًا. ليس أحد صالحًا إلا واحد وهو الله. أنت تعرف الوصايا. لا تزن . لا تقتل. لا تسرق. لا تشهد بالزور. لا تسلب أكرم أباك وأمك. فأجاب وقال له يا معلم هذه كلها حفظتها منذ حداثتي. فنظر إليه يسوع وأحبه وقال له يعوزك شيء واحد . أذهب بع كل مالك وأعط للفقراء فيكون لك كنز في السماء وتعال اتبعني حاملاً الصليب)** أيضًا أنظر (مر١٠:٣٥، ١١: ١٢-٢٥) أيضًا مثال آخر في إنجيل لوقا (١٣: ١-٣) **(وكان حاضرًا في ذلك الوقت قوم يخبرونه عن الجليليين الذين خلط بيلاطس دمهم بذبائحهم . فأجاب يسوع وقال لهم أتظنون أن هؤلاء الجليليين كانوا خطاة أكثر من كل الجليليين لأنهم كابدوا مثل هذا . كلا أقول لكم . بل إن لم تتوبوا فجميعكم كذلك تهلكون) لو١٣: ١-٣.** (أيضًا أنظر لو١٧:٢٠-٢١)أيضًا ملمح آخر في هذا الحوارات هو مقدرة يسوع المعلم أن يعطي قيمة لحدث أو دافع مهمش لكي يُخرِج مثال جريء (إصحاح ١١ في انجيل متى) ، من خلال سؤال يمكن أن يقود مستمعيه إلى حيرة شديدة. الملمح الأخير والهام هي أن في حوارات المسيح التعليمية نجد هدف العمل التربوي المحدد الذي يريد أن يقدمه المسيح لمحاوريه على سبيل المثال :

١- في حواره مع التلاميذ: **(من يقول الناس إني أنا إبن الإنسان) (مت١٦:١٣)** (أيضًا أنظر مت ١٧: ١٤، ١٧: ٢٠)

٢- مع المقعد قال له في **(فلا تخطيء أيضًا لئلا يكون لك أشر)(يو٥:١٤)**

٣- مع المولود أعمى في (أنا هو نور العالم) (يو ٩: ١)

٤- مع السامرية في **(الله روح والذين يسجدون له فبالروح والحق ينبغي أن يسجدوا)(يو٤:٢٤)**

٥- مع نيقوديموس في **(إن كان أحد لا يُولد من فوق لا يقدر أن يرى ملكوت الله) (يو ٣:٣)**

٦- مع الكتبة والفريسيين في **(من منكم بلا خطية فليرمها بحجر)(يو٨:٧)**

مميزات النموذج الحواري في تعليم المسيح

- التعليم يُبنى على خبرة التلميذ ويهدف إلى اكتشاف الحق ، على سبيل المثال في ، **(فمن شجرة التين تعلموا المثل . متى صار غصنها رخصًا وأخرجت أوراقها تعلمون أن الصيف قريب. هكذا أنتم أيضًا متى رأيتم هذا كله فأعلموا أنه قريب على الأبواب).(مت ٢٤: ٣٢-٣٣)**

- المعلم يصير معاونًا ويشترك في التفسير والبحث، على سبيل المثال في(لو ٢٤: ٣١-٣٣) **(فانفتحت أعينهما وعرفاه ثم اختفى عنهما. فقال بعضهما لبعض ألم يكن قلبنا ملتهبًا فينا إذ كان يكلمنا في الطريق ويوضح لنا الكتب . فقام في تلك الساعة ورجعا إلى أورشليم ووجدا الأحد عشر مجتمعين هم والذين معهم)**

- التلميذ يتعلم منطلقًا من مقدراته الخاصة ويشعر أنه راضي عن نفسه، عندما ينقاد بمساعدة المعلم لكي يكتشف الحق (الحقيقة).

- استخدام مفاهيم وكلمات معروفة في الوسط المحيط : قال للتلاميذ الصيادين **" أجعلكم صيادي الناس"**

- الحوار واضح ومحدد: (ثم قال يسوع أسألكم شيئًا. هل يحل في السبت فعل الخير أو فعل الشر. تخليص نفس أو إهلاكها)(لو٦:٩).

- الإجابة تُعطى من يسوع المعلم عندما ينقاد التلاميذ إلى اللا مخرج (المأزق) ، غير ذلك يُعطى بواسطتهم هم أنفسهم : **(ولما كان وحده سأله الذين حوله مع الأثني عشر عن المثل فقال لهم قد أُعطى لكم أن تعرفوا سر ملكوت الله. وأما الذين هم من خارج فبالأمثال يكون لهم كل شيء)(مر٤:١٠)**

- الحوار يؤّمن مناخ لنمو العلاقات الشخصية : **(يا سيد أرى أنك نبي)(يو٤:١٩.)**

- الحوار يساهم في خصوبة السائل ونضج الإبن الروحي :(الآن نعلم أنك عالم بكل شيء ولست تحتاج أن يسألك احد ، لهذا نؤمن انك من الله خرجت)

التبشير و الكرازة و الحملة الأنتخابية سياسيا :

التبشير بالمسيحية يتشابة مع اعداد الحملة السياسية فالكلمة تبشير كفعل لها علاقة وطيدة بالإنجيل فهي إذا ليست دخيلة ولا غريبة عن الفكر المسيحي والإنجيل في أصله معناه الخبر المفرح أو الطيب فهو بشارة. كان المسيح له المجد يجول مبشرا ومعلما في الهيكل وخارجه وكثيرا ما كان يعظ الجموع من البحر أو على الجبل أو داخل بيت. بشّر الجموع والأفراد. نساء ورجال، وحتى الأطفال لم يمنعهم من سماع تعاليمه. المقصود نشر الايمان المسيحى بين مجموعة من البشر. فهو عمل رعوي موجه إلى الذين لا يعرفون رسالة المسيح. طبقًا لوصايا العهد الجديد فإن المسيح قد أوصى تلاميذه ومن خلالهم جميع المسيحيين أن ينشروا الديانة إلى كافة أصقاع الأرض، وهي كانت من كلمات المسيح الأخيرة ". الكنيسة تعتبر التبشير "حق إلهي" وتصرّح: "من واجبها ومن حقها البديهي أن تبشر العالم أجمع بالإنجيل، باستقلالية تامة عن أي سلطة ونفوذ بشري، مهما كان، وأن تستخدم لذلك الأسلوب المناسب لكل مجتمع أيًا كان فإن الدعوة المسيحية لا تتم إلا بناءً على دعوة إلهية مسبقة: (أما الذين قبلوه، أي الذين آمنوا باسمه، فقد منحهم الحق في أن يصيروا أولاد الله. وهم الذين ولدوا لا من دم، ولا من رغبة جسد، ولا من رغبة بشر، بل من الله)

والمبشر' : تطلق على الشخص الذي يذيع تلك البشارة في الناس أي حامل الخبر المفرح. وتطلق هذه الكلمة في العهد الجديد، على كل من يعظ ببشارة الخلاص، متنقلا من مكان إلى آخر. لا يستقر في مكان مخصوص، إنما همه الوحيد هو التجوال، يعظ بالإنجيل ويؤسس الكنائس باسم المسيح (أع ٢١: ٨ وأف٤: ١١ وتي ٤: ٥). كان المبشرون مساعدين للرسل في أشغالهم وكانوا رفقائهم في أسفارهم فكان الرسول بولس يأخذهم معه حيث كان يذهب ليزور الكنائس (أع ٢٠: ٤-٥) ويرسلهم حاملين أخبارا مختلفة بخصوص بشرى الخلاص ليعلنوها للإخوة البعيدين عنه (في ٢: ١٩-٢٣) حتى أنه كان يسلمهم مهاما مهمة ليتمموها مدة غيابه (اتي ١: ٣ و ٣: ١٤ و ١٥ و ٤: ١٣)

أساس التبشير في المسيحية:

١- المسيح بشر الناس وعلمهم عن ملكوت السموات ونحن نقتدي به في حياتنا.

٢- المسيح دعانا لنكون مبشرين حسب مأموريته العظمى .

٣- الرسل نفذوا المأمورية وعلموا الآخرين أن يقوموا بها إذ نجدهم اختاروا أشخاصا لمهمة التبشير.

٤- الإيمان المسيحي هو للكون برمته ولا ينحصر في بلد ما. فمن خلال خدمة الأفراد الذين يقومون بعمل التبشير، يصل خبر الإنجيل إلى كل المعمورة. والإنسان حر في أن يقبل الرسالة ويؤمن بها أو لا يقبلها. فالتبشير لا يعني إجبار الناس، أو شراءهم كما يدّعي البعض، ويتهم المبشرين بأنهم مغرضين، ومخادعين.

٥- التبشير هو نابع من الإيمان ينتقل من المؤمن إلى غير المؤمن وذلك بدافع من طبيعة الإيمان ليبشر ويعلم، وينشر الخبر المفرح للناس قاطبة، وعماده الأوحد هي بشارة الإنجيل.

٦- كيف يقدم الإنجيل اليوم: هناك وسائل عديدة نوصل بها الإنجيل للناس كافة. ومن هذه الوسائل، الكلمة المكتوبة والمسموعة والمرئية، وبواسطة أعمال الرحمة، وعمل الرحمة لا يلزم أن يُستخدم كوسيلة للضّغط على الناس لقبول هذه الرسالة، فعندما يقوم المبشر ببعض

الخدمات الإنسانية، لا ينبغي عليه أن يستغل ضعف الناس ويفرض عليهم الإيمان بالمسيح. بل هو بهذه الخدمات يشير إلى المسيح الذي كان يجول بين الناس يشفي مرضاهم ويحرر المربوطين بالأرواح. ولم يشترط على الناس الإيمان به كشرط للشفاء كذلك هو المبشر. عمل التبشير هو عمل الرب العامل بواسطة خدّامه المبشرين بالإنجيل وبهذا يكون البناء سليما، ومبني على أسس متينة. التبشير لا يعني شراء أرواح الناس، وضمهم إلى أمة معينة، أو تخلّيهم عن حضارتهم وثقافتهم، بل إنه تقديم رسالة الله للناس بغض النظر عن لغتهم وثقافتهم وخلفيتهم، وانتماءاتهم. التبشير معناه تقديم رسالة مفرحة من الله للناس، قبولها أو تركها مرهون بالشخص نفسه. ولا إكراه في الدين.

الكرازة هي المناداة علنًا بالإنجيل للعالم غير المسيحي، فهي ليست المواعظ الدينية لجماعة مغلقة من المبتدئين، لكنها التبشير العلني بعمل الله الفدائي بالمسيح يسوع.

فهناك فرق بين الكرازة والتعليم.. الأساس بينهما واحد، ولكن الكرازة تكون في الأغلب لغير المؤمنين.

فالكرازة والتبشير والوعظ كلها مسميات ترمي إلى غرض واحد هو توصيل الإيمان بالمسيح إلى الناس، أما التعليم فهو شرح حقائق هذا الإيمان لهم. وقد أمرنا السيد المسيح قائلًا: **(تَكُونُونَ لِي شُهُودًا فِي أُورُشَلِيمَ وَفِي كُلِّ الْيَهُودِيَّةِ وَالسَّامِرَةِ وَإِلَى أَقْصَى الأَرْضِ) (سفر أعمال الرسل ١: ٨)**

أوجة التشابة بالحملات التبشيرية و الحملة الانتخابية :

الحملة الأنتخابية : هي المرحلة التي تسبق التصويت وخلالها يتم الترويج للمرشح والبيان الانتخابي لحشد أكبر عدد من الأصوات ،تصدر الدول عادة تعليمات تضبط عملية الترويج للمرشحين للتكافئ الفرص بين المرشحين فالعملية الانتخابات ليست عملية سياسية فحسب، لكنها عملية اجتماعية وثقافية ونفسية على أعلى مستوى.

أن خوض الانتخابات كمرشح او كناخب يساعد في تغيير المجتمع فدخول عملية الانتخابات هو اجراء من شأنه ان يعمل على احداث تغيير من الطبيعي ان يتوقع أن يكون للافضل في المجتمع و النجاح يتوقف على عوامل ثلاث للعملية الانتخابية من منظور المرشح وليس الناخب .

وسنتناول تلك العناصر الثلاثه (المرشح ، الاستراتيجية ، التمويل)

أولا : المرشح: على من يرشح نفسه لخوض الانتخابات ان يكون ممن تنبطق عليه صفات عامة و صفات خاصة :

الصفات العامة :

١. التمسك بالمبادئ و ان يكون قدوة : تكشف لننا كيفية تعامل القائد مع ظروف الحياة الكثير من الأمور عن شخصيته . فقد يقول شخص إن لديه مبادئ ولكن الأفعال هي المقياس الحقيقي لما يقول. والقائد الروحي المتميز لا يظل بعيدا عن الخط الفاصل بين الصواب والخطأ بل يظل بعيدا عن المنطقة الرمادية على هذا الخط ولذلك نراه يرفض الحلول الوسطى إن كانت تتعارض مع مبادئه التي أعلنها. **(كُنْ قُدْوَةً لِلْمُؤْمِنِينَ فِي الْكَلاَمِ، فِي التَّصَرُّفِ، فِي الْمَحَبَّةِ، فِي الرُّوحِ، فِي الإِيمَانِ، فِي الطَّهَارَةِ) (رسالة بولس الرسول الأولى إلى تيموثاوس ٤: ١٢) (كُونُوا مُتَمَثِّلِينَ بِي مَعًا أَيُّهَا الإِخْوَةُ، وَلاَحِظُوا الَّذِينَ يَسِيرُونَ هكَذَا كَمَا نَحْنُ عِنْدَكُمْ قُدْوَةٌ) (رسالة بولس الرسول إلى أهل فيلبي ٣: ١٧)، (صِرْتُمْ قُدْوَةً لِجَمِيعِ**

الَّذِينَ يُؤْمِنُونَ) (رسالة بولس الرسول الأولى إلى أهل تسالونيكي ١: ٧) كان الرب يسوع يعمل أولا ثم يعلّم، وليس كالفريسيين الذي قال عنهم **(فَكُلُّ مَا قَالُوا لَكُمْ أَنْ تَحْفَظُوهُ فَاحْفَظُوهُ وَافْعَلُوهُ، وَلكِنْ حَسَبَ أَعْمَالِهِمْ لاَ تَعْمَلُوا، لأَنَّهُمْ يَقُولُونَ وَلاَ يَفْعَلُونَ.)** (متى ٢٣: ٣) أما هو فمكتوب عنه **(كَانَ يَسُوعُ يَطُوفُ كُلَّ الْجَلِيلِ يُعَلِّمُ فِي مَجَامِعِهِمْ، وَيَكْرِزُ بِبِشَارَةِ الْمَلَكُوتِ، وَيَشْفِي كُلَّ مَرَضٍ وَكُلَّ ضُعْفٍ فِي الشَّعْبِ)** (متى٤: ٢٣) فهو الذي نرفع أنظارنا إليه لنتمثل به كما يقول الوحي في العبرانيين **(نَاظِرِينَ إِلَى رَئِيسِ الإِيمَانِ وَمُكَمِّلِهِ يَسُوعَ، الَّذِي مِنْ أَجْلِ السُّرُورِ الْمَوْضُوعِ أَمَامَهُ، احْتَمَلَ الصَّلِيبَ مُسْتَهِينًا بِالْخِزْيِ، فَجَلَسَ فِي يَمِينِ عَرْشِ اللهِ). (عبرانيين ١٢: ٢)**، وبالتالي نتبع أثر خطواته لأنه ترك **(لَنَا مِثَالاً لِكَيْ تَتَّبِعُوا خُطُوَاتِهِ)** (١ بط٢: ٢١) وكما يصرّح الرسول بولس الرسول **(كُونُوا مُتَمَثِّلِينَ بِي كَمَا أَنَا أَيْضًا بِالْمَسِيحِ). (١كو ١١: ١)**

٢. الإهتمام بالآخرين: فالقادة الذين يفكرون في الآخرين يمكنهم جذب الكثيرين لاتباعهم **(وَصِيَّةً جَدِيدَةً أَنَا أُعْطِيكُمْ: أَنْ تُحِبُّوا بَعْضُكُمْ بَعْضًا. كَمَا أَحْبَبْتُكُمْ أَنَا تُحِبُّونَ أَنْتُمْ أَيْضًا بَعْضُكُمْ بَعْضًا) (يوحنا ١٣: ٣٤)** فيسوع هو **(الرَّاعِي الصَّالِحُ، وَالرَّاعِي الصَّالِحُ يَبْذِلُ نَفْسَهُ عَنِ الْخِرَافِ.) (يو١٠ : ١١)** وحتى يحقق القائد هذا الاهتمام عليه أن:

- يتعامل مع الآخرين بصورة فردية. يهتم بكل واحد من أتباعه وفقا لظروفه وحاجياته **(كَرَاعٍ يَرْعَى قَطِيعَهُ. بِذِرَاعِهِ يَجْمَعُ الْحُمْلاَنَ، وَفِي حِضْنِهِ يَحْمِلُهَا، وَيَقُودُ الْمُرْضِعَاتِ.) (إش٤٠: ١١).**

- يمنح اللآخرين الأمل ويشجعهم للأحسن. **(وَأَمَّا أَنَا فَقَدْ أَتَيْتُ لِتَكُونَ لَهُمْ حَيَاةٌ وَلِيَكُونَ لَهُمْ أَفْضَلُ.)(يو١٠: ١٠).**

- ينصت إليهم باهتمام ويتفاعل معهم. - يجاملهم ويشاركهم ظروفهم المختلفة. **(شَجِّعُوا صِغَارَ النُّفُوسِ. أَسْنِدُوا الضُّعَفَاءَ. تَأَنَّوْا عَلَى الْجَمِيعِ)** (رسالة بولس الرسول الأولى إلى أهل تسالونيكي ٥: ١٤)

- يقدم لهم يد المساعدة. **(تَعَالَوْا إِلَيَّ يَا جَمِيعَ الْمُتْعَبِينَ وَالثَّقِيلِي الأَحْمَالِ، وَأَنَا أُرِيحُكُمْ) (مت١١: ٢٨).**

- يتحاشى التهكم عليهم أو إدانتهم. **(لاَ تَدِينُوا لِكَيْ لاَ تُدَانُوا، لأَنَّكُمْ بِالدَّيْنُونَةِ الَّتِي بِهَا تَدِينُونَ تُدَانُونَ، وَبِالْكَيْلِ الَّذِي بِهِ تَكِيلُونَ يُكَالُ لَكُمْ. وَلِمَاذَا تَنْظُرُ الْقَذَى الَّذِي فِي عَيْنِ أَخِيكَ، وَأَمَّا الْخَشَبَةُ الَّتِي فِي عَيْنِكَ فَلاَ تَفْطَنُ لَهَا؟ أَمْ كَيْفَ تَقُولُ لأَخِيكَ: دَعْنِي أُخْرِجِ الْقَذَى مِنْ عَيْنِكَ، وَهَا الْخَشَبَةُ فِي عَيْنِكَ؟ يَامُرَائِي، أَخْرِجْ أَوَّلاً الْخَشَبَةَ مِنْ عَيْنِكَ، وَحِينَئِذٍ تُبْصِرُ جَيِّدًا أَنْ تُخْرِجَ الْقَذَى مِنْ عَيْنِ أَخِيكَ" (متى ٧: ١-٥) ، (لاَ تَدِينُوا فَلاَ تُدَانُوا. لاَ تَقْضُوا عَلَى أَحَدٍ فَلاَ يُقْضَى عَلَيْكُمْ) (لوقا ٦: ٣٧)**

٣. الإلتزام: إن المقياس الحقيقي للإلتزام هو الفعل وليس الكلام ، والقائد الملتزم هو لديه الاستعداد للتضحية براحته لتقديم الراحة للآخرين وهو الذي يتحدى الرغبة في إبداء الأعذار ولا يترك لنفسه أي فرصة للأنسحاب كما أنه يهتم بأدق تفاصيل العمل المكلف به. كما طلب بطرس الرسول **(أَطْلُبُ إِلَى الشُّيُوخِ الَّذِينَ بَيْنَكُمْ، أَنَا الشَّيْخَ رَفِيقَهُمْ، وَالشَّاهِدَ لآلاَمِ الْمَسِيحِ، وَشَرِيكَ الْمَجْدِ الْعَتِيدِ أَنْ يُعْلَنَ، ارْعَوْا رَعِيَّةَ اللهِ الَّتِي بَيْنَكُمْ نُظَّارًا، لاَ عَنِ اضْطِرَارٍ بَلْ بِالاخْتِيَارِ، وَلاَ لِرِبْحٍ قَبِيحٍ بَلْ بِنَشَاطٍ، وَلاَ كَمَنْ يَسُودُ عَلَى الأَنْصِبَةِ، بَلْ صَائِرِينَ أَمْثِلَةً**

لِلرَّعِيَّةِ. وَمَتَى ظَهَرَ رَئِيسُ الرُّعَاةِ تَنَالُونَ إِكْلِيلَ الْمَجْدِ الَّذِي لاَ يَبْلَى.) (١ بطرس ٥: ١ - ٤).

٤. الكفاءة: إن الكفاءة لا تأتي من قبيل الصدفة فهي ثمرة الإصرار الشديد والجهد الصادق والتوجيه الذكي والبراعة في التنفيذ . والقائد الكُفءْ: - لا يقنع بأقل من إمتياز. - على أهبة الاستعداد للعمل في كل الظروف. - يسعى دائما للتعلم والنمو والتحسن. - ينمو بلا توقف ويسعى بلا كلل. - موجود دائما في قلب الأحداث. - لا يقع في خطأ واحد مرتين **(يتعلم من أخطائه).(وَمَا سَمِعْتَهُ مِنِّي بِشُهُودٍ كَثِيرِينَ، أَوْدِعْهُ أُنَاسًا أُمَنَاءَ، يَكُونُونَ أَكْفَاءً أَنْ يُعَلِّمُوا آخَرِينَ أَيْضًا) (رسالة بولس الرسول الثانية إلى تيموثاوس ٢: ٢).**

٥. الشجاعة: وليست الشجاعة هي غياب الخوف لكن الشجاعة هي: - أن تفعل ما تخاف منه. - الدفاع عن المبدأ. - الصفة الوسط بين التخاذل والتهور. - لأن تفعل- بمعونة الرب- ما تعتقد أنك لا تستطيع فعله. **(تَشَجَّعُوا! أَنَا هُوَ. لاَ تَخَافُوا) (متى ١٤: ٢٧)**

٦. البصيرة: البصيرة هي القدرة على النظر لجذور الأشياء فإن كان القائد يستطيع رؤية جوهر المشكلة فإنه يكون قادر على حلها وهي ثمرة الخضوع لروح الله والتدريب على سماع صوته وطاعة كلمته. **(طُوبَى لِلأَنْقِيَاءِ الْقَلْبِ، لأَنَّهُمْ يُعَايِنُونَ اللهَ) (متى ٥: ٨)** ، **(لاَ تَحْكُمُوا حَسَبَ الظَّاهِرِ بَلِ احْكُمُوا حُكْمًا عَادِلًا) (يوحنا ٧: ٢٤)**

٧. التركيز و الحكمة : القائد الذي يمكنه ترتيب الأولويات ولديه تركيز ويشمل التركيز كلً من الوقت والطاقة والقائد المؤثر هو الذي يدرك أمكانياته ويركز على ما يجيد أكثر من التركيز على ما لا يحسن القيام به.**(هَا أَنَا أُرْسِلُكُمْ كَغَنَمٍ فِي وَسْطِ ذِئَابٍ، فَكُونُوا حُكَمَاءَ كَالْحَيَّاتِ وَبُسَطَاءَ كَالْحَمَامِ" (متى ١٠: ١٦)** ، **(مَنْ هُوَ حَكِيمٌ وَعَالِمٌ بَيْنَكُمْ، فَلْيُرِ أَعْمَالَهُ بِالتَّصَرُّفِ الْحَسَنِ فِي وَدَاعَةِ الْحِكْمَةِ) (رسالة يعقوب ٣: ١٣)** ، **(أَمَّا الْحِكْمَةُ الَّتِي مِنْ فَوْقُ فَهِيَ أَوَّلًا طَاهِرَةٌ، ثُمَّ مُسَالِمَةٌ، مُتَرَفِّقَةٌ، مُذْعِنَةٌ، مَمْلُوَّةٌ رَحْمَةً وَأَثْمَارًا صَالِحَةً، عَدِيمَةُ الرَّيْبِ وَالرِّيَاءِ) (رسالة يعقوب ٣: ١٧)**

٨. المبادرة: لكي يكون القائد مبادرا عليه أن يعلم جيدا ما يريد ويكون مستعدا للمخاطرة ويتوقع الكثير من الأخطاء والقائد المبادر لا ينتظر ساكنا في انتظار الفرصة بل هو الذي يخرج ليبحث عنها ويتخذ خطوات إيجابية نحو إستغلالها. كان السيد المسيح فى خدمته على الأرض مبادرا للبحث عن الخطاه لأرشادهم حيث يكسر الرب يسوع حاجز البغض الذي تعالى بين اليهود والسامريين. لذلك قال للمرأة السامرية **(لو عرفت عطية الله ومن الذي قال لك أعطيني لأشرب لطلبت أنت منه فأعطاك ماءً حياً).** أراد الرب يسوع من المرأة أن تركز نظرها عليه شخصياً علّها تكتشف فيه الجانب الإلهي وتنسى موضوع الاختلاف المذهبي. تتهكم المرأة عليه **قائلة (ألعلك أنت أعظم من أبينا يعقوب؟).** ما زالت تشدد على موضوع الخلاف المذهبي وتريد أن تؤكد أنها من صلب إسرائيل إذ هي من أبناء يعقوب أبي الآباء. يعاود الرب يسوع جذب انتباهها إلى شخصه قائلا إن مياه يعقوب لا تروي العطش نهائياً، في حين أن الماء الذي يعطيه من ذاته يتحول **إلى "ينبوع ماءٍ ينبع إلى حياة أبدية".** الماء الحي مرتبط بالروح القدس.ولأن يسوع يعرف حقيقة زنا هذة المراة. لذلك قال للمرأة ادعي رجلك عندما طلبت منه الماء. تعلم المرأة انه كان لها خمسة رجال وأن الذي معها الآن ليس رجلها. إذاً يسوع يريد منها إعادة النظر في حياتها إذ هي على أهبة الحياة الجديدة. اتضح لها أن تفاصيل حياتها جلية أمامه فأخذت تخاطبه كنبي ولكنها ما زالت متمسكة بانتمائها العرقي

إذ أجابت "آباؤنا سجدوا في هذا الجبل وانتم تقولون أن المكان الذي ينبغي أن يُسجد فيه هو في أورشليم". يؤكد الرب يسوع أن لا رابط بين الجغرافيا والعبادة. العبادة لا ترتبط بمكان، هي مرتبطة بشخص، وهذا الشخص حاضر في كل مكان ويرافق الساجدين له بالروح والحق. تقرّ المرأة أن يسوع نبيّ. وما إقرارها هذا إلا تمهيدا للحوار الذي سيجري بينها وبين يسوع عن العبادة الحقيقية، ذلك أن وجود النبي ضروريّ، في الفكر الشعبي، لكل قرار يُتخذ في شأن الأمور العبادية. لا يريد الرب يسوع أن يؤكد أن اليهود على حق، "الخلاص من اليهود" يعني أن الرب قد ائتمنهم على تدبيره الخلاصي وقد سعى على تنفيذه من خلالهم ليقود الناس أجمعين إلى العبادة بالروح والحق.. انتظار المسيا لم يكن من صميم حياتها. كان مجرد اعتقاد، لذلك قالت للرب يسوع "متى جاء ذاك فهو يخبرنا". عندما أقرت أن كل ما استندت عليه في حديثها غير أكيد ما لم يأتِ المسيا، عندها أعلن الرب يسوع لها عن نفسه وتوقف الحديث في قمته. إذاً بعد الإعلان الإلهي ما من شيء يُقال. تركت جرتها أي تركت قديمها وذهبت تبشّر وأخذت تدفع الناس إلى لقاء الرب يسوع "فخرجوا من المدينة واقبلوا نحوه". تعجب التلاميذ انه يخاطب هذه المرأة ثم عرضوا عليه الطعام، فأجابهم موضحاً هدف كلامه مع المرأة وقال لهم "طعامي أن اعمل مشيئة الذي أرسلني" ومشيئته الآن هي تبشير أهل السامرة عن طريق هذه المرأة. يسوع هو أول من زرع الكلمة في السامرة وفيما بعد سيحصد التلاميذ، إذ ستُنقل البشارة إلى هناك عن طريق الشماس فيليبس (انظر أعمال الرسل ٨). **(مكث هناك يومين، فآمن جمع أكثر من أولئك جداً من اجل كلامه).** المرأة كانت العتبة للدخول إلى قلوب السامريين. هذا التبديل الذي أصابها والذي اتضح لسامعيها هو الذي دفع السامريين إلى لقاء يسوع، عندها حلَّ بهم ما حلَّ بها إذ أخذوا يعترفون أن الرب يسوع "هو المسيح مخلص العالم". الرب يسوع قد اعتلن لهم بحقيقته وهذا دفعهم إلى اليقين.

٩. القدرة على الإصغاء للآخرين: القائد الناجح هو الذي لديه القدرة على الاصغاء للآخرين أكثر من التحدث إليهم.ويجب أن يكون للإصغاء هدفين: الإتصال بالآخرين والتعلم. ومن الأمور الهامة في الإصغاء هو الاستماع للمنتقدين فالقائد الناجح يتعلم كثيرا من انتقادات الآخرين.

١٠. الحماس: الحماس هو الخطوة الأولى نحو الإنجاز ، لقد خلق الله الإنسان بصورة تجعله عندما تشتعل روحه فيه يختفي المستحيل من أمامه فالرّب يسوع يؤكد حماسة فى الخدمة بقوله: **(طَعَامِي أَنْ أَعْمَلَ مَشِيئَةَ الَّذِي أَرْسَلَنِي وَأُتَمِّمَ عَمَلَهُ.) (يو٤: ٣٤)**، وكما كان يعلن: **(اطْلُبُوا أَوَّلاً مَلَكُوتَ اللهِ وَبِرَّهُ، وَهذِهِ كُلُّهَا تُزَادُ لَكُمْ.) (مت٦: ٣٣)**. والرسول بولس يقول : **(أستطيع كل شيء في المسيح الذي يقويني)(في ٤ : ١١-١٣)**

١١. المثابرة: القائد الناجح لا يستسلم عندما يكون في منتصف المعركة. كثيرون من أسرى الفشل هم أناس لم يدركوا كم كانوا أقرب ما يكون إلى النجاح عندما أصيبوا باليأس وتوقفوا عن المحاولة. **(الَّذِي يَصْبِرُ إِلَى الْمُنْتَهَى فَهذَا يَخْلُصُ) (متى ١٠: ٢٢؛ ٢٤: ١٣؛ مرقس ١٣: ١٣)**

١٢ . القدرة على تحمل المسئولية: يتطلب النجاح على أي مستوى تحمل المسئولية ... وأهم الصفات التي يتسم بها الشخص الذي يتحمل المسئولية: - العمل بجد واجتهاد. - لا يعتذر بالقول " هذا ليس من اختصاصي". - يبغي الإمتياز ويجتهد لتحقيقه. - يتمم العمل الذي قبل

القيام به بكفاءة وأمانة. **(الَّذِي فِي الأَرْضِ الْجَيِّدَةِ، هُوَ الَّذِينَ يَسْمَعُونَ الْكَلِمَةَ فَيَحْفَظُونَهَا فِي قَلْبٍ جَيِّدٍ صَالِحٍ، وَيُثْمِرُونَ بِالصَّبْرِ) (لوقا ٨: ١٥)**

١٣. صاحب رؤيا: الرؤيا بالنسبة للقائد هي شيء لا يمكن الاستغناء عنه لأن الرؤيا هي التي تقود القائد وترسم الهدف وتضرم النيران وتزكيها في داخله وتدفعه إلى الأمام بل هي بمثابة الشعلة التي يسير على هداها الآخرون. فالسيد المسيح كان يرى ان العنف لا يحل المشكلات بل يعقدها لذلك كان يقول **(أَقُولُ لَكُمْ أَيُّهَا السَّامِعُونَ: أَحِبُّوا أَعْدَاءَكُمْ، أَحْسِنُوا إِلَى مُبْغِضِيكُمْ، بَارِكُوا لاَعِنِيكُمْ، وَصَلُّوا لأَجْلِ الَّذِينَ يُسِيئُونَ إِلَيْكُمْ. مَنْ ضَرَبَكَ عَلَى خَدِّكَ فَاعْرِضْ لَهُ الآخَرَ أَيْضًا، وَمَنْ أَخَذَ رِدَاءَكَ فَلاَ تَمْنَعْهُ ثَوْبَكَ أَيْضًا.) (لو٦: ٢٧ – ٢٩)**. فالتفكير في حلول سلمية للمشكلات أساس رؤية السيد المسيح لحل المشكلات .

١٤. لديه القدرة على إتخاذ القرار : المهم ليس في إمكانية إتخاذ القرار بل القدرة على إتخاذ القرار المناسب في الوقت المناسب. كان الرّب يسوع في كل مدة حياته صاحب موقف ورأي واضح وقرار صائب، فتعاليمه متناسقة ومتناغمة، لا تضارب ولا تناقض فيها، ميزانها عادل ومقاييسها دقيقة، ومعاييرها سامية رفيعة. فهو الذي وبّخ الكتبة والفريسيين المشتكين على المرأة الزانية بقوله لهم: **(مَنْ كَانَ مِنْكُمْ بِلاَ خَطِيَّةٍ فَلْيَرْمِهَا أَوَّلاً بِحَجَرٍ.) (يو٨: ٧)** فقد أخذ قرارا شجاعا بالعفو عن المرأه الزانية رغم معرفتة بأن هذا القرار سيجلب له مشكلات مع الفريسين ، بل وبخهم بشجاعة قائلا : **(وَيْلٌ لَكُمْ أَيُّهَا الْكَتَبَةُ وَالْفَرِّيسِيُّونَ الْمُرَاؤُونَ! لأَنَّكُمْ تَأْكُلُونَ بُيُوتَ الأَرَامِلِ، ولِعِلَّةٍ تُطِيلُونَ صَلَوَاتِكُمْ. لِذلِكَ تَأْخُذُونَ دَيْنُونَةً أَعْظَمَ.) (متى٢٣: ١٤)**.

الصفات الخاصة :

١- شخص معروف في الدائرة التي يترشح فيها. فمن غير المعقول ان ينتخب الناخب شخص لا يعرف عنه شيئا.

٢- ان يكون قد حصل على تأييد اقرب المقربين اليه اولا من اهل ومعارف واصدقاء ويضمن تأييدهم له ودعمهم له ، لان هؤلاء سيكونوا اول من سيعتمد عليهم في حملته الانتخابية ، وان خذله هؤلاء فمن ذا الذي سيدعمه

٣- يتمتع بالصحة الكافية التي تمكنه من التجوال بين الناس والظهور في كافة مناطق دائرته والعمل على الاعلان عن نفسيه والتواصل مع الناخبين . **(كَانَ يَسُوعُ يَطُوفُ كُلَّ الْجَلِيلِ يُعَلِّمُ فِي مَجَامِعِهِمْ، وَيَكْرِزُ بِبِشَارَةِ الْمَلَكُوتِ، وَيَشْفِي كُلَّ مَرَضٍ وَكُلَّ ضَعْفٍ فِي الشَّعْبِ) (متى٤: ٢٣)**

٤- حسن المظهر ، مقبول الشكل .

٥- شخصا وقورا عليه سيم الاحترام والوقار و السلطان كان يسوع صاحب تأثير وسلطان، فقد قيل عنه على لسان خُدَّامُ رؤساء الكهنة: **(لَمْ يَتَكَلَّمْ قَطُّ إِنْسَانٌ هكَذَا مِثْلَ هذَا الإِنْسَانِ) (يو٧: ٤٦)**، وتُعُجب من سلطانه ومعجزاته فسأله رؤساء الكهنة وشيوخ الشعب **(بِأَيِّ سُلْطَانٍ تَفْعَلُ هذَا؟ وَمَنْ أَعْطَاكَ هذَا السُّلْطَانَ؟) (متى٢١: ٢٣)**. حتى أن اورشليم ارتجت عند دخوله العظيم إلى المدينة، فتساءل الجميع "مَنْ هذَا؟" (مت٢١: ١٠). وعندما أدرك التلاميذ شخص ربهم ومعلمهم قال سمعان بطرس على لسانهم بعد أن خيّرهم يسوع بالرجوع عنه إن أرادوا فقال: **(يَارَبُّ، إِلَى مَنْ نَذْهَبُ؟ كَلاَمُ الْحَيَاةِ الأَبَدِيَّةِ عِنْدَكَ، وَنَحْنُ قَدْ آمَنَّا وَعَرَفْنَا أَنَّكَ أَنْتَ الْمَسِيحُ ابْنُ اللهِ الْحَيِّ) (يو٦: ٦٨ و ٦٩)**.

٦- يتمتع بقوة الشخصية والثقة بالنفس لانه سيواجه من يعترض عليه ومن يسأله اسئله قد تكون محرجه ، الاستعداد للرد: فيقول الأنجيل: (**مُسْتَعِدِّينَ دَائِمًا لِمُجَاوَبَةِ كُلِّ مَنْ يَسْأَلُكُمْ عَنْ سَبَبِ الرَّجَاءِ الَّذِي فِيكُمْ، بِوَدَاعَةٍ وَخَوْفٍ) (رسالة بطرس الرسول الأولى ٣: ١٥)..** فينبغي عليك أن تعرف أمرًا عن كل شيء.. كما يقول الكتاب: **(لاَ تَكُنْ جَاهِلًا فِي كَبِيرَةٍ وَلاَ فِي صَغِيرَةٍ) (سفر يشوع بن سيراخ ٥: ١٨)**. الرد كذلك لا يكون بالمعلومات فقط، ولكن ينبغي مراعاة الأسلوب.. فأسلوب التهكم سيجعل الفرد الآخر غير مستريحًا في الحوار.. فنحن كمسيحيين نحب الجميع.. ونحترم عقائد الجميع، حتى مَنْ البوذيين أو اللادينيين وعبدة الشيطان وغيرهم.. كلٍ له عقائده، ولكن المسيحية هي روح، ومحبة، ورسالة سلام للجميع .

٧- يجب ألا ينفعل ويكون ضابطا لاعصابه وردود افعاله فعلى الجانب الآخر ينبغي عليك أن تعرف مَنْ تتحدث معه، أو مَنْ تجيبه، ومَنْ تتجاهله..! فهناك بعض السفسطائيين أو الذين يكون هدفهم التجريح والشتم والهجوم وخلافه، بدون محاولة صادقة لمعرفة الإجابة، بل بهدف التهكم فقط.. فهؤلاء تجاهلهم، ولا تتناقش معهم بحجة هدف إقناعهم.. لأنك لا تستطيع أن تجاريهم في أسلوبهم المتدني في الحوار والشتائم والتهكم، ولكنك إنسان مقدس لله، لا تستطيع أن تستخدم نفس الأسلوب الخاطئ في الحوار معهم.. فيقول الرب: **(كُونُوا قِدِّيسِينَ لأَنِّي أَنَا قُدُّوسٌ) (سفر اللاويين ٢٠: ٢٦؛ رسالة بطرس الرسول الأولى ١: ١٥، ١٦). وهؤلاء ينطبق عليهم الآية القائلة: (لاَ تَطْرَحُوا دُرَرَكُمْ قُدَّامَ الْخَنَازِيرِ) (متى ٧: ٦).**

٨- متواضعا لابعد حد حتى يتواصل مع كافة اصناف الناخبين من كافة مستويات الشعب .). وأكد السيد المسيح علي ذلك عدة مرات بقوله (**وَأَكْبَرُكُمْ يَكُونُ خَادِمًا لَكُمْ. فَمَنْ يَرْفَعْ نَفْسَهُ يَتَّضِعْ، وَمَنْ يَضَعْ نَفْسَهُ يَرْتَفِعْ.) (متى٢٣: ١١ و ١٢).**

٩- أن يكون ملما الماما تاما بظروف وطبيعة وبيئة وحياة الناخبين في دائرته ويعلم تماما ما الذي يصبون اليه ممن يختارونه نائبا عنهم .

١٠- ان يكون ملما بالدستور وقوانين الدولة وسياستها العامة واحوال البلاد الاقتصادية ، بالسياسه الخارجية سواء الدولية او الاقليمية وعلى علم بما يحدث حول العالم وغيرها .

تطلع اليهود إلي منقذ سياسي يعيد مملكة داود على مستوي مجد عالمي. وكانت حالتهم سيئة للغاية والأمثلة التي ساقها الرب يسوع -وأن كان قد قصد بها معاني روحية- لكنها تصور لنا هذه الحالة خير تمثيل... فمثل صديق نصف الليل **(لو١١: ٥ – ٧)** والدرهم المفقود **(لو٨: ١٥، ٩)** ووصفه للفقراء في مثل العشاء والمدعوين **(لو١٤: ٢١ و٢٣)** والعمال البطالين في السوق طوال اليوم في مثل الفعلة وصاحب الكرم **(مت٢٠: ١-٧)** أنما تعكس لنا صورة حية نابضة عن حالة الطبقة الكادحة في المجتمع اليهودي أبان قيام الكنيسة المسيحية.... يقابل هذه الطبقة المعدمة، فئة من كبار الملاك الأثرياء الذين لم يكن لهم هم سوى زيادة ثرواتهم، غير مبالين بالفقراء. وقد صور الرب هذا التناقض الصارخ بين الفريقين في مثل الغني ولعازر المسكين **(لو١٦: ١٩-٣١)**. وكذلك في مثل الغني الذي أخصبت كورته ولم يفكر إلا في ذاته وفي كنز ثروته **(لو١٢: ٦: ٢١)**.أضف إلي هذا، الضرئب التي أثقلت كاهل الشعب... فمن ضرائب كانت تُجبى لحساب روما يجمعها القائمون على الأمر بقسوة وإذلال وظلم، إلي ضرائب دينية متنوعة. كان عليهم تقديمها إلى الهيكل وإلا اتهموا بالخروج على الناموس... من أجل ذلك كله ساءت أحوال اليهود الاقتصادية وانتشرت البطالة، وأضطر البعض إلى احتراف السرقة والأجرام. وكانوا يتخذون من طرق فلسطين الجبلية

المفقرة مسرحًا لجرائمهم... ولعل المثل الذي قدمه المسيح عن الإنسان الذي كان مسافرًا من أورشليم إلى أريحا ووقع بين اللصوص فعروه وجرحوه وتركوه بين حي وميت **(لو١٠: ٣٠)** أنما يصور هذه الحالة أيضًا.

١١- مناقشا ومحاورا جيدا ، يجيد الاستماع ويتكلم وقت ان يجب عليه ان يتكلم وينصت حين يجب عليه الانصات للاخرين لكن لا يسمح للمتهكمين بالتمادى و لا ييأس من تجاهل كلامه . قال السيد المسيح: **(من له أذنان للسمع، فليسمع) (مت ١٣: ٤٣)** ذلك لأن هناك من لهم آذان، ولكنهما لا تسمعا. وعن أمثال هؤلاء قال السيد: **(لأنهم مبصرين لا يبصرون وسامعين لا يسمعون ولا يفهمون)** فقد تمت فيهم نبوة إشعياء القائلة **(قلب هذا الشعب قد غَلُظ. وآذانهم قد ثقل سمعها) (إش ٦: ١٠)**.فما السبب في أن هؤلاء لهم آذان ولكنها لا تسمع؟ السبب الأول هو أن قلوبهم قد غلظت، محبتهم قلت..الذي يحب الله، يحب أن يسمع عنه. والذي يحب الخير يحب أن يسمع عنه. فإن فقد هذا الحب، وانشغل قلبه بمحبة مضادة، فإنه لا يحب أن يسمع عن الله، ولا عن الفضيلة.. يصير السماع ثقيلًا على أذنيه.وإن قيل له شيء، لا يدخل أذنيه، ولا يدخل فكره ولا قلبه. إنه ليس على مزاجه.. كالشاب الغنى **(مت ١٩: ٢٢)**.(سامعين لا يسمعون) مثل أهل سادوم، حينما أنذرهم لوط **(وكان كمازح في أعين أصهاره) (تك ١٩: ١٤)**. ومثل الابيقوريين والرواقيين الذين كلمهم بولس الرسول، فقالوا: **(ترى ماذا يريد هذا المهذار أن يقول؟!) (أع ١٧: ١٨)** .

١٣- الا يخوض في عيوب الاخرين ولكن يركز على اظهار ما لديه هو من قدرات تنافس غيره .السيد المسيح لم يكن يخوض فى عيوب الأخرين بل كان يستر العيوب حيث تواجه يسوع مع الكتبة والفريسيين لمناقشة عقوبة الرجم التي كانت فرضاً يجب تطبيقه على المرأة التي ترتكب خطيئة الزنا. فقال يسوع: **(من كان منكم بلا خطيئة فليرمها أولاً بحجر) (يوحنا ٨ : ٧)** واستطاع بذلك تفريق الحشود: **(فلما سمعوا هذا الكلام، أخذت ضمائرهم تبكتهم، فخرجوا واحداً بعد واحد، وكبارهم قبل صغارهم، وبقي يسوع وحده والمرأة في مكانها. فجلس يسوع وقال لها أين هم يا امرأة؟ أما حكم عليك أحد منهم؟ . فأجابت لا يا سيدي، فقال لها يسوع وأنا لا أحكم عليك . اذهبي ولا تخطئي بعد الآن). (يوحنا ٨: ٩-١١).**

١٤- على علم تام بمنافسيه ، من هم ؟ وما اتجاهاتهم ؟ وما النقاط التي يختلفون فيها عنه ؟ وماذا يقدمون هم للناخبين؟ وما هي عيوبهم او نقاط ضعفهم ؟. كان السيد المسيح يعرف جيدا طبقات اليهود .

(أَنْتُمْ تَعْلَمُونَ أَنَّ رُؤَسَاءَ الأُمَمِ يَسُودُونَهُمْ، وَالْعُظَمَاءَ يَتَسَلَّطُونَ عَلَيْهِمْ. فَلاَ يَكُونُ هكَذَا فِيكُمْ. بَلْ مَنْ أَرَادَ أَنْ يَكُونَ فِيكُمْ عَظِيمًا فَلْيَكُنْ لَكُمْ خَادِمًا، وَمَنْ أَرَادَ أَنْ يَكُونَ فِيكُمْ أَوَّلاً فَلْيَكُنْ لَكُمْ عَبْدًا،كَمَا أَنَّ ابْنَ الإِنْسَانِ لَمْ يَأْتِ لِيُخْدَمَ بَلْ لِيَخْدِمَ، وَلِيَبْذِلَ نَفْسَهُ فِدْيَةً عَنْ كَثِيرِين) (متى٢٠: ٢٥ ــ ٢٨)

ثانيا : الاستراتيجية:

ونقصد بمصطلح الاستراتيجية اي الاسلوب الذي يجب ان تسير عليه الحملة الانتخابية والنقاط والخطوات التي يجب ان يتبعها المرشح ، ومن هذه النقاط التالي:

- وضع برنامج واضح للمرشح ، يشمل كافة الخطوات والاجرائات التي سيتخذها بهدف انجاح حملته الانتخابية. كان الرّب يسوع صاحب رؤيا واستراتيجية واضحة، فقد علم من أين هو، وإلى أين سيذهب، وأدرك رسالته وخطته، فقد قالَ: **(إِنْ كُنْتُ أَشْهَدُ لِنَفْسِي فَشَهَادَتِي**

حَقٌّ، لأَنِّي أَعْلَمُ مِنْ أَيْنَ أَتَيْتُ وَإِلَى أَيْنَ أَذْهَبُ.) (يو٨: ١٤). وقد كان يعلن: **(لِدَيْنُونَةٍ أَتَيْتُ أَنَا إِلَى هذَا الْعَالَمِ، حَتَّى يُبْصِرَ الَّذِينَ لاَ يُبْصِرُونَ وَيَعْمَى الَّذِينَ يُبْصِرُونَ) (يو٩: ٣٩).** فقد كان النور المشرق المنير ظلام البشرية، وكانت وجهته خلاص البشرية **(لأَنَّهُ هكَذَا أَحَبَّ اللهُ الْعَالَمَ حَتَّى بَذَلَ ابْنَهُ الْوَحِيدَ، لِكَيْ لاَ يَهْلِكَ كُلُّ مَنْ يُؤْمِنُ بِهِ، بَلْ تَكُونُ لَهُ الْحَيَاةُ الأَبَدِيَّةُ.) (يو٣: ١٦)**

- الابتعاد عن الوعود المبالغ فيها فضلا عن الكاذبة. **(لِيَكُنْ كَلاَمُكُمْ: نَعَمْ نَعَمْ، لاَ لاَ. وَمَا زَادَ عَلَى ذلِكَ فَهُوَ مِنَ الشِّرِّيرِ) (إنجيل متى ٥: ٣٧)** ، **(لِيَكُنْ كَلاَمُكُمْ كُلَّ حِينٍ بِنِعْمَةٍ، مُصْلَحًا بِمِلْحٍ، لِتَعْلَمُوا كَيْفَ يَجِبُ أَنْ تُجَاوِبُوا كُلَّ وَاحِدٍ) (رسالة بولس الرسول إلى أهل كولوسي ٤: ٦)** ، **(لاَ تَخْرُجْ كَلِمَةٌ رَدِيَّةٌ مِنْ أَفْوَاهِكُمْ، بَلْ كُلُّ مَا كَانَ صَالِحًا لِلْبُنْيَانِ، حَسَبَ الْحَاجَةِ، كَيْ يُعْطِيَ نِعْمَةً لِلسَّامِعِينَ) (رسالة بولس الرسول إلى أهل أفسس ٤: ٢٩)** .

- مهما قدم المنافسون من وعود مبالغ فيها فلا يجب على المرشح ان ينساق وراء تلك المزايدات ، فعليه ان يطرح ما يمكنه بالفعل ان يقدمه. **(إِنْ كَانَ أَحَدٌ لاَ يَعْثُرُ فِي الْكَلاَمِ فَذَاكَ رَجُلٌ كَامِلٌ، قَادِرٌ أَنْ يُلْجِمَ كُلَّ الْجَسَدِ أَيْضًا. هُوَذَا الْخَيْلُ، نَضَعُ اللُّجُمَ فِي أَفْوَاهِهَا لِكَيْ تُطَاوِعَنَا، فَنُدِيرَ جِسْمَهَا كُلَّهُ. هُوَذَا السُّفُنُ أَيْضًا، وَهِيَ عَظِيمَةٌ بِهذَا الْمِقْدَارِ، وَتَسُوقُهَا رِيَاحٌ عَاصِفَةٌ، تُدِيرُهَا دَفَّةٌ صَغِيرَةٌ جِدًّا إِلَى حَيْثُمَا شَاءَ قَصْدُ الْمُدِيرِ. هكَذَا اللِّسَانُ أَيْضًا، هُوَ عُضْوٌ صَغِيرٌ وَيَفْتَخِرُ مُتَعَظِّمًا. هُوَذَا نَارٌ قَلِيلَةٌ، أَيَّ وُقُودٍ تُحْرِقُ؟ فَاللِّسَانُ نَارٌ! عَالَمُ الإِثْمِ. هكَذَا جُعِلَ فِي أَعْضَائِنَا اللِّسَانُ، الَّذِي يُدَنِّسُ الْجِسْمَ كُلَّهُ، وَيُضْرِمُ دَائِرَةَ الْكَوْنِ، وَيُضْرَمُ مِنْ جَهَنَّمَ) (رسالة يعقوب ٣: ٢-٦)**

- يجب ان يجعل لحملته شعارا . وهذا الشعار يجب ان يكون مميزا ومختصرا ويمكن للناخب بسهوله ان يحفظه ويتذكره ، ولذلك نوصي بان يكون شعارا جذابا وموسيقيا ، وفي ذات الوقت يكون شعارا واقعيا لا خياليا . اختار المسيحيون الأوائل شعار السمكة كرمز للمسيحية حيث كلمة سمكة (يونانية: ΙΧΘΥΣ ,ἰχθύς أو ΙΧΘΥϹ) وتعني باليونانية القديمة "سمكة". الشعار عبارة عن قوسين متقاطعين يمتد الطرفان الأيمنان بعد نقطة التقاطع ليشبه الشعار شكل السمكة

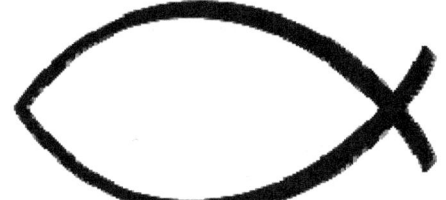

استخدمه المسيحيون الأوائل كشعار سري ليتعرفوا على بعضهم دون التعرض للمضايقات من الوثنيين قبل اعتماد المسيحية ديانة للامبراطورية الرومانية. في الإسكندرية أيام الرومان اقترح ان المسيحيين يكون لهم شعار يميز المؤمن عن غير المؤمن (المسيحي عن غير المسيحي) أما بشعار السمكة أو الصليب فوقع الاختيار ذاك الوقت على السمكة. في ذاك الوقت كان الصليب لا يستخدمه المسيحيين كما هو اليوم، لكن شعار السمكة أعطى لهم شي بسيط وسهل ليستخدمونه بينهم لتمييز بعضهم وهي لوصف يسوع والمسيحيه رمز السمكة من الرموز الهامة التي كان يستخدمها المسيحيون وقت الاضطهاد. السمكة باليوناني ΙΧΘΥΣ التي تنطق بالعربية إيسوس، وكلمة ΙΧΘΥΣ هي أول كل حرف لخمس كلمات

وهما "يسوع المسيح ابن الله المُخَلِص"، الحرف الأول الايوتا"I" وهو الحرف الأول لكلمة Ἰησοῦς إيسوس التي أصبحت فيما بعد يسوع.

الحرف الثاني الخي"X" وهو الحرف الأول لكلمة Χριστός خريستوس أي (المسيح).

الحرف الثالث الثيتا"Θ" وهو الحرف الأول لكلمة Θεοῦ المشتقة من كلمة Θεός في حالة الإضافة التي تعني الله.

الحرف الرابع اليوبسلون"Y" وهو الحرف الأول لكلمةΥἱός يوس أي (ابن).

الحرف الخامس السجما"Σ" وهو الحرف الأول لكلمة Σωτήρ سوتير المشقة من كلمة σωζω اليونانية التي تعني (أخلص).

فتكون الكلمة يسوع المسيح ابن الله المخلص، Ἰησοῦς Χριστός Θεοῦ Υἱός Σωτήρ.

رمز السمكة له أهمية خاصة في المسيحية في معناه كما ذكرنا سابقاً، وآيضاً في ذكره في العهد الجديد، تُذكر كلمة سمكة بمشتقتها حوالي سبع وعشرون مرة في الإنجيل فقط (متي- مرقص- لوقا- يوحنا)، علي سبيل المثال وليس علي سبيل الحصر، معجزة الخمس أرغفة والسمكتين التي أشبعت خمسة آلاف رجل بغير النساء، وتبقي منها بعدما شبعوا إثني عشر قفة مملوة (إنجيل البشير مرقص أصحاح٦:٣٤-٤٤). معجزة السبع خبزات والقليل من السمك التي أشبعت أربعة آلاف شخص، وما تبقي بعدما شبعوا كان سبع سلال (إنجيل البشير مرقص أصحاح٨:١-١٠).

في القرن الرابع بعد أن أصبحت المسيحية الديانة الرسمية للرومان أصبح الصليب أساس المسيحية و التى بنيت علية اليمان المسيحى و الفداء وبدأ بعدها يختفي شعار السمكة .

- وحتى تتحقق النقاط السابقة على المرشح ان يُكون لنفسه إدارة عملية لحملته الانتخابية وتلك تتمثل في :

ادارة علاقات عامة - ادارة اعلامية

١- إدارة العلاقات العامة: تشكيل وبناء فريق عمل الحملة يتكون من :

• العاملين في الحملة :

(يرافقون المرشح – يذهبون بمفردهم لزيارة الناخبين وعرض وجهة نظر المرشح ومقدراته – يعملون في مجال الدعاية والإعلان للمرشح وفي جمع الاموال وإعداد المعلومات ذات الصلة وتحضيرها وإرسالها – صنع الشعارات واللافتات والبوسترات – احضار المؤيدين الى صناديق الاقتراع ..) السياسى الحقيقي معلم، مدرّب، مرشد ومشير هو صاحب مدرسة فكرية ، ينير تلاميذه بحكمته ويشوقهم للمعرفة، يدرّب أتباعه ويطور مهاراتهم، وتقويمهم بشكل مستمر، بكل محبة، ولطف، واحترام، ولكن بدون محاباة ولفّ ودوران، وبدون كسر وإهانة وتحطيم. فقد اهتم الرّب يسوع بتعليم وتدريب وتلمذة تلاميذه، وزودهم بأدوات وساعدهم لتطوير مهارات وقدرات للقيام بخدمتهم، وأرسلهم للخدمة مع توصيات وترتيبات وسلطان خاص، وكان يستمع لتقاريرهم وانطباعاتهم بعد عودتهم ويقوّم ويشدد ويصوب توجهاتهم **(وَدَعَا تَلاَمِيذَهُ الاثْنَيْ عَشَرَ، وَأَعْطَاهُمْ قُوَّةً وَسُلْطَانًا عَلَى جَمِيعِ الشَّيَاطِينِ وَشِفَاءِ أَمْرَاضٍ، وَأَرْسَلَهُمْ لِيَكْرِزُوا بِمَلَكُوتِ اللهِ وَيَشْفُوا الْمَرْضَى... وَلَمَّا رَجَعَ الرُّسُلُ أَخْبَرُوهُ بِجَمِيعِ مَا فَعَلُوا، فَأَخَذَهُمْ وَانْصَرَفَ مُنْفَرِدًا إِلَى مَوْضِعٍ خَلاَءٍ لِمَدِينَةٍ تُسَمَّى بَيْتَ صَيْدَا.)(لو٩: ٢ - ١٠). (وَبَعْدَ ذلِكَ عَيَّنَ الرَّبُّ سَبْعِينَ آخَرِينَ أَيْضًا، وَأَرْسَلَهُمُ اثْنَيْنِ**

اثْنَيْنِ أَمَامَ وَجْهِهِ إِلَى كُلِّ مَدِينَةٍ وَمَوْضِعٍ حَيْثُ كَانَ هُوَ مُزْمِعًا أَنْ يَأْتِيَ . فَقَالَ لَهُمْ: إِنَّ الْحَصَادَ كَثِيرٌ، وَلكِنَّ الْفَعَلَةَ قَلِيلُونَ. فَاطْلُبُوا مِنْ رَبِّ الْحَصَادِ أَنْ يُرْسِلَ فَعَلَةً إِلَى حَصَادِهِ. اِذْهَبُوا! هَا أَنَا أُرْسِلُكُمْ مِثْلَ حُمْلاَنٍ بَيْنَ ذِئَابٍ...) (لو١٠: ١ – ٢٤). فلنتمثل بمعلمنا العظيم فهو المكتوب عنه أنه **(الْمُذَّخَرِ فِيهِ جَمِيعُ كُنُوزِ الْحِكْمَةِ وَالْعِلْمِ.)(كو٢: ٣)**

- لايجب جمع عدد كبير جدا من العاملين في الحملة . لاحظ الرب يسوع دعا عدد ضئيل فى البداية ١٢ تلميذا ثم السبعين رسولا لنشر الكرازة فى العالم أجمع .

- الناس اقدر على تقديم العون والمساعدة اذا توفر لديهم عمل محدد وواضح ضمن جدول زمني معين . مثل ان يحضر المؤمنين القداس الالهى و الاطفال لمدارس الأحد .

- جمع فريق عمل من نساء ورجال (مختلف المستويات الحرفية والتعليمية). لقد تعامل يسوع مع نساء اثناء خدمتة منهم مرثا ومريم، فحينما أتى يسوع لزيارتهما في منزلهما راح يعظ ويتحدث في أمور تتعلق بالإيمان والبعث والقيامة، وأمضت مريم كل وقتها تستمع إلى مواعظه جالسة عند قدميه، بينما كانت مرثا منهمكة في المطبخ لإعداد الطعام. فاشتكت مرثا تقاعس أختها عن المساعدة في أمور المنزل، لكن يسوع أجابها: **(مرثا مرثا أنت تقلقين وتهتمين بأمور كثيرة، مع أن الحاجة إلى شيء واحد. فمريم اختارت النصيب الأفضل، ولن ينزعه أحد منها). (لوقا ١٠: ٤١-٤٢)**. قصة أخرى ترد في **(مرقس ٥: ٢٣-٣٤)** وهي تعكس تحدي يسوع للأعراف الثقافية اليهودية في ذلك الوقت، حيث قرر أن يشفي امرأة ظلت تنزف لمدة ١٢ سنة، وهو ما كان محرّماً وفقاً للشريعة اليهودية، حيث يتم استبعاد النساء الحائضات أو اللاتي أنجبن من المجتمع. وهذا هو سبب النبذ الاجتماعي لمدة ١٢ سنة الذي تعرضت له المرأة المروي عنها في إنجيل مرقس. وبذلك عالج يسوع الرجال والنساء دون تفرقة، كشفاء حماة بطرس. **(متى ٨: ١٤)** يذكر انجيل لوقا أن يسوع كان يتحدث مباشرة مع النساء أو يقدم لهن المساعدة علناً. فأخت مرثا (مريم) تجلس عند قدمي يسوع بينما هو يقوم بتلقينها تعاليم الشريعة، وهذا كان امتياز يحظى به الرجال فقط في اليهودية. فجاء يسوع ليخرج عن المألوف، ويخصص لنفسه أتباع إناث حظين برعايته **(لوقا ٨: ١-٣)**، كما أمر النساء أن يتوقفن عن البكاء والنحيب وهو في طريقه **ليُصلب (لوقا ٢٣: ٢٦-٣١)**. كما أن ذكر مريم المجدلية في الأناجيل كأول شخص يرى يسوع بعد قيامته، وتكليفها بإبلاغ الجميع ما هو إلا دليل على مكانة متميزة تمتعت بها المرأة في الديانة الناشئة، في زمن كانت شهادة المرأة به لا تعتبر صالحة. **(مرقس ١٦: ٩)**. وقيام يسوع بتلقين تعاليمه للمرأة، كما هو الحال مع المرأة السامرية قرب البئر، ومريم من بيت عنيا، التي أخذت تفرك شعره بالدهن والطيب. وكذلك علاج يسوع للمرضى والنساء علناً معرباً عن إعجابه بالأرملة الفقيرة التي تبرعت ببعض النقود النحاسية إلى خزينة الهيكل، وكذلك خطوته الجريئة نحو مساعدة المرأة المتهمة بالزنا و منع الطلاق لحماية المرأة من ضعافات الرجل تجاه النساء الأخرين **(متّى ٥: ٢٧-٢٨)(قد سَمِعْتُمْ أَنَّهُ قِيلَ لِلْقُدَمَاءِ: لاتَزْنِ. وَأَمَّا أَنَا فَأَقُولُ لَكُمْ: إِنَّ كُلَّ مَنْ يَنْظُرُ إِلَى امْرَأَةٍ لِيَشْتَهِيَهَا، فَقَدْ زَنَى بِهَا فِي قَلْبِهِ.) (متّى ٥: ٣١-٣٢)(وقِيلَ: مَنْ طَلَّقَ امْرَأَتَهُ فَلْيُعْطِهَا كِتَابَ طَلاَق. وَأَمَّا أَنَا فَأَقُولُ لَكُمْ: إِنَّ مَنْ طَلَّقَ امْرَأَتَهُ إِلَّا لِعِلَّةِ الزِّنَى يَجْعَلُهَا تَزْنِي، وَمَنْ يَتَزَوَّجُ مُطَلَّقَةً فَإِنَّهُ يَزْنِي)** ، بالإضافة إلى وجود مريم المجدلية إلى جانب يسوع أثناء صلبه فالخلاصة كانت ان مكانة المرأة متدنية في فلسطين وقت مجئ المسيح ، لذلك فلم يوافق الكثيرون على نظرة يسوع الرحيمة تجاههن، وبدعة المساواة التي

جاء بها، فاصطدمت تعاليمه دائماً بأولئك الذين آمنوا بحرفية النصوص ، لذلك شكلت النساء على الأرجح أغلب المعتنقين للمسيحية في القرن الأول بعد المسيح و اصبحوا من أهم الدعاه للمسيحية فهم ينجبون أولاد يلقنونهم الأيمان فى سن صغيرة ليكبروا متشربين بتعاليم المسيحية . وعموما يسوع يطلب من كل منا كما طلب من الرسول بطرس قائلا: **(ارْعَ خِرَافِي... ارْعَ غَنَمِي.٩ (يو٢١: ١٥ و ١٦). (فَالْبَسُوا كَمُخْتَارِي اللهِ الْقِدِّيسِينَ الْمَحْبُوبِينَ أَحْشَاءَ رَأْفَاتٍ، وَلُطْفًا، وَتَوَاضُعًا، وَوَدَاعَةً، وَطُولَ أَنَاةٍ، مُحْتَمِلِينَ بَعْضُكُمْ بَعْضًا، وَمُسَامِحِينَ بَعْضُكُمْ بَعْضًا إِنْ كَانَ لأَحَدٍ عَلَى أَحَدٍ شَكْوَى. كَمَا غَفَرَ لَكُمُ الْمَسِيحُ هكَذَا أَنْتُمْ أَيْضًا)(رسالة بولس الرسول إلى أهل كولوسي ٣: ١٢، ١٣)**

- استهداف الناخبين :

لماذا ؟ لسببين :

١- الحاجة الى المحافظة على موارد الحملة (الوقت – الفريق – المال)

٢- الحاجة الى ايصال الرسالة الى ناخبين هم في المطلق الى جانبك ويعملون للتصويت لصالحك.

- **تقنيات استهداف الناخبين :**

- الاستهداف الجغرافي : مثلا منطقة معينة او محافظة معينة
- الاستهداف الديمغرافي (السكانى) : مثلا استهداف المواطنين المسيحين أو المسلمين أو فئة عمالية معينة كالمحامين او المهندسين او عمال او فلاحين رغم اختلاف اماكن سكنهم .

- **قائمة لربط الاستهداف بحملتك الانتخابية :**

- الناخب المؤيد (الاهتمام بالروابط مع هذه القاعدة – امكانية تحويلها الى متطوعين محتملين).
- الناخب المؤيد المحتمل (استهدافها بكثرة).
- الناخب غير المؤيد (تشجيعة على الأقتراب من خلال تحسين حياة الناخب المؤيد للأحسن)أي أن تصبح أنت نفسك إنجيلا متنقلا، وشاهدًا للمسيح بحياتك، بدون حتى أن تنطق بكلمة.. كما يقول الكتاب **(فَلْيُضِئْ نُورُكُمْ هكَذَا قُدَّامَ النَّاسِ، لِكَيْ يَرَوْا أَعْمَالَكُمُ الْحَسَنَةَ، وَيُمَجِّدُوا أَبَاكُمُ الَّذِي فِي السَّمَاوَاتِ) (إنجيل متى ٥: ١٦)، ويقول أيضًا: (وَأَنْ تَكُونَ سِيرَتُكُمْ بَيْنَ الأُمَمِ حَسَنَةً.. أَعْمَالِكُمُ الْحَسَنَةِ الَّتِي يُلاَحِظُونَهَا) (رسالة بطرس الرسول الأولى ٢: ١٢).** فعندما يرى الناس فيك إنسانًا فاضلًا، يعرفون أن الفضل هو لله عز وجل الذي بتعاليمه الإلهية في كتابه المقدس، يجعل أولاده جميعًا مباركين وبشوشين وممتلئين سلامًا في كل الظروف.[15] أما إذا كانت أعمالنا تحكي قصة مختلفة ومتناقضة عما تحكيه أفواهنا فعندها نكون قد أضعنا الاتجاه، ويصبح كل منا **(نُحَاسًا يَطِنُّ أَوْ صَنْجًا يَرِنُّ.)(١ كو ١٣: ١)**

٢- الإدارة الاعلامية:

وهذه الادارة تقوم على تشكيل فرق متنوعة للانتشار في كافة مناطق الدائرة للاعلان عن المرشح . وتهتم هذه الادارة بعمل الدعاية المطلوبه للمرشح سواء في الصحف او المجلات او المطبوعات والمطويات التي يتم نشرها على افراد الدائرة . وعليها ايضا تجهيز الصور

---

[15] في مصر و الدول العربية حاليًا غير مسموح بالتبشير بالمسيحية، ولكنك تستطيع كما قلنا أن تكون أنت نفسك عظة صامتة، يراك الناس فيروا صورة الله فيك، وهذا يجعلهم يفكرون في هذا الإله الذي يُغَيِّر البشر، ويعطيهم هذه النعمة والسلام...

والاعلانات المناسبة للمرشح حتى تكون دائما حاضرة في كل ندوة ام مؤتمر او تجمع يحضره المرشح . وعلى الجانب الاليكتروني يجب ان تنبثق من تلك اللجنة لجنة خاصة تهتم بعمل موقع على شبكة الانترنيت للمرشح والتواصل اليكترونيا مع الجماهير واهالي الدائرة للتعريف بالمرشح . كذلك يمكنها طبع ما يمكن من كتيبات او منشورات او اقراص مدمجه او شرائط كاسيت وتوزيعها على اهالي الدائرة حريصين على ان تصل تلك المطبوعات الى كل بيت في الدائرة . ومن خلال هذه الاداره ايضا تخرج ادارة خاصة بالمقر الانتخابي . وهذه اللجنه او الادارة يكون عليها اعداد مقر عام للمرشح يكون هو اساس ومنطلق المرشح في حملته ، وكذلك تقوم باختيار مقار فرعية اخرى للتواصل مع الناخبين وحتى يميكن للمرشح ان يتواجد في اكثر ان مكان وسط اهل دائرته. وهذة اللجنه يكون بها لجنة خاصة لرصد ومتابعة اعمال الحملى الانخبابية ورصد ما تم وما لم يتم ووضع قائمة بالايجابيات والسلبيات التي تواجة عمل الحملة الانتخابية.

(وَأَمَّا أَنْتَ فَتَكَلَّمْ بِمَا يَلِيقُ بِالتَّعْلِيمِ الصَّحِيحِ: أَنْ يَكُونَ الأَشْيَاخُ صَاحِينَ، ذَوِي وَقَارٍ، مُتَعَقِّلِينَ، أَصِحَّاءَ فِي الإِيمَانِ وَالْمَحَبَّةِ وَالصَّبْرِ. كَذلِكَ الْعَجَائِزُ فِي سِيرَةٍ تَلِيقُ بِالْقَدَاسَةِ، غَيْرَ ثَالِبَاتٍ، غَيْرَ مُسْتَعْبَدَاتٍ لِلْخَمْرِ الْكَثِيرِ، مُعَلِّمَاتٍ الصَّلاَحَ، لِكَيْ يَنْصَحْنَ الْحَدَثَاتِ أَنْ يَكُنَّ مُحِبَّاتٍ لِرِجَالِهِنَّ وَيُحْبِبْنَ أَوْلاَدَهُنَّ، مُتَعَقِّلاَتٍ، عَفِيفَاتٍ، مُلاَزِمَاتٍ بُيُوتَهُنَّ، صَالِحَاتٍ، خَاضِعَاتٍ لِرِجَالِهِنَّ، لِكَيْ لاَ يُجَدَّفَ عَلَى كَلِمَةِ اللهِ)(رسالة بولس الرسول إلى تيطس ٢: ١-٥)(بَلْ فِي كُلِّ شَيْءٍ نُظْهِرُ أَنْفُسَنَا كَخُدَّامِ اللهِ: فِي صَبْرٍ كَثِيرٍ، فِي شَدَائِدَ، فِي ضَرُورَاتٍ، فِي ضِيقَاتٍ، فِي ضَرَبَاتٍ، فِي سُجُونٍ، فِي اضْطِرَابَاتٍ، فِي أَتْعَابٍ، فِي أَسْهَارٍ، فِي أَصْوَامٍ، فِي طَهَارَةٍ، فِي عِلْمٍ، فِي أَنَاةٍ، فِي لُطْفٍ، فِي الرُّوحِ الْقُدُسِ، فِي مَحَبَّةٍ بِلاَ رِيَاءٍ، فِي كَلاَمِ الْحَقِّ، فِي قُوَّةِ اللهِ بِسِلاَحِ الْبِرِّ لِلْيَمِينِ وَلِلْيَسَارِ. بِمَجْدٍ وَهَوَانٍ، بِصِيتٍ رَدِيءٍ وَصِيتٍ حَسَنٍ. كَمُضِلِّينَ وَنَحْنُ صَادِقُونَ، كَمَجْهُولِينَ وَنَحْنُ مَعْرُوفُونَ، كَمَائِتِينَ وَهَا نَحْنُ نَحْيَا، كَمُؤَدَّبِينَ وَنَحْنُ غَيْرُ مَقْتُولِينَ، كَحَزَانَى وَنَحْنُ دَائِمًا فَرِحُونَ، كَفُقَرَاءَ وَنَحْنُ نُغْنِي كَثِيرِينَ، كَأَنْ لاَ شَيْءَ لَنَا وَنَحْنُ نَمْلِكُ كُلَّ شَيْءٍ؟ (رسالة بولس الرسول الثانية إلى أهل كورنثوس ٦: ٤-١٠)

تذكر دائما قول القديس يوحنا ذهبي الفم: "لا تقل أنك لا تستطيع أن تؤثِّر على الآخرين! فإنك مادمت مسيحيًا يستحيل إلا أن تكون صاحب تأثير.. فإن هذا هو جوهر المسيحي.. إن قلت أنك مسيحي ولا تقدر أن تفعل شيء للآخرين، يكون في قولك هذا تناقضًا. وذلك كالقول أن الشمس لا تقدر أن تهب ضوءاً!"

ثالثا : التمويل:

لا شك ان خوض العملية الانتخابية يتكلف اموالا طائلة كأي مشروع ينوي الفرد ان يقوم به ، ولاننا نتحدث عن حملة انتخابية ذات اضلاع ثلاث فدعونا نقول ان هذه الاضلاع كلها تعتمد على بعضها البعض ، فوضع خطة واستراتيجية جيده ، وتوفير تمويل كاف مع وجود مرشح ضعيف ، لا شك ان الحملة الانتخابية ستبوء بالفشل ، وكذلك نقول انه لو كان المرشح ممتازا والخطة الموضوعه للعمل جيده جدا والتمويل ضعيف فثمة أمل أن ينجح المرشح شرط أن يتمتع بالصفات اللازمة للقيادة و الكاريزما . ويجب ان يكون هناك اداره خاصة للعملة التمويلية وهذه الادارة يكون من اختصاصاته التالي:

- وضع ميزانية تقديرية للحملة قبل بدايتها .

- تحديد اوجه الصرف والانفاق.
- توفير المستلزمات التي تتطلبها غيرها من الادارات.
- العمل على ترشيد الانفاق بما لا يخل بالعمل ولا يعوق تحقيق النجاح للحملة.
- عمل سجل بكل مصروفات الحملة تختص بما قد يرد للحملة من تبرعات من اشخاص داعمين للمرشح .

استخدم السيد المسيح يهوذا الأسخريوطى كأمين الصندوق الخاص بتبرعات الناس للفقراء والأرامل لكن يهوذا ميالًا نحو المال. وأراد السيد المسيح أن يعوِّضه عن هذا الميل بطريقة سليمة، فسمح له أن يكون أمينًا للصندوق **(كان الصندوق عنده) (يو١٢: ٦)** ٠ وبالرغم من ذلك، فقد أعمى الشيطان قلبه، وكان يسرق أموالًا من الصندوق. ولكن السيد المسيح أطال أناته عليه، ولم يفضحه في وسط التلاميذ، مع أنه **(كان سارقًا وكان الصندوق عنده، وكان يحمل ما يُلقى فيه) (يو١٢: ٦)**. وقد تطاول يهوذا بفكره وبكلامه على السيد المسيح، حينما سكبت المرأة طيبًا من ناردين خالص كثير الثمن عليه، إذ قال: **(لماذا هذا الإتلاف، لأنه كان يمكن أن يُباع هذا الطيب بكثير بأكثر من ثلثمائة دينار -حسب إنجيل معلمنا مرقس الرسول) ويعطى للفقراء" (مت٢٦: ٨، ٩، انظر مر١٤: ٥). (قال هذا ليس لأنه كان يُبالى بالفقراء. بل لأنه كان سارقًا، وكان الصندوق عنده وكان يحمل ما يلقى فيه) (يو١٢: ٦).**

وبالرغم من هذا التذمر وهذا التطاول، فقد أجاب السيد المسيح باتضاع وأناة عجيبين وقال: **(لماذا تزعجون المرأة، فإنها قد عملت بي عملًا حسنًا.. فإنها إذ سكبت هذا الطيب على جسدي، إنما فعلت ذلك لأجل تكفيني (مت٢٦: ١٠، ١٢)**. وأعلن الرب محبته الزكية من خلال قبوله الموت والتكفين..لم يعيّر السيد المسيح يهوذا بأنه سارق للصندوق، ولأموال الفقراء.. بل قال:**(الفقراء معكم في كل حين. وأما أنا فلست معكم في كل حين) (يو١٢: ٨، مت٢٦: ١١)**. أراد السيد المسيح أن يغلب الشر بالخير وأن يقدّم الإحسان للمسيئين إليه.. وحتى لم يحاول أن يفضحهم.. بل تركهم لعل ضمائرهم تبكتهم نتيجة لِما أظهره نحوهم من حب في مقابل إساءتهم. لم يكن اهتمام الرب يسوع بأموال الصندوق لأنه لم يحمل أبدا مالا للطريق حتى عندما طلبت منه ضريبة الهيكل قال لبطرس الرسول إذهب وإصطاد سمك والسمكة التى تصطادها أولا ستجد فى فمها إستارا حيث مقدار هذه الجزية. الدرهمين = ½ شاقل يهودي والأستار= عملة يونانية معدنية كبيرة من الفضة تنطق باللغة اليونانية "ستاتير" = أربعة دراخمة. = شاقل يهودي shekel. والسيد أعطى لبطرس من بطن السمكة ما يكفى تمامًا لدفع الجزية عنه وعن بطرس، فقد كان النظام الروماني يقضى بأن يدفع كل يهودي ½ شاقل = ½ أستار حيث الأستار عملة يونانية .

وهكذا نكون قد القينا الضوء على المحاور الثلاث التي تنبني عليها اي حملة انتخابية يكون هدفها النجاح وفوز المرشح و التى تتشابة فى العديد من نقاطها مع هدف الحملات التبشيرية بالمسيحية و التى كان هدفها أقناع الوثنين بالأله الحقيقى . قد لا نكون اعطينا بعض النقاط حقها من التفصيل وقد نكون قد اطلنا في البعض الاخر ولكن كان الهدف توضيح أن التلاميذ و الرسل أتبعوا منهجا علميا لجذب النفوس الضائعة للمسيح يمكن لأى سياسى يرغب فى تحقيق الخير لشعبة أن يتبع نفس السياسة و مؤكد سيجد نفس النجاح أذا أخلص لرسالتة مثل أبائنا الأوائل و أيضا أعطيت للقاريء صورة وافية الى حد ما عن ما يجب عليه ان يعده ان كان يريد ان يخوض عملية الانتخابات ، ايا كانت تلك الانتخابات .

الباب الثالث : المسيحية اساس الدساتير الديمقراطية

الدستور : (بالإنجليزية: Constitution) هو القانون الأعلى الذي يحدد القواعد الأساسية لشكل الدولة (بسيطة أم مركبة) ونظام الحكم (ملكي أم جمهوري) وشكل الحكومة (رئاسية أم برلمانية) وينظم السلطات العامة فيها من حيث التكوين والاختصاص والعلاقات التي بين السلطات وحدود كل سلطة والواجبات والحقوق الأساسية للأفراد والجماعات ويضع الضمانات لها تجاه السلطة.

ويشمل اختصاصات السلطات الثلاث ((السلطة التشريعية والسلطة القضائية والسلطة التنفيذية)) وتلتزم به كل القوانين الأدنى مرتبة في الهرم التشريعي فالقانون يجب أن يكون متوخيا للقواعد الدستورية وكذلك اللوائح يجب أن تلتزم بالقانون الأعلى منها مرتبة إذا ما كان القانون نفسه متوخيا القواعد الدستورية. وفي عبارة واحدة تكون القوانين واللوائح غير شرعية إذا خالفت قاعدة دستورية واردة في الوثيقة الدستورية.

كلمة الدستور ليست عربية الأصل ولم تذكر القواميس العربية القديمة هذه الكلمة ولهذا فإن البعض يرجح أنها كلمة فارسية الأصل دخلت اللغة العربية عن طريق اللغة التركية، ويقصد بها التأسيس أو التكوين أو النظام.

تعريف الدستور على أنه مجموعة المبادئ الأساسية المنظمة لسلطات الدولة والمبينة لحقوق كل من الحكام والمحكومين فيها بدون التدخل في المعتقدات الدينية أو الفكرية، وبناء الوطن على العالمية والواضعة للأصول الرئيسية التي تنظم العلاقات بين مختلف سلطاتها العامة، أو هو موجز الإطارات التي تعمل الدولة بمقتضاها في مختلف الأمور المرتبطة بالشئون الداخلية والخارجية.

أسس و مبادئ الدستور الديمقراطي :

لابد أن يحتوي الدستور على جملة من المبادئ يجري تفصيلها على نحو يلزم المشرع العادي بالتقيد بها من جهة، و أن تجد هذه المبادئ طريقها للتطبيق الكامل والنزيه من جهة أخرى.

ومن أهم خصائص الدستور الديمقراطي والتي تبلورت عبر سنوات طويلة من الصراع بين أنصار إطلاق السلطة وأنصار تقييدها هي :

أ ـ لا سيادة لفرد أو لقلة على الشعب :

قديما كانت السيادة تعني الحق المطلق في الأمر دون قيد أو منازع و نشأ هذا المفهوم للسيادة في ظروف خاصة في أوربا و فرنسا على وجه الخصوص ، ألا انه في الممارسات الدستورية الديمقراطية المعاصرة ليس هناك حق مطلق غير منازع وغير مقيد يعطى لصاحبه الحق في إصدار الأوامر ، حتى الشعب لا يملك هذا الحق المطلق غير المقيد ، وإنما يمارس الشعب سلطاته بموجب أحكام الدستور وكل دستور ديمقراطي معاصر مقيد بحقوق وحريات عامة لا يجوز مسها وشرائع وعقائد يجب مراعاتها .

إن وضع هذا المبدأ موضع التطبيق يتطلب ضرورة انتخاب أعضاء (البرلمان) ، المناط بهم مهمة التشريع في ظل قيود الدستور ، بمعنى ألا تخالف التشريعات التي يضعونها أحكام ونصوص الدستور ،كما يتطلب ضرورة انتخاب المسؤولين عن السلطة التنفيذية المناط بهم دستوريا السيطرة على قرارات الحكومة وسياساتها، والقيام بمساءلة السلطة التنفيذية عن أداء مهامها وفقا لاختصاصاتها الدستورية .

ب - مبدأ سيادة القانون :

و يعني إن القانون هو أعلى سلطة في الدولة و لا يعلو عليه أحد ، إن تطبيق هذا المبدأ على ارض الواقع هو ما تتميز به الحكومة الدستورية الديمقراطية و من أجل تطبيق هذا المبدأ لابد من وجود ضمانات لاحترامه ، وتتمثل هذه الضمانات في وجود جزاء على مخالفة أحكام هذا المبدأ وأفضل أداة لتحقيق ذلك هي وجود هيئة قضائية تتوافر فيها ضمانات الاستقلال والنزاهة والكفاية وتكون مهمتها إلغاء القرارات المخالفة للقانون .

وأبرز مظاهر هذا المبدأ هو (مبدأ سمو الدستور)، ، أي انه لا يوجد أي نص أعلى من الدستور أو يساويه في المرتبة ، ومن ثم لا يجوز مخالفة أحكامه ، لذا يُطلق على الدستور مصطلح القانون الأساسي، أو قانون القوانين، تمييزاً له عن بقية التشريعات (القوانين والأنظمة)، و لكون الدستور أعلى مرتبة من القوانين فقد نشأ مبدأ سمو الدستور، والحقيقة أن القوانين هي الأخرى سامية ولكن بالنسبة للأنظمة فقط، ولذلك انحصر السمو على الدستور فحسب لأنه هو الذي يحدد معاييراً وقيماً للنظامين القانوني والسياسي في الدولة.

وينطوي سمو الدستور على سمو موضوعي وآخر شكلي:

- ويتحقق السمو الموضوعي بالدستور لأنه يتضمن قواعد بشأن شكل الدولة ونظام الحكم فيها، والسلطات الثلاث (التشريعية و التنفيذية و القضائية)، أي كيفية ممارسة السلطة ومصدرها، والعلاقة بين الحكام والمحكومين، إضافة إلى حقوق وحريات الأفراد.

- أما السمو الشكلي فإنه يتضمن شكل وإجراءات وضع القواعد الدستورية، وهي طريقة أصعب من طريقة وضع قواعد القوانين العادية، وكذلك قواعد وطرق تعديل الدستور.

ويترتب على هذا المبدأ ، نتيجتين هامتين :

١ - دعم مبدأ المشروعية القانونية ، من خلال أيجاد مرجعية دستورية تنبثق عنها القوانين وتقيد سلطة المشرع في إصدار القوانين .

٢ - التأكيد على إن الدستور يبين الاختصاصات وأنه على جميع سلطات الدولة أن تراعى اختصاصاتها الدستورية ، فلا تخرج عن إطار اختصاصاتها .

جـ - الفصل بين السلطات الثلاث وتحقيق التوازن فيما بينها :

الدستور الديمقراطي يقوم على عدم تركيز السلطة في هيئة واحدة ، وإنما يقوم على توزيع السلطات وتحقيق التوازن بين السلطات الثلاث(التشريعية والتنفيذية والقضائية) ، بما يؤدى إلى عدم انفراد أي مؤسسة من مؤسسات النظام السياسي بالسلطة ، و في نفس الوقت يحقق التعاون المطلوب بينها لتسيير العمل السياسي .

د - ضمان الحقوق والحريات العامة :

يتمثل هذا البعد للدستور الديمقراطي في توفير الضمانات اللازمة لممارسة الحقوق والحريات العامة ، وهو بعد مكمل لخصائص الدستور الديمقراطي ، ويعبر عن مميزاته ، ومن ثم فالدستور الديمقراطي يهتم بتوفير هذه الضمانات قدر عنايته بتحديد اختصاصات السلطات وضبط تصرف الحكام .

هـ - تداول السلطة سلمياً :

وهو مبدأ أساسي من مبادئ الدستور الديمقراطي ، فتداول السلطة بين القوى السياسية الشرعية ، أي المعترف بها قانونيا ، يجب أن يكون وفقا لنتائج الاقتراع العام ، وما يسفر

عنه انتخابات ديمقراطية ، وعلى أحكام الدستور الديمقراطي أن توجد المؤسسات وتخلق الآليات اللازمة لذلك .

يقع الدستور في قمة الهرم القانوني للدولة، وتحتاج إليه كل دولة قانونية، إذ هو يحدد طبيعة الدولة (هل هي بسيطة أم اتحادية)،و شكل نظام الحكم فيها، كما يحدد علمها وعاصمتها ولغتها وعقيدتها الفكرية والسياسية، والمسألة الثانية التي ينظمها الدستور هي السلطات الثلاث التشريعية والتنفيذية والقضائية من حيث تشكيلاتها واختصاصاتها، وطبيعة العلاقة الدستورية فيما بينها، و يُنظم الدستور الحقوق والحريات السياسية والمدنية سواء على صعيد الفرد أو مؤسسات المجتمع المدني ،وكلما تضمن الدستور في نصوصه على مبادئ حقوق الإنسان كان أكثر ديمقراطياً ، و الأهم من ذلك تطبيق هذه ! النصوص ، فالنصوص التي لا تجد طريقها إلى التنفيذ تعد نصوصاً معطلة .

الأساليب الديمقراطية لنشأة الدساتير

وهي تتم بإحدى طريقتين:

١ـ الجمعية التأسيسية المنتخبة: حيث يتاح للشعب فرصة انتخاب ممثليه ليقوموا بهذه المهمة خصوصا، وأول من أخذ بهذا الأسلوب هي الولايات المتحدة الأمريكية بعد استقلالها عن بريطانيا سنة ١٧٧٦ م.

٢ـ الاستفتاء الدستوري: حيث يتم وضعه بواسطة جمعية نيابية منتخبة من الشعب أو بواسطة لجنة حكومية أو بواسطة الحاكم نفسه ثم يعرض على الشعب في استفتاء عام ولا يصبح الدستور نافذا إلا بعد موافقة الشعب عليه.

أنواع الدستور

تقسم الدساتير من حيث تدوينها أو عدم تدوينها إلى دساتير مدونة وغير مدونة، ومن حيث طريقة تعديلها إلى دساتير مرنة ودساتير جامدة، ومن حيث محتواها إلى دساتير مطولة ودساتير مختصرة، ومن حيث مدة عمل بها إلى دساتير مؤقتة ودساتير دائمة.

١ـ الدساتير المدونة وغير المدونة

الدساتير المدونة: يعتبر الدستور مدونا إذا كانت غالبية قواعده مكتوبة في وثيقة أو عدة وثائق رسمية صدرت من المشرع الدستوري.

الدساتير غير المدونة: وهي عبارة عن قواعد عرفية استمر العمل بها لسنوات طويلة حتى أصبحت بمثابة القانون الملزم وتسمى أحيانا الدساتير العرفية، نظرا لأن العرف يعتبر المصدر الرئيسي لقواعدها، ويعتبر الدستور الإنجليزي المثال الأبرز على الدساتير غير المدونة لأنه يأخذ غالبية أحكامه من العرف، وبعضها من القضاء، وان وجدت بعض الأحكام الدستورية المكتوبة مثل قانون سنة ١٩٥٨ الذي سمح للنساء بأن يكن عضوات في مجلس اللوردات.

٢ـ الدساتير المرنة والدساتير الجامدة

الدساتير المرنة: هي التي يمكن تعديلها بنفس الإجراءات التي يتم بها تعديل القوانين العادية أي بواسطة السلطة التشريعية وأبرز مثال لها هو الدستور الإنجليزي.

الدساتير الجامدة: هي التي يستلزم تعديلها إجراءات أشد من تلك التي تم بها تعديل القوانين العادية، ومثال ذلك دستور أستراليا الفيدرالي الذي يتطلب موافقة أغلبية مواطنى الولايات، بالإضافة إلى أغلبية الأصوات على المستوى الفيدرالي .

٣- الدساتير المطولة والدساتير المختصرة
الدساتير المطولة: هي الدساتير التي تناقش وتنظم مسائل كثيرة ومتعددة وتفصيلية. ومثال دستور الهند عام ١٩٥٠ والدستور الاتحاد للسوفيتي ١٩٧٧
الدساتير المختصرة: هي الدساتير التي تقتصر على الموضوعات المهمة دون التطرق للتفاصيل. مثال دستور دولة الكويت عام ١٩٦١
٤- الدساتير المؤقتة والدساتير الدائمة
الدساتير المؤقتة: توضع هذه الدساتير لفترة زمنية معينة وذلك لمواجهة ظروف طارئة ومحددة كأن تكون الدولة حصلت على استقلالها حديثا.
الدساتير الدائمة: هي الدساتير التي توضع ليعمل بها دون تحديد مدة زمنية لها حتي تظهر الحاجة لتعديلها آو إلغائها. وهذه لا تنطبق على الدساتير التي تعتمد على الشريعة الإسلامية .

المحكمة الدستورية
المحكمة الدستورية وتسمى أحيانا المحكمة الدستورية العليا وهي أعلى سلطة قضائية في البلاد، تتحدد طريقة اختيار قضاتها وصلاحياتها ضمن دستور الدولة وتختلف من دولة إلى أخرى، ولكن بشكل عام فإن المحكمة الدستورية هي صاحبة القول الفصل بتوافق أي قرار أو مرسوم أو قانون أو حكم قضائي مع الدستور الذي هو التشريع الأعلى في البلاد ولا يجوز مخالفته. يتم إحالة الدعوى إلى المحكمة الدستورية عادة من طريقين الأول هو شك المحكمة بعدم دستورية قانون معين وبالتالي تقوم هي بتحريك الدعوى لدراسة دستوريته، أو يمكن للحكومة أو البرلمان (أو أي جهة أخرى حسب دستور كل بلد) الطعن بدستورية تشريع أو حكم قضائي ما فتقوم المحكمة الدستورية العليا بالنظر في دستورية الموضوع المطعون فيه. كما تختص المحكمة الدستورية بتفسير مواد الدستور بناءً على طلبات تقدم إليها (أيضاً وفق دستور كل بلد)، للاسترشاد أثناء وضع المراسيم والتشريعات.
وقد يضاف إلى صلاحياتها محاكمة كبار المسؤولين في الدولة مثل رئيس الجمهورية حسب دستور كل دولة. إن الأحكام الصادرة على المحكمة الدستورية قطعية وغير قابلة للطعن باعتبارها أعلى سلطة قضائية في البلاد.
لم تعرف الدساتير والوثائق القانونية الأساسية في مصر فكرة أن "الإسلام دين الدولة"، إلاّ مع صدور دستور ١٩٢٣، إذ نصّ على ذلك في المادّة ١٤٩ منه، ثم تبنّت الدساتير اللاحقة هذا النص. فقد ورد في المادة ١٣٨ من دستور ١٩٣٠، والمادة الثالثة من دستور ١٩٥٦، وإن كان قد جرى إغفاله في دستور الجمهورية العربية المتحدة المؤقّت لعام ١٩٥٨ وكذا في الإعلان الدستوري الصادر في أيلول/ سبتمبر ١٩٦٢، إلا أنّ النصّ عينه عاد مرة ثانية في المادة الخامسة من دستور سنة ١٩٦٤. وخَطا دستور ١٩٧١ خطوات أبعد في الربط بين القانون والدين، لأنّ الرئيس السادات كان يبحث عن شرعيّة جديدة تميّز نظامه عن نظام ثورة يوليو ١٩٥٢.
وعدّلت هذه المادة سنة ١٩٨٠ لتصبح الشّريعة الإسلامية بمقتضاها هي "المصدر الرئيس للتشريع(بدلاً من كونها مصدرا رئيسا) دون أداة التعريف في دستور ١٩٧١. بعد ذلك أدْلى

السادات بتصريحه الشهير (رئيس مسلم لدولة مسلمة)، ما أعطى انطباعاً خاطئا أنّ الأقباط قد صاروا مواطنين من الدرجة الثانية [١٦].
بعد المقدمة السابقة لنتصور أننا نريد أن نعقد جمعية تأسيسية لعمل دستور يتوافق مع التعاليم المسيحية المستمدة من الكتاب المقدس و قوانين الرسل (الدسقولية والديداخي) وكتابات آباء الكنيسة والمجامع ، وتحدد وتنظم المصادر القانونية السابقة العمل الكنسي لمختلف الطوائف المسيحية، وهي عبارة أيضًا عن قواعد ملزمة تحكم علاقات الأفراد ومعاملاتهم بالله و المجتمع ككل ثم نكتب الصيغه النهائية من الدستور مؤيدين القواعد الدستورية بالكتاب المقدس .

دستور يتوافق مع التعاليم المسيحية المستمدة من الكتاب المقدس

مادة ١الدولة نظامها ديمقراطي.

التفسير : بشارة لله كما أبلغها موسى و يشوع و جدعون و صموئيل النبى ترفض صراحة حكومة الملوك. فقد كانت حكومة اليهود فى البداية نوعا من الولايات يديرها قاض و مجلس من شيوخ القبائل. و اعتبرت الملكية في الكتاب المقدس على أنها إحدى خطايا اليهود، التي استحقوا بسببها لعنة نزلت بهم . وتاريخ هذه الخطيئة جدير بالاهتمام بداية من القاضى جدعون الذى خلص بني إسرائيل من قهر المديانيين بجيش صغير، وحقق النصر، بمعجزة إلهية. فاقترح اليهود الذين غرهم النصر فأرجعوا النصر إلى عبقرية جدعون الحربية و طلبوا منه أن يصبح ملك عليهم **(فقال لهم جدعون لا أتسلط انا عليكم و لا يتسلط ابني عليكم الرب يتسلط عليكم)(قض ٨ : ٢٣)** فجدعون يستنكر حقهم في منحه إياه الملك و بأسلوب إيجابي يليق بنبي يتهمهم بالجحود وعدم الولاء لمولاهم الحق ملك السموات والأرض.

و بعد سنين طويلة ، ذهبوا إلى صموئيل النبى وحدثوه بغلظة طالبين ملكا **(و قالوا له هوذا أنت قد شخت و ابناك لم يسيرا في طريقك فألان اجعل لنا ملكا يقضي لنا كسائر الشعوب فساء الأمر في عيني صموئيل إذ قالوا أعطنا ملكا يقضي لنا و صلى صموئيل إلى الرب فقال الرب لصموئيل اسمع لصوت الشعب في كل ما يقولون لك لأنهم لم يرفضوك أنت بل إياي رفضوا حتى لا املك عليهم حسب كل أعمالهم التي عملوا من يوم أصعدتهم من مصر إلى هذا اليوم و تركوني و عبدوا آلهة أخرى هكذا هم عاملون بك أيضا فألان اسمع لصوتهم و لكن اشهدن عليهم و اخبرهم بقضاء الملك الذي يملك عليهم)(١صم٨: ٥ - ٩)** فغضب صموئيل النبى من جحودهم وكفرهم بنعمة لله عليهم و عين لهم شاول ملكا عليهم لكنه أيضا أوضح لهم غضب الله عليهم لرفضهم أن يكون الله ملكا عليهم .**(أما هو حصاد الحنطة اليوم فاني أدعو الرب فيعطي رعودا و مطرا فتعلمون و ترون انه عظيم شركم الذي عملتموه في عيني الرب بطلبكم لأنفسكم ملكا فدعا صموئيل الرب فأعطى رعودا و مطرا في ذلك اليوم و خاف جميع الشعب الرب و صموئيل جدا)(١صم١٢: ١٧ - ١٨)** .
ظهرت حكومات الملوك في العالم لأول مرة على يد الوثنيين، ومنهم أخذ بنو إسرائيل تلك

---

[١٦] محمد نور فرحات، "الدين والدستور في مصر"، دراسة ٢٠١٠/٧/٢٠
http://www.pidegypt.org/download/Constitutional-forum/farahat.pdf

العادة . لقد كان هذا هو أكثر اختراعات الشيطان نجاحًا في ترويج عبادة الأوثان بجل الوثنيون ملوكهم المتوفين تبجيلًا رفعهم إلى مقام الآلهة كالفراعنة.

مادة ٢ المواطنون لدى القانون سواء. وهم متساوون في التمتع بالحقوق المدنية والسياسية وفيما عليهم من الواجبات والتكاليف العامة لا تمييز بينهم في ذلك بسبب الأصل أو اللغة أو الدين.

التفسير : - **(لا فرق بين يهودي ويوناني لأن رباً واحداً للجميع)(رومية ١٠ : ١٢)**

(لا فَرقَ الآن بين يهودي وغير يهودي، بين عبدٍ وحُر، بين رجلُ وامرأة، كلكم واحد في المسيح يسوعَ)(غلاطية ٣ :٢٨) (ففي الربُ لا تكون المرأةُ من دون الرجلِ، ولا الرجلُ من دون المرأة) (١كو١١:١١)(الغني والفقير يتلاقيان، فكلاهما صنعهما الربُ) (أمثال ٢٢ : ٢) (لا تقهرِ الفقيرَ لأنه فقيرُ، ولا تَسحَقِ المسكينَ في القضاءِ)(أمثال ٢٢:٢٢) (إسمعوا يا اَخوتي الأحباءُ: أما اختارَالله فُقراء هذا العالم ليكونوا أغنياء بالايمان.... وأنتم تحتقرونَ الفقرا .... أحب قريبك مثلما تُحبُ نَفسَكَ) (يعقوب ٢ :٥-٩)

حرية الإختيار وتقرير المصير **(وأنا أَشهدُ عليكم اليومَ السماء والأرض بأني جَعلتُ بين أيديكمُ الحياةَ والموتَ والبركةَ.. فاختاروا الحياةَ لتحيوا أنتم وذريتكم)(تث ٣٠ :١٩) (ها أنا واقِفُ على البابِ أدقهُ، فإن سَمِعَ أحدُ صوتي وفتحَ البابَ دخلتُ إليه وتعشيتُ معهُ وتعشى هو معي)(رؤ ٣ :٢٠)**

مادة ٣ السيادة لله وحده، وهو مصدر السلطات، الشعوب وكيل الله في السيادة و يمارس الشعب هذه السيادة ويحميها، ويصون الوحدة الوطنية على الوجه المبين في الدستور.

التفسير : **(للرب الأرض و ملؤها المسكونة و كل الساكنين فيها لأنه على البحار أسسها و على الأنهار ثبتها)(مز٢٤: ١)، (لأن للرب الأرض و ملأها) (١كو١٠: ٢٦)، (السموات سموات الرب أما الأرض فأعطاها لبنى آدم)(مز١١٥: ١٦).**

مادة ٤ يقوم الاقتصاد الوطني على حرية النشاط الاقتصادي والعدالة الاجتماعية، وكفالة الأشكال المختلفة للملكية، والحفاظ على حقوق العمال.

التفسير : كما فى قول بولس الرسول **(إذ أنتم تعرفون كيف يجب أن يتمثل بنا لأننا لم نسلك بلا ترتيب بينكم و لا أكلنا خبزاً مجاناً من أحد بل كنا نشتغل بتعب و كد ليلاً و نهاراً لكى لا نثقل على أحد منكم ليس أن لا سلطان لنا بل لكى نعطيكم أنفسنا قدوة حتى تتمثلوا بنا فإننا أيضاً حين كنا عندكم أوصيناكم بهذا أنه إن كان أحد لا يريد أن يشتغل فلا يأكل أيضاً لأننا نسمع أن قوماً يسلكون بينكم بلا ترتيب لا يشتغلون شيئاً بل هم فضوليون فمثل هؤلاء نوصيهم و نعظهم بربنا يسوع المسيح أن يشتغلوا بهدوء و يأكلوا خبز أنفسهم أما أنتم أيها الإخوة فلا تفشلوا في عمل الخير)(٢تس٧: ١٣)** ، و يكفل الله حق العاملين فى أجورهم و فى يوم الراحة الأسبوعية و حتى المهاجرين من أوطانهم للعمل فى أرض غريبة **(لا تظلم أجيراً مسكيناً و فقيراً من إخوتك أو من الغرباء الذين فى أرضك أو فى أبوابك)(تث٢٤: ١٤)** ، و يشدد الله على عدم تأخير أجرة العامل فيقول **(لا تغصب قريبك و لا تسلب و لا تبت أجرة أجير عندك إلى الغد)(لا١٩: ١٣)** ، **(فى يومه تعطيه أجرته و لا تغرب عليها الشمس لأنه فقير و إليها حامل نفسه)(تث٢٤: ١٥)** ، و توعد الله كل إنسان يظلم أخيه الإنسان فى أجرة بالانتقام منه **(و أكون شاهداً سريعاً على السحرة و على الفاسقين و الحالفين زوراً و على السالبين أجرة الأجير) (ملا٥: ٣)** . كما أن حق المرأة

فى العمل مكفول فى المسيحية فقد ورد فى أعمال الرسل ما يؤكد على وجود شركة بين أكيلا و زوجته برسيكلا فى صناعة الخيام (فوجد يهودياً أسمه أكيلا .. و برسيكلا امرأته .. و لكونه من صناعتهما أقام عندهما و كان يعمل لأنهما كانا فى صناعتهما خيامين)(أع١٨: ٢-٣) ، (فكانت تسمع امرأة أسمها ليدية بياعة أرجوان من مدينة ثياتيرا متعبدة لله ففتح الرب قلبها لتصغى إلى ما كان يقوله بولس)(أع١٦: ١٤) ، لذلك يجب على رجال الأعمال احترام حقوق العاملين لديهم و عدم التأخر فى سداد الأجور و إعطائهم الحق فى الإجازة مدفوعة الأجر فالله يقول (ستة أيام تعمل و تصنع جميع أعمالك) (خر٢٠: ٩) و أيضاً (ستة أيام تشتغل و تعمل جميع أعمالك)(تث٥: ١٣) ، و لأن الله يحب أن يعلمنا بأمثلة فأعطانا مثل خلقة العالم حيث استراح فى اليوم السابع (و فرغ الله فى اليوم السابع من عمله الذى عمل فاستراح فى اليوم السابع من جميع عمله الذى عمل)(تك٢:٢) و (إنه سبت عطلة لكم)(عد٢٢) و تحارب المسيحية البطالة و هي عكس حالة العمل أى شخص بلا عمل فالعاطل هو كل قادر على العمل وراغب فيه، ويبحث عنه، ولكن دون جدوى. لذلك تلتزم الدولة بصرف اعانه بطالة كما أرسل الله المن و السلوى لشعب بنى إسرائيل فى سنوات التيه فى البرية ففى سفر الخروج إصحاح ١٦(ثم ارتحلوا من إيليم وأتى كل جماعة بني إسرائيل إلى برية سين التي بين إيليم وسيناء في اليوم الخامس عشر من الشهر الثاني بعد خروجهم من ارض مصر. فتذمر كل جماعة بني إسرائيل على موسى وهرون في البرية. وقال لهما بنو إسرائيل ليتنا متنا بيد الرب في ارض مصر إذ كنا جالسين عند قدور اللحم نأكل خبزًا للشبع فإنكما أخرجتمانا إلى هذا القفر لكي تميتا كل هذا الجمهور بالجوع) (خروج ١٦:١-٣) فأرسل لهم الله المعونة الإلهية (فقال الرب لموسى ها أنا أمطر لكم خبزًا من السماء فيخرج الشعب ويلتقطون حاجة اليوم بيومها لكي امتحنهم أيسلكون في ناموسي أم لا) (خروج١٦:٤)(فكان في المساء أن السلوى صعدت وغطت المحلة. وفي الصباح كان سقيط الندى حوالي المحلة. ولما ارتفع سقيط الندى إذا على وجه البرية شيء دقيق مثل قشور. دقيق كالجليد على الأرض. فلما رأى بنو إسرائيل قالوا بعضهم لبعض: من هو ؟ لأنهم لم يعرفوا ما هو. فقال لهم موسى: هو الخبز الذي أعطاكم الرب لتأكلوا. هذا هو الشيء الذي أمر به الرب. التقطوا منه كل واحد على حسب أكله. عمرا للرأس على عدد نفوسكم تأخذون، كل واحد للذين في خيمته. ففعل بنو إسرائيل هكذا، والتقطوا بين مكثر ومقلل. ولما كالوا بالعمر، لم يفضل المكثر والمقلل لم ينقص. كانوا قد التقطوا كل واحد على حسب أكله. وقال لهم موسى: لا يبق أحد منه إلى الصباح. لكنهم لم يسمعوا لموسى، بل أبقى منه أناس إلى الصباح، فتولد فيه دود وأنتن. فسخط عليهم موسى. وكانوا يلتقطونه صباحا فصباحا كل واحد على حسب أكله. وإذا حميت الشمس كان يذوب. ثم كان في اليوم السادس أنهم التقطوا خبزا مضاعفا، عمرين للواحد. فجاء كل رؤساء الجماعة وأخبروا موسى. فقال لهم: هذا ما قال الرب: غدا عطلة، سبت مقدس للرب. اخبزوا ما تخبزون واطبخوا ما تطبخون. وكل ما فضل ضعوه عندكم ليحفظ إلى الغد. فوضعوه إلى الغد كما أمر موسى، فلم ينتن ولا صار فيه دود. فقال موسى: كلوه اليوم، لأن للرب اليوم سبتا. اليوم لا تجدونه في الحقل.ستة أيام تلتقطونه، وأما اليوم السابع ففيه سبت، لا يوجد فيه. وحدث في اليوم السابع أن بعض الشعب خرجوا ليلتقطوا فلم يجدوا) (خروج ١٦ :١٣-٢٧)

الله ملك شعب بنى إسرائيل رأى أن شعبه سيموت جوعا و أنهم بلا مصدر للرزق فى بريه شاسعة و انطبقت عليهم حاله البطالة الإجبارية لأنهم مسافرين فى طريق لأرض الموعد و تاهوا فى الصحراء و لأن موسى النبى كان يمثل لهم ممثل الحكومة السماوية فتوجهوا له بالشكوى من قله الدخل المتمثلة فى عجزهم عن العمل فى أرض صحراوية لزراعتها و قله موارد الأرض الصحراوية فاتجاه موسى النبى إلى الله مدبر العالم فتحمل الله مسئولية توفير و تأمين متطلبات شعبه و منحهم المن و السلوى أعانه مؤقتة طوال فترة التيه و انقطع المن و السلوى بمجرد استقرار شعب بنى إسرائيل فى أرض الموعد لأن انتهت أسباب البطالة الإجبارية و أصبح لكل سبط أرضة و ميراثه الذى يجب أن يعمل بكل قوته و طاقته للحفاظ علية و تنميته . و إعطانا الله مثالا عن وجوب العدالة فى توزيع أعانه البطالة حسب حاله و عدد أفراد كل عائلة فقد كان شعب بنى إسرائيل يلتقطون بأيديهم فمنهم من يجمع كثيرًا ومنهم من يجمع قليلًا ولما ذهبوا لبيوتهم وجدوا أن المكثر لم يجمع أكثر من حاجة البيت والمقلل لم يجمع أقل من احتياج البيت .

<u>مادة ٥ يقوم النظام السياسى فى الدولة على أساس تعدد الأحزاب السياسية . وللمواطنين حق تكوين الأحزاب السياسية</u>

التفسير : ان الله اعطانا حريه الاختيار فهى المؤشر على وجود الحرية و لكل حزب افكاره و معتقداته ففى (**ملوك الأول اصحاح ١٨ : ٢١**) (فتقدم إيليا إلى جميع الشعب وقال: «حتى متى تعرجون بين الفرقتين؟ إن كان الرب هو الله فاتبعوه، وإن كان البعل فاتبعوه». فلم يجبه الشعب بكلمة) و ايضا قاله الله لشعب بنى اسرائيل (أشهد عليكم اليوم السماء والأرض. قد جعلت قدامك الحياة والموت. البركة واللعنة. فاختر الحياة لكي تحيا أنت ونسلك) (تثنية ٣٠: ١٩) من حق المواطن أن يختار الحزب السياسى الذى ينتمى له و من حقة حرية الاعتقاد الدينى و السياسى .

<u>مادة ٦ لكل انسان ولد داخل اقليم الدولة حق التمتع بالجنسية ولا يجوز حرمان مواطن من جنسيته تعسفا أو انكار حقه فيها</u>

التفسير : عندما قبض على بولس الرسول (امر الامير أن يذهب به إلى المعسكر قائلًا أن يفحص بضربات ليعلم لاي سبب كانوا يصرخون عليه هكذا . فلما مدوه للسياط، قال بولس لقائد المئة الواقف: أيجوز لكم أن تجلدوا إنسانا رومانيا غير مقضي عليه . فإذ سمع قائد المئة ذهب إلى الأمير، وأخبره قائلا: انظر ماذا أنت مزمع أن تفعل لأن هذا الرجل رومانى . فجاء الأمير وقال له : قل لي: أنت رومانى؟ فقال: نعم . فأجاب الأمير: أما أنا فبمبلغ كبير اقتنيت هذه الرعوية. فقال بولس: أما أنا فقد ولدت فيها. وللوقت تنحى عنه الذين كانوا مزمعين أن يفحصوه. واختشى الأمير لما علم أنه رومانى ، ولأنه قد قيده. أمام رؤساء اليهود) (اع ٢٢: ٢٥-٢٩)**

بولس الرسول يعلن أنه رومانى اكتسب الجنسية بالمولد و هذا اكثر شرفا من أن تشترى جنسية بلد لم تتولد به و يعطيك امتيازات بلادك فلا يعطلونه مرة أخرى عن الكرازة سواء في هذا البلد أو أي بلد رومانى آخر، أي أن يراعي الحكام هذه الحقيقة مستقبلًا . فالحكم الذي سيصدر من حاكم رومانى سيكون سابقة يستفيد منها باقي الحكام .

مادة ٧ يقوم المجتمع على التضامن الاجتماعي.

التفسير : قام تلاميذ السيد المسيح بإدخال نظام التضامن الاجتماعي و الإقتصادى بين أوساط المؤمنين**(و كانوا يواظبون على تعليم الرسل و الشركة وكسر الخبز والصلوات و صار خوف فى كل نفس و كانت عجائب و آيات كثيرة تجرى على أيدى الرسل و جميع الذين آمنوا كانوا معاً و كان عندهم كل شىء مشتركاً و الأملاك و المقتنيات كانوا يبيعونها و يقسمونها بين الجميع كما يكون لكل واحد احتياج)(أع٢ : ٤٢-٤٥)** ، **(و كان لجمهور الذين آمنوا قلب واحد و نفس واحدة و لم يكن أحد يقول أن شيئاً من أمواله له بل كان عندهم كل شىء مشتركاً)(أع٤ : ٣٢)** ،**(إذ لم يكن فيهم أحد محتاجاً لأن كل الذين كانوا أصحاب حقول أو بيوت كانوا يبيعونها و يأتون بأثمان المبيعات و يضعونها عند أرجل الرسل فكان يوزع على كل أحد كما يكون له احتياج)(أع٤: ٣٤-٣٥)** ،الأغنياء و فروا احتياجات الفقراء.

مادة ٨ لا يجوز القبض على أي إنسان ولا حبسه إلا وفق أحكام القانون.

(فألقوا أيديهم على الرسل ووضعوهم في الحبس العامة) (أع٥:١٧)

(قبض على بطرس ... ووضعوه في السجن. فكان بطرس محروساً في السجن وأما الكنيسة فكانت تصير منها صلاة بلجاجة إلى الله من أجله) (أع١٢:٣)

(فوضعوا عليهما (بولس وسيلا) ضربات كثيرة والقوهما في السجن وأوصوا حافظ السجن أن يحرسهما بضبط. وهو إذ أخذ وصية مثل هذه ألقاهما في السجن الداخلي وضبط أرجلهما في المقطرة) (أع١٦:١٣-٢٤).

مادة ٩ الأسرة أساس المجتمع، قوامها الدين والاخلاق والوطنية.

التفسير :أن الله خلق الإنسان وفي كيانه الأسرة **(خلق الله الإنسان ذكر وأنثى خلقه وباركه) (تكوين ٥: ٢)** بالمفرد كان من المفروض أن يقول خلقهما وباركهما لكن يقول خلقه وباركه .

يعنى الأسرة في كيان الشخص، الله خلق الإنسان وفي كيانه الأسرة. أدم لم يكن له نظير في المخلوقات جميعها قال الله نخلق له معينًا نظيره ولذلك رأى الله أن خلقة حواء كملت الخلقة كلها ورأى أن الذي خلق إذ به حسن جدًا أي كملت المسألة بحواء معينًا نظيره، من ضلعه دليل المساواة. لا من رأسه حتى لا تتسيد عليه ولا من رجله حتى لا يتسيد هو عليها. وعندما خلق الله حواء لم يخلقها من تراب لكن خلقها من ضلع من أدم لكي يكون الأصل واحد لأن في ذهن الله أن يجعل الاثنين جسد واحد.

على الأسرة توفير وخلق الأجواء الملائمة لتعليم الأطفال مبادئ الأخلاق و الوطنية و الكرامة **(ولتكن هذه الكلمات التي انا أوصيك بها اليوم على قلبك. وقصها على أولادك وتكلم بها حين تجلس في بيتك وحين تمشي في الطريق وحين تنام وحين تقوم) (تثنية٦: ٦-٧)**

مادة ١٠ تكفل الدولة حماية حقوق المرأة و الأمومة والطفولة، وترعى النشئ والشباب، وتوفر لهم الظروف المناسبة لتنمية ملكاتهم.

التفسير : **(وقال الرب الاله ليس جيد أن يكون ادم وحده لإاصنع له معينا نظيره) (تكوين ٢:١٨)**

لقد قال الرب ان حواء معين لأدم و مساويه له فى الحقوق و الواجبات و حذر الله من الغدر بالمراه و عدم حمايتها ففى **(ملاخى ٢: ١٤)(فقلتم لماذا من اجل أن الرب هو الشاهد بينك**

و بين امرأة شبابك التى أنت غدرت بها و هى قرينتك و امرأة عهدك فاحذر لروحكم و لا يغدر أحد بامرأة شبابه) (إذا اتخذ رجل امرأة جديدة، فلا يخرج في الجند، ولا يحمل عليه أمر ما. حرا يكون في بيته سنة واحدة، ويسر امرأته التي أخذها) (تثنية ٢٤ : ٥) (وأما المتزوجون، فأوصيهم، لا أنا بل الرب: أن لا تفارق المرأة رجلها . وإن فارقته، فلتلبث غير متزوجة، أو لتصالح رجلها. ولا يترك الرجل امرأته) (١ كورنثوس ٧: ١٠-١١) حق التربية يرجع للأسرة (وانتم أيها الإباء لا تغيظوا أولادكم بل ربوهم بتأديب الرب وإنذاره) (أفسس٦: ٤)، فالهدف من التربية الحازمة وتأديب الوالدين هو معاونة أولادهم على النضج وليس لأذيتهم أو تثبيط هممهم، فالمعاملة السيئة للأطفال هي السبب الرئيسي في قتل روح الإبداع والتفكير لدى الأطفال، وانتشار المشاكل التي نعاني منها الآن من أمية وجهل وانحلال الأخلاق. على الآباء أن يكونوا قدوة لأبنائهم (كن قدوة للمؤمنين فى الكلام فى التصرف فى المحبة فى الروح فى الإيمان فى الطهارة) (١تى ٤:١٢)

مادة ١١ لا يجوز فرض أي عمل جبرا على المواطنين إلا بمقتضى قانون ولأداء خدمة عامة وبمقابل عادل.

يقول الكتاب المقدس (ثم قام ملك جديد على مصر لم يكن يعرف يوسف)(خر١: ٨) ، غالباً الملوك الذين حكموا فى أيام يوسف هم من الهكسوس ثم بعد أن خرجوا من مصر و حكم مصر المصريين لم يعد هناك ود تجاه هذا الشعب العبراني صديق الهكسوس ، فقام الفرعون المصرى بفرض نظام الرق و السخرة عليهم (فجعلوا عليهم رؤساء تسخير[17] لكى يذلوهم بأثقالهم[18] فبنوا لفرعون مدينتى مخازن فيثوم و رعمسيس)(خر١: ١١) ، (و مرروا حياتهم بعبودية قاسية فى الطين و اللبن و فى كل عمل فى الحقل كل عملهم الذى عملوه بواسطتهم عنفاً)(خر١: ١٤) كانوا يجلبون الطين و يصنعون منه الطوب و يجففونه و يبنون مدن جديدة و مخازن لفرعون لكن الله لم يرضى بالسخرة و إذلال الإنسان لأخيه الإنسان فأرسل موسى النبى لفرعون يأمره أن يترك شعبه يخرج من أرض مصر و يترك العمل لدى فرعون فكان رد فرعون كرد صاحب العمل الذى يريد استغلال العاملين أسوء استغلال ممكن (فقال لهما ملك مصر لماذا يا موسى و هرون تبطلان الشعب من أعماله أذهبا إلى أثقالكما و قال فرعون هوذا الآن شعب الأرض كثير و أنتما تريحانهم من أثقالهم فأمر فرعون فى ذلك اليوم مسخرى الشعب و مدبريه قائلاً لا تعودوا تعطون الشعب تبناً لصنع اللبن كأمس و أول من أمس ليذهبوا هم و يجمعوا تبناً لأنفسهم و مقدار اللبن الذى كانوا يصنعونه أمس و أول من أمس تجعلون عليهم لا تنقصوا منه فإنهم متكاسلون لذلك يصرخون قائلين نذهب و نذبح لإلهنا ليثقل العمل على القوم حتى يشتغلوا به و لا يلتفتوا إلى كلام الكذب فخرج مسخرو الشعب و مدبروه و كلموا الشعب قائلين هكذا يقول فرعون لست أعطيكم تبناً أذهبوا أنتم و خذوا لأنفسكم تبناً من حيث تجدون أنه لا ينقص من عملكم شىء فتفرق الشعب فى كل أرض مصر ليجمعوا قشاً عوضاً عن التبن و كان المسخرون يعجلونهم قائلين كملوا أعمالكم أمر كل يوم بيومه كما كان حينما كان التبن فضرب مدبرو

---

[17] **تسخير :** أى عمل بلا أجرة .

[18] **لكى يذلوهم بأثقالهم :** أى يثقلوا عليهم فيشعروا بالمذلة فلا يفكروا فى التمرد و الثورة ، و حتى لا ينموا فى العدد و يتكاثروا .

بنى إسرائيل الذين أقامهم عليهم مسخرو فرعون و قيل لهم لماذا لم تكملوا فريضتكم من صنع اللبن أمس و اليوم كالأمس و أول من أمس فأتى مدبرو بنى إسرائيل و صرخوا إلى فرعون قائلين لماذا تفعل هكذا بعبيدك التبن ليس يعطى لعبيدك و اللبن يقولون لنا أصنعوه و هوذا عبيدك مضروبون و قد أخطأ شعبك فقال متكاسلون أنتم متكاسلون لذلك تقولون نذهب و نذبح للرب فالآن أذهبوا أعملوا و تبن لا يعطى لكم و مقدار اللبن تقدمونه)(خر٥: ٤-١٩) شدد فرعون أوامره لإذلال الشعب بدلاً من أن يطلقهم ، بل أتهمهم أنهم متكاسلون و كلم مسخرى الشعب - هؤلاء من المصريين — و مدبريه — هؤلاء من اليهود - و هم كمقاولى الأنفار أو متعهدى الأنفار ، عليهم أن يدبروا رجالاً من اليهود لتسليم كمية معينة كواجب يومى إلى المسخرين ، و كان أن أمر فرعون أن على اليهود أن يجمعوا التبن بأنفسهم ، فكان الزراع يتركون القش لمن يريد و كان هناك من يجمعه من الزراع المصريين و يأتون به للشعب ليصنعوا منه الطوب اللبن ، و لكن حسب أوامر فرعون صار هذا واجب جديد على الشعب أن يذهبوا هم ليلتقطوا التبن لأنفسهم على أن يوردوا نفس كمية اللبن ، ذهب الشعب ليشتكى لفرعون أن المسخرين كانوا يضربونهم طالبين كمية أكبر من الأعمال وقالوا (أخطأ شعبك) أى أن رجالك يا فرعون أخطئوا فيما فعلوه ، و بعد آيات كثيرة و الضربات العشر التى ضرب بها الله المصريين وافق أخيراً الفرعون على إطلاق اليهود . هنا نرى صورة لما صنعه السيد المسيح الذى أعتقنا من العبودية (**إن حرركم الابن فبالحقيقة تكونون أحراراً**) (يو٨:٣٦) .

مادة ١٢ الوظائف العامة حق للمواطنين، وتكليف للقائمين بها لخدمة الشعب، وتكفل الدولة حمايتهم وقيامهم بأداء واجباتهم في رعاية مصالح الشعب، ولا يجوز فصلهم بغير الطريق التأديبي إلا في الأحوال التي يحددها القانون.

التفسير : طلب موسى النبى من الشعب أن يرشحوا منهم قضاه (تثنية ١ : ١٢-١٧)(كيف أحمل وحدي ثقلكم وحملكم وخصومتكم. هاتوا من أسباطكم رجالا حكماء وعقلاء ومعروفين، فأجعلهم رؤوسكم. فأجبتموني وقلتم: حسن الأمر الذي تكلمت به أن يعمل. فأخذت رؤوس أسباطكم رجالا حكماء ومعروفين، وجعلتهم رؤوسا عليكم، رؤساء ألوف، ورؤساء مئات، ورؤساء خماسين، ورؤساء عشرات، وعرفاء لأسباطكم. وأمرت قضاتكم في ذلك الوقت قائلا: اسمعوا بين إخوتكم واقضوا بالحق بين الإنسان وأخيه ونزيله. لا تنظروا إلى الوجوه في القضاء. للصغير كالكبير تسمعون. لا تهابوا وجه إنسان لأن القضاء لله. والأمر الذي يعسر عليكم تقدمونه إلي لأسمعه) فالشعب رشح وموسى هو الذي اختار من المرشحين وعينهم رؤساء ألوف ورؤساء مئات ورؤساء خماسين ورؤساء عشرات وبهذا يوضح لنا إن الذي رشح هو الشعب بكل ديمقراطيه ومن المرشحين اختار موسى وعين بمبدأ التعيين . لم يشترط موسى النبي في القادة أن يكونوا ذوي كرامة زمنية أو غنى، بل حكماء وعقلاء ومختبرين. بنفس الروح طلب الرب من الشعب أن يختاروا خدامًا (شمامسة) أكفّاء، حكماء ومملوءين من الروح لخدمة الفقراء (**و في تلك الايام اذ تكاثر التلاميذ حدث تذمر من اليونانيين على العبرانيين ان اراملهم كن يغفل عنهن في الخدمة اليومية فدعا الاثنا عشر جمهور التلاميذ و قالوا لا يرضي ان نترك نحن كلمة الله و نخدم موائد فانتخبوا ايها الاخوة سبعة رجال منكم مشهودا لهم و مملوين من الروح القدس و حكمة فنقيمهم على هذه الحاجة**)(أع ٦: ٣-٦).

مادة ١٣ تكفل الدولة خدمات التأمين الاجتماعي والصحي، ومعاشات العجز عن العمل والبطالة والشيخوخة للمواطنين جميعا، وذلك وفقا للقانون.

التفسير : **(أمريض احد بينكم فليدع شيوخ الكنيسة فيصلوا عليه ويدهنوه بزيت باسم الرب وصلاة الإيمان تشفي المريض والرب يقيمه وان كان قد فعل خطية تغفر له) (رسالة يعقوب ٥ : ١٤-١٥)(ثم دعا تلاميذه الاثني عشر وأعطاهم سلطانا على أرواح نجسة حتى يخرجوها ويشفوا كل مرض وكل ضعف) (لو٩: ١). (ويضعون أيديهم على المرضى فيبرئون) (مر١٦: ١٨). (وأقام اثني عشر ليكونوا معه وليرسلهم ليكرزوا ويكون لهم سلطان على شفاء الأمراض وإخراج الشياطين) (مر٣: ١٥)** .لقد أعطى الله الإنسان الحق فى التعويض عما يلحق به من أضرار ، و تجنباً للظلم الواقع نتيجة الأضرار و منعاً للتعدي على الغير فالله يقول **(و إذا تخاصم رجلان فضرب أحدهما الآخر بحجر أو بلكمة و لم يقتل بل سقط فى الفراش)(خر٢١: ١٨)** فإن على المعتدى صرف التعويض اللازم للشخص المتضرر و ذلك عن أجر فترة شفائه لأنه لا يستطيع العمل **(فإن قام و تمشى خارجاً على عكازه يكون الضارب بريئاً إلا أنه يعوض عطلته و ينفق على شفائه)(خر٢١: ١٩)** ، و نرى فى قصة أيوب البار مثل حيث قام الله بتعويضه عن حسد إبليس و رد له ثروته أضعافاً **(و رد الرب سبى أيوب لما صلى لأجل أصحابه و زاد الرب على كل ما كان لأيوب ضعفاً)(أى٤٢: ١٠)** ، و أيضاً قول الله **(و أعوض لكم عن السنين التى أكلها الجراد)(يوئيل٢: ٢٥)** ، فى سفر الخروج **(إن نطح الثور عبداً أو أمة يعطى سيده ثلاثين شاقل فضة و الثور يرجم و إذا فتح إنسان بئراً أو حفر إنسان بئراً و لم يغطه فوقع فيها ثور أو حمار فصاحب البئر يعوض و يرد فضة لصاحبه و الميت يكون له و إذا نطح ثور إنسان ثور صاحبه فمات يبيعان الثور الحى و يقتسمان ثمنه و الميت أيضاً يقتسمانه لكن إذا علم أنه ثور نطاح من قبل و لم يضبطه صاحبه يعوض عن الثور بثور و الميت يكون له)(خر٢١: ٣٢- ٣٦)**

مادة ١٤ التربية الدينية مادة أساسية في مناهج التعليم العام.

للأطفال مكانتهم العظيمة في الكتاب المقدس، فهم **(إكليل الشيوخ) (أمثال ١٧: ٦)**، والبنون هم **(كفروع زيتون حول المائدة) (مزمور ١٢٨: ٣)**، ولقد أعد الله لنفسه تسبحه من فم الأطفال والرضع **(مز٨: ٢-٣)**، كما أن الرب يسوع بيّن أن لمثلهم دخول الملكوت وباركهم، وكذلك إنهم رمزًا حقيقيًا للتلاميذ. وكي لا نسمح لأطفالنا بأن يكونوا كريشة في مهب الريح بدت ضرورة التربية والتنشئة الدينية السليمة كمقومات أساسية في بناء سلوكية الطفل وتحديد مساره في المستقبل، وهذا ما يؤكد عليه أيضًا الرسول بولس في دور الأم على سبيل المثال في التربية: **(ولكنها ستخلص بولادة الاولاد ان ثبتن في الايمان والمحبة والقداسة مع التعقل) (١تي ٢: ١٥)**.

مادة ١٥ التعليم في مؤسسات الدولة التعليمية مجاني في مراحله المختلفة.

مارمرقس هو الذي اسس مدرسة الإسكندرية اللاهوتية (الاكليريكية) رأى مارمرقس ان الإسكندرية بلد عالمي كبير ويسكنها عدد كبير من الفلاسفة والمفكرين والعلماء الذين يناقشون النظريات والاراء في مدرستهم الوثنية. فوجد لزاما عليه ان يتحدث إلى هؤلاء من خلال منهج علمى منظم فانشأ المدرسة الاكليريكية واقام عليها القديس يسطس مديرا لها.

إن هدف مدرسة الإسكندرية لم يكن محصوراً على الأمور اللاهوتية، لأن علوم أخرى مثل العلوم والرياضيات وعلوم الاجتماع كانت تُدَرَّس هناك. وقد بدأت طريقة "السؤال والجواب" في التفسير بدأت هناك. ومن الجدير بالذِّكر، أنه كانت هناك طرق للحفر على الخشب ليستخدمها الدارسون المكفوفين ليقرؤوا ويكتبوا بها، قبل برايل بـ١٥ قرناً من الزمان!

حوالي عام ١٩٠ م، على يد العَلاَّمة المسيحي "بانتينوس"، أصبحت مدرسة الإسكندرية أهم معهد للتعليم الديني في المسيحية. وكثير من الأساقفة البارزين من عِدَّة أنحاء في العالم تم تعليمهم في تلك المدرسة، مثل "أثيناغورَس"، و"إكليمندس"، و"ديديموس"

(اشفوا مرضى. طهروا برصا. أقيموا موتى. أخرجوا شياطين. مجانا أخذتم، مجانا أعطوا) (مت ١٠ :٨)

مادة ١٧ تخضع الملكية لرقابة الشعب وتحميها الدولة، وهي ثلاثة أنواع: الملكية العامة، والملكية التعاونية والملكية الخاصة.

التفسير : ترى المسيحية أن الملكية الخاصة ليست هى سبب تشجع الأغنياء على ممارسة الاستغلال لكن الابتعاد عن حفظ وصايا الله هو السبب فى حدوث الاستغلال فقد حرص الله على مصلحة الفقراء و حقوقهم فى أموال الأغنياء **(و عندما تحصدون حصيد أرضكم لا تكمل زوايا حقلك فى حصادك و لقاط حصيدك لا تلتقط للمسكين و الغريب تتركه أنا الرب الهكم)(لا٢٣: ٢٢)** ، **(و عندما تحصدون حصيد أرضكم لا تكمل زوايا حقلك فى الحصاد و لقاط حصيدك لا تلتقط و كرمك لا تعلله و نثار كرمك لا تلتقط للمسكين و الغريب تتركه أنا الرب الهكم)(لا١٩: ٩-١٠)** ، **(إذا حصدت حصيدك فى حقلك و نسيت حزمة فى الحقل فلا ترجع لتأخذها للغريب و اليتيم و الأرملة تكون لكى يباركك الرب إلهك فى كل عمل يديك و إذا خبطت زيتونك فلا تراجع الأغصان وراءك للغريب و اليتيم و الأرملة يكون إذا قطفت كرمك فلا تعلله[3] وراءك للغريب و اليتيم و الأرملة يكون و أذكر أنك كنت عبداً فى أرض مصر لذلك أنا أوصيك أن تعمل هذا الأمر)(تث٢٤: ١٩-٢٢)** ، الملكية الخاصة فى الكتاب المقدس : كمثال ملكية إبراهيم و يعقوب للأغنام و مقبرة سارة فمن الواضح أن من عادات الناس من قديم الزمان احترام الملكية الخاصة و عمل عقود شفاهي بالتملك يحفظها الأجيال فى أذهانهم لعدم انتشار الكتابة و الأوراق مثل عصرنا الحالى ، بدليل صعود يوسف النبى من مصر لدفن أبيه يعقوب أبو الآباء فى مقابر العائلة دون أن يعارضه أحد من سكان الأرض حول المقبرة لأن هناك ميثاق و عقد غير مكتوب لكنه سارى و يحترم الملكية الخاصة ، و لكن فى عصر أرميا النبى كان البيع و الشراء يوثق ليحفظ حق الملكية ، فقد ورد فى سفر أرميا النبى **(الكلمة التي صارت إلى أرميا من قبل الرب فى السنة العاشرة لصدقيا ملك يهوذا هى السنة الثامنة عشرة لنبوخذ نصر و كان حينئذ جيش ملك بابل يحاصر أورشليم و كان أرميا النبى محبوساً فى دار السجن الذى فى بيت ملك يهوذا لأن صدقيا ملك يهوذا حبسه قائلاً لماذا تنبأت قائلاً هكذا قال الرب هأنذا أدفع هذه المدينة ليد ملك بابل فيأخذها و صدقيا ملك يهوذا لا يفلت من يد الكلدانيين بل إنما يدفع ليد ملك بابل و يكلمه فماً لفم و عيناه تريان عينيه و يسير بصدقيا إلى بابل فيكون هناك حتى أفتقده يقول الرب إن حاربتم الكلدانيين لا تنجحون فقال أرميا كلمة الرب صارت إلى قائلة هوذا حنمئيل بن شلوم عمك يأتى إليك قائلاً إشتر لنفسك حقلى الذى فى عناثوث لأن لك حق الفكاك**

---

[3] **تعلله-** تلتقط فضلات الحصاد.

للشراء فجاء إلى حنمئيل أبن عمى حسب كلمة الرب إلى دار السجن و قال لى إشتر حقلى الذى فى عناثوث الذى فى أرض بنيامين لأن لك حق الإرث و لك الفكاك أشتره لنفسك فعرفت أنها كلمة الرب فاشتريت من حنمئيل أبن عمى الحقل الذى فى عناثوث و وزنت له الفضة سبعة عشر شاقلاً من الفضة و كتبته فى صك و ختمت و أشهدت شهوداً و وزنت الفضة بموازين و أخذت صك الشراء المختوم حسب الوصية و الفريضة و المفتوح و سلمت صك الشراء لباروخ بن نيريا بن محسيا أمام حنمئيل أبن عمى و أمام الشهود الذين أمضوا صك الشراء أمام كل اليهود الجالسين فى دار السجن و أوصيت باروخ أمامهم قائلاً هكذا قال رب الجنود إله إسرائيل خذ هذين الصكين صك الشراء هذا المختوم و الصك المفتوح هذا و أجعلهما فى إناء من خزف لكى يبقيا أياماً كثيرة لأنه هكذا قال رب الجنود إله إسرائيل سيشترون بعد بيوتاً و حقولاً و كروماً فى هذه الأرض)(أر٣٢: ١-١٥) نجد هنا أن الملك سجن أرميا بسبب نبواته ضدَه و ضد أورشليم ، و هذه الأحداث جَرَت في السنة العاشرة لصدقيا ، و بدأ الحصار فى السنة التاسعة له و سقطت المدينة فى السنة الحادية عشرة ، و لكن يبدو أن أرميا كان لهُ شيء من الحرية أثناء فترة حبسه فأمكن لأصحابه و أقرباؤه أن يزوروه فأستطاع القيام بأعمال البيع والشراء ، فنجد فيها قصة أخرى عن شرائه أرض بمشورة الله ليثبت أنه فى وقت محدد ستنتهي هذه الآلام ، و يرجح أن قريب أرميا هذا كان يحتاج لهذا المبلغ من المال فقام ببيع أرضه لمن لهُ حق الشراء ، فغالباً كان أرميا هو الولى الأقرب الذى له حق الفكاك و حق الإرث ، فقد كان للأقرباء دون غيرهم هذا الحق ، حق شراء الأرض و كان عليهم أيضاً حسب العرف و الرأي العام واجب الشراء إذا كان القريب صاحب الأرض فى ضيقة مالية ، و لكن هل يبدو منطقياً أن يشترى أحد فى هذه الظروف و الكل ذاهب إلى السبي و أورشليم محاصرة و العدو سيستولى على كل شيء فتكون كل الأراضى عديمة القيمة ؟ و لكن هنا إعلان عن ثقة أرميا فى وعود الله بالعودة من السبي

و ليعلن هذا لكل الشعب ، و نسمع هنا عن صكين أحدهما مختوم و الآخر مفتوح ، فالمختوم هو بعد أن يتم لفه وغلقه يختم ، و المفتوح مفتوحاً لكل من يريد أن يقرأ (هو أصل و صورة و الأصل هو المختوم) و وضعهما فى إناء خزف لأنه يريد حفظهما ٧٠ سنة حتى العودة من السبي ، و وضع الصك فى إناء خزف كي يبقى طويلاً ، ويبدو أنها كانت عادة مألوفة بدليل ما وُجد فى مغارات بقرب بحر لوط لنسخ من أسفار العهد القديم ظلت مختزنة فى بطن الأرض أكثر من ألفى سنة و إقرار حق الملكية الخاصة لكل إنسان بدون تفرقة بين الرجل و المرأة فقد عملت المرأة فى التجارة كليديا بائعة الأرجوان **(فكانت امرأة تسمع أسمها ليديا بائعة أرجوان من مدينة ثياترا متعبدة لله)(أع١٦: ١٤)** ، و فى سفر الأمثال **(تصنع قمصاناً و تبيعها و تعرض مناطق على الكنعاني)(أم٣١ :٢٤)** .

ثانياً : الملكية العامة :- البحار و الأنهار و الجو كلها ملك للرب و قد أعطاها للجميع لذلك أمر الله بأن توزع بعدالة على الجميع و أن إتباع التوزيع العادل هو أساس التوازن بين الناس و طريق للنجاة من الشر**(للرب الأرض و ملؤها المسكونة و كل الساكنين فيها لأنه على البحار أسسها و على الأنهار ثبتها)(مز٢٤: ١)، (السموات سموات الرب أما الأرض فأعطاها لبنى آدم)(مز١١٥: ١٦)** ، **(لأن للرب الأرض و ملأها) (١كو١٠: ٢٦)** .

مادة ١٧ الملكية الخاصة مصونة، ولا يجوز فرض الحراسة عليها إلا في الأحوال المبينة في القانون وبحكم قضائي، ولا تنزع الملكية إلا للمنفعة العامة ومقابل تعويض وفقا للقانون وحق الإرث فيها مكفول.

التفسير : يقر المسيحى بأن الملكية عموماً فى كل شئ هى لله وحده و أنه هو نفسه بكل ما يملك ملكاً لله و الإنسان صورة الله على الأرض و لا ننسى أن الله أعطى آدم الحق فى أن يمتلك كل شجر الجنة ما عدا شجرة معرفة الخير و الشر ، كما أقر الله بحقوق الملكية الخاصة

و شجع عليها و حدد بعض أسباب الملكية :-

١- أسباب منشئة للملكية : مثل الصيد و التنقيب عن المعادن ، حيث عمل الناس فى بداية الخليقة بالصيد كنمرود **(الذى كان جبار صيد أمام الرب لذلك يقال كنمرود جبار صيد أمام الرب)(تك١٠: ٩) (فكبر الغلامان و كان عيسو إنساناً يعرف الصيد إنسان البرية و يعقوب إنساناً كاملاً يسكن الخيام) (تك٢٥: ٢٧)** ،

ثم اكتشفوا المعادن النفيسة كالذهب و الفضة و الحديد **(أسم الواحد فيشون و هو المحيط بجميع أرض الحويلة حيث الذهب و ذهب تلك الأرض جيد هناك المقل و حجر الجزع٢٠)(تك٢: ١١- ١٢)** ، **(و كان أبرام غنياً جداً فى المواشي و الفضة و الذهب)(تك١٣: ٢)** .

٢- أسباب ناقلة للملكية : مثل الميراث و الميراث هو ما يؤول من المورث الى الوارث بعد وفاة المورث ، أى أن الميراث يجب أن يُؤخذ بعد الوفاة وليس قبلها، كما فعل الابن الضال، الذي طلب حقه في ممتلكات أبيه في حياته. و الميراث الالهى هو كما قسم الله أرض فلسطين على اليهود و جعل لكل سبط ميراث ، و لكى يحافظ على ملكية السبط للأرض أقر قوانين تمنع بيع الأرض لمشترى من خارج السبط حتى لا يضيع الميراث و يستقر كل سبط فى أرضه **(فلا يتحول نصيب لبنى إسرائيل من سبط إلى سبط بل يلازم بنو إسرائيل كل واحد نصيب سبط آبائه و كل بنت ورثت نصيباً من أسباط بنى إسرائيل تكون امرأة لواحد من عشيرة سبط أبيها لكى يرث بنو إسرائيل كل واحد نصيب آبائه فلا يتحول نصيب من سبط إلى سبط آخر بل يلازم أسباط بنى إسرائيل كل واحد نصيبه)(عد٣٦: ٧-٩)** حدث أن صلفحاد بن حافر مات بالبرية مع الجيل الاول الذي عاقبه الله و لم يكن له بنبن فظن العبرانيين أن نسله سيحرم من الارث الخاص بهم في أرض كنعان و ان هذا الميراث سينتقل لاخوته و لكن الله رفض ذلك و أوضح تساوي الرجل و المرأة في الميراث و أوضح أن عدم وجود الابناء الذكور لا يحرم البنات من الميراث أو يدخل أعمامهم الرجال معهم و انما يوزع الميراث بالتساوي بين البنات و اذا لم يكن له ابنه يعطى الميراث بالتساوى لأخوته و أن لم يكن للميت أخوة أو أبناء أو أب حى يعطى الميراث لأعمامه أو ألى أقرب قريب حى له ..

(فتقدمت بنات صلفحاد بن حافر بن جلعاد بن ماكير بن منسى، من عشائر منسى بن يوسف. وهذه أسماء بناته: محلة ونوعة وحجلة وملكة وترصة. ووقفن أمام موسى وألعازار الكاهن وأمام الرؤساء وكل الجماعة لدى باب خيمة الاجتماع قائلات . أبونا مات

---

٤ الجزع- حجر كريم (العقيق اليمانى) ذات الشرائط المستقيمة المتوازية و لونه أسود و أبيض ، و يستعمل فى النقوش البارزة .

في البرية ، ولم يكن في القوم الذين اجتمعوا على الرب في جماعة قورح، بل بخطيته مات ولم يكن له بنون . لماذا يحذف اسم أبينا من بين عشيرته لأنه ليس له ابن ؟ أعطنا ملكا بين إخوة أبينا. فقدم موسى دعواهن أمام الرب . فكلم الرب موسى قائلا . بحق تكلمت بنات صلفحاد، فتعطيهن ملك نصيب بين إخوة أبيهن، وتنقل نصيب أبيهن إليهن. وتكلم بني إسرائيل قائلا: أيما رجل مات وليس له ابن، تنقلون ملكه إلى ابنته . وإن لم تكن له ابنة ، تعطوا ملكه لإخوته . وإن لم يكن له إخوة ، تعطوا ملكه لإخوة أبيه . وإن لم يكن لأبيه إخوة، تعطوا ملكه لنسيبه الأقرب إليه من عشيرته فيرثه. فصارت لبني إسرائيل فريضة قضاء، كما أمر الرب موسى) (عدد ٢٧: ١- ١١) و فى العهد الجديد اصبح قانون المحبة و هو التساوى بين الرجل و المرأة فى كل شئ لأن اذا كان الله لم يفرق بين عبد و حر و رجل و امراة فى دخول الملكوت السماوى و اعطاهم جميعا ميراثا فى اغلى ما فى الوجود و هو **الملكوت (ليس يهودي و لا يوناني ليس عبد و لا حر ليس ذكر و انثى لانكم جميعا واحد في المسيح يسوع) (رساله غلاطية ٣: ٢٨) (حيث ليس يوناني و يهودي ختان و غرلة بربري و سكيثي عبد حر بل المسيح الكل و في الكل) (رسالة كولوسى ٣: ١١)** فبناءا علية ترى المسيحية أن تركة المتوفى تقسم بالتساوى بين زوجته و ابنائة البنين و البنات بالتساوى أو كيفما يرى الورثة فى اطار من المحبة فقد يرى أخ أنه ليس له حاجة فى ميراث أبيه و أن أخته و أمة أحق بالميراث فيتنازل لهم فهذا من حقة لأن المحبة أهم من توزيع الميراث **(و عبد الرب لا يجب ان يخاصم بل يكون مترفقا بالجميع)(٢ تيموثاوس ٢ : ٢٤)** فأحذروا من الطمع **(فانكم تعلمون هذا ان كل زان او نجس او طماع الذي هو عابد للاوثان ليس له ميراث في ملكوت المسيح و الله) (الرسالة إلي أهل افسس ٥ : ٥)**

مادة ١٨ لا يجوز التأميم إلا لاعتبارات الصالح العام وبقانون، ومقابل تعويض.

منع الكتاب المقدس استيلاء الملوك و الرؤساء على ممتلكات الرعية دون وجه حق مثلما فعل أخاب الملك بكرم نابوت اليزرعيلى **(وحدث بعد هذه الأمور أنه كان لنابوت اليزرعيلي كرم في يزرعيل بجانب قصر أخآب ملك السامرة .فكلم أخآب نابوت قائلا: «أعطني كرمك فيكون لي بستان بقول، لأنه قريب بجانب بيتي، فأعطيك عوضه كرما أحسن منه. أو إذا حسن في عينيك أعطيتك ثمنه فضة. فقال نابوت لأخآب: «حاشا لي من قبل الرب أن أعطيك ميراث آبائي. فدخل أخآب بيته مكتئبا مغموما من أجل الكلام الذي كلمه به نابوت اليزرعيلي قائلا: لا أعطيك ميراث آبائي. واضطجع على سريره وحول وجهه ولم يأكل خبزا .فدخلت إليه إيزابل امرأته وقالت له: «لماذا روحك مكتئبة ولا تأكل خبزا؟ فقال لها: «لأني كلمت نابوت اليزرعيلي وقلت له: أعطني كرمك بفضة، وإذا شئت أعطيتك كرما عوضه، فقال: لا أعطيك كرمي فقالت له إيزابل: أأنت الآن تحكم على إسرائيل؟ قم كل خبزا وليطب قلبك. أنا أعطيك كرم نابوت اليزرعيلي .ثم كتبت رسائل باسم أخآب، وختمتها بخاتمه، وأرسلت الرسائل إلى الشيوخ والأشراف الذين في مدينته الساكنين مع نابوت . وكتبت في الرسائل تقول: «نادوا بصوم؟ وأجلسوا نابوت في رأس الشعب.**

وأجلسوا رجلين من بني بليعال تجاهه ليشهدا قائلين: قد جدفت على الله وعلى الملك. ثم أخرجوه وارجموه فيموت .ففعل رجال مدينته، الشيوخ والأشراف الساكنون في مدينته، كما أرسلت إليهم إيزابل، كما هو مكتوب في الرسائل التي أرسلتها إليهم. فنادوا بصوم وأجلسوا نابوت في رأس الشعب .وأتى رجلان من بني بليعال وجلسا تجاهه، وشهد رجلا

بليعال على نابوت أمام الشعب قائلين: قد جدف نابوت على الله وعلى الملك . فأخرجوه خارج المدينة ورجموه بحجارة فمات.
وأرسلوا إلى إيزابل يقولون: قد رجم نابوت ومات. ولما سمعت إيزابل أن نابوت قد رجم ومات، قالت إيزابل لأخآب: «قم رث كرم نابوت اليزرعيلي الذي أبى أن يعطيك إياه بفضة، لأن نابوت ليس حيا بل هو ميت. ولما سمع أخآب أن نابوت قد مات، قام لينزل إلى كرم نابوت اليزرعيلي ليرثه.فكان كلام الرب إلى إيليا التشبي قائلا: قم انزل للقاء أخآب ملك إسرائيل الذي في السامرة. هوذا هو في كرم نابوت الذي نزل إليه ليرثه. وكلمه قائلا: هكذا قال الرب: هل قتلت وورثت أيضا؟ ثم كلمه قائلا :هكذا قال الرب: في المكان الذي لحست فيه الكلاب دم نابوت تلحس الكلاب دمك أنت أيضا.)(١مل٢١)

مادة ١٩ يقوم النظام الضريبي على العدالة الاجتماعية.

التفسير : الكتاب المقدس تكلم عن الضريبة التى كان يجمعها فرعون من المصريين و هى العشر و قد قام الملك سليمان بعمل تقسيم إداري للملكة اليهودية إلى إثنتى عشرة محافظة على رأس كل منها وكيل مهمته جمع الضرائب التى يحتاج إليها ، كما فرض على كل وكيل إعاشة الملك و حاشيته و جيشه و دوابه شهراً كل عام و قد تقدم سليمان فى التنظيمات الإدارية عن داود أبيه ، فقد اعتنى جداً بالتسجيلات و أستحضر الكتبة المتخصصين لذلك ، و خصص عملهم بدقة **(و بقية أمور سليمان و كل ما صنع و حكمته أما هى مكتوبة فى سفر أمور سليمان)(١مل١١:٤١)** و للأسف ضاعت هذه السجلات كلها ، و فى العهد الجديد قام السيد المسيح بدفع الضرائب للرومان بل و قال صراحة أنه يجب دفع الضريبة للحاكم **(ثم أرسلوا إليه قوماً من الفريسيين و الهيرودسيين لكى يصطادوه بكلمة فلما جاءوا قالوا له يا معلم نعلم أنك صادق و لا تبالى بأحد لأنك لا تنظر إلى وجوه الناس بل بالحق تعلم طريق الله أيجوز أن تعطى جزية لقيصر أم لا نعطى فعلم رياءهم و قال لهم لماذا تجربوننى إيتونى بدينار لأنظره فأتوا به فقال لهم لمن هذه الصورة و الكتابة فقالوا له لقيصر فأجاب يسوع و قال لهم إعطوا ما لقيصر لقيصر و ما لله لله فتعجبوا منه)(مر١٢ : ١٣-١٧)** لكنك ستعتقد بأن السيد المسيح لم يتدخل فى الشأن الإقتصادى و الإجتماعى للناس ، بل أمر الناس بكل بساطة أن يدفعوا الضرائب للسلطة دون نقاش ، لكن إذا قرأت قول السيد المسيح **(إذا آراد أحد أن يكون أولاً فيكون آخر الكل و خادماً للكل)(مر٩: ٣٥)** ، و أيضاً **(فلا يكون هكذا فيكم بل من آراد أن يصير فيكم عظيماً يكون لكم خادماً) (مر١٠: ٤٣)** ، فالحاكم من أعظم الناس و بالتالى يجب أن يكون خادماً لكل الناس و المقصود بالخدمة هو أن يسلك بين الناس بطهارة القلب و اليد و أن يعدل بين الرعية ، لكن إذا كان هذا الخادم كسول و شرير و فاسد فهل نعطيه الضريبة لينفقها على لذاته و شهواته كما فعل سليمان الحكيم عندما إنحرف عن عبادة الله ؟ فنظرية دفع الضرائب للسلطة تشترط أن تحقق هذه السلطة الخدمة الحقيقية للمجتمع فإذا كان هذا الخادم فاسد مثله كمثل الخادم الثالث فى مثل الخدام الثلاثة **(مت٢٥: ١٤- ٣٢)(و كأنما إنسان مسافر دعا عبيده و سلمهم أمواله فأعطى واحداً خمس وزنات و آخر وزنتين و آخر وزنة كل واحد على قدر طاقته و سافر للوقت فمضى الذى أخذ الخمس وزنات و تاجر بها فربح خمس وزنات أخر و هكذا الذى أخذ الوزنتين ربح أيضاً وزنتين أخريين و أما الذى أخذ الوزنة فمضى و حفر فى الأرض و أخفى فضة سيده و بعد زمان طويل أتى سيد أولئك العبيد و**

حاسبهم فجاء الذى أخذ الخمس وزنات و قدم خمس وزنات أخر قائلاً يا سيد خمس وزنات سلمتنى هوذا خمس وزنات أخر ربحتها فوقها فقال له سيده نعماً أيها العبد الصالح و الأمين كنت أميناً فى القليل فأقيمك على الكثير أدخل إلى فرح سيدك ثم جاء الذى أخذ الوزنتين و قال يا سيد وزنتين سلمتنى هوذا وزنتان أخريان ربحتهما فوقهما قال له سيده نعماً أيها العبد الصالح و الأمين كنت أميناً فى القليل فأقيمك على الكثير أدخل إلى فرح سيدك ثم جاء أيضاً الذى أخذ الوزنة الواحدة و قال يا سيد عرفت أنك إنسان قاس تحصد حيث لم تزرع و تجمع حيث لم تبذر فخفت و مضيت و أخفيت وزنتك فى الأرض هوذا الذى لك فأجاب سيده و قال له أيها العبد الشرير و الكسلان عرفت أنى أحصد حيث لم أزرع و أجمع من حيث لم أبذر فكان ينبغى أن تضع فضتى عند الصيارفة فعند مجيئى كنت آخذ الذى لى مع ربا فخذوا منه الوزنة و أعطوها للذى له العشر وزنات لأن كل من له يعطى فيزداد و من ليس له فالذى عنده يؤخذ منه و العبد البطال إطرحوه إلى الظلمة الخارجية هناك يكون البكاء و صرير الأسنان و متى جاء إبن الإنسان فى مجده و جميع الملائكة القديسين معه فحينئذ يجلس على كرسى مجده و يجتمع أمامه جميع الشعوب فيميز بعضهم من بعض كما يميز الراعى الخراف من الجداء) ، و مثل الخدام ينطبق على الدولة فالخادم هو الحكومة التى تحصل الضرائب ، و السيد هو المجتمع الذى يتم تحصيل الضرائب منه ، فالسيد المسيح أعطى الضريبة لكنه يجازى كل حاكم على سوء استغلاله للضريبة و هكذا الشعوب فهى تجازى حكوماتها على سؤ استغلال الضرائب .

<u>مادة ٢٠ الادخار واجب وطني تحميه الدولة وتشجعه وتنظمه.</u>

السيد المسيح بعد معجزة إشباع الجموع قال لتلاميذه **(فلما شبعوا قال لتلاميذه أجمعوا الكسر الفاضلة لكى لا يضيع شىء)(يو٦: ١٢)** ، و قد تتساءل ما مقدار هذا الكسر و ما أهميته ؟

ثم تجد الإجابة فى إنجيل معلمنا لوقا حيث يقول **(فأكلوا و شبعوا جميعاً ثم رفع ما فضل عنهم من الكسر أثنتا عشرة قفة)(لو٩: ١٧)** ، لقد نمت بركة الله فشبع الناس و بقيت كسر تكفى لإطعام آخرين فأدخرها التلاميذ لجوعي آخرين ، فإن كان الجيب ممتلئ و القلب أعمى فما المنفعة ، و كذلك الإسراف و الانغماس فى المال و محبته نهايته الدمار و الموت **(لو١٦:١٩-٣١)** .

<u>مادة ٢١ الحرية الشخصية حق طبيعي وهي مصونة لا تمس، وفيما عدا حالة التلبس لا يجوز القبض على أحد أو تفتيشه أو حبسه أو تقييد حريته بأي قيد أو منعه من التنقل إلا بأمر تستلزمه ضرورة التحقيق وصيانة أمن المجتمع، ويصدر هذا الأمر من القاضي المختص أو النيابة العامة، وذلك وفقا لأحكام القانون.</u>

قد جاء يسوع **(لِيُبلِّغَ المأسورين بإطلاق سبيلهم ويفرج عن المظلومين) (لوقا ٤: ١٨)** و كما يقول بولس الرسول **(يقول القديس بولس: "إنَّكم أيُّها الأخوة، قد دُعيتم إلى الحريَّة" (غلاطية ٥: ١٣)**

<u>مادة ٢٢ تكفل الدولة حرية الرأي و حرية العقيدة وحرية ممارسة الشعائر الدينية.</u>

"إنَّكم أيُّها الأخوة، قد دُعيتم إلى الحريَّة" (غلاطية ٥: ١٣)

مادة ٢٣ لا يجوز أن تحظر على أي مواطن الإقامة في جهة معينة ولا أن يلزم بالإقامة في مكان معين إلا للحفاظ على حياته .

لقد اعطى الله البشر حرية التنقل فقد امر ابراهيم النبى بالخروج من ارض ابائه و ساعد يوسف النبى عندما بيع كعبد و انتقل لأرض مصر و طمئن الله يعقوب لينتقل لأرض **مصر (تكوين ٤٦ : ٣) (فقال أنا الله اله ابيك لا تخف من النزول الى مصر و أنا اصعدك أيضا) و لاحظ تنقل الرسل للتبشير بالمسيحية فى كل انحاء العالم .**

مادة ٢٤ للمواطنين حق الهجرة الدائمة أو الموقوتة إلى الخارج، وينظم القانون هذا الحق وإجراءات وشروط الهجرة ومغادرة البلاد.

لقد سمح الله بهجرة شعب بنى اسرائيل و من قبلهم هجرة أبينا أبراهيم .

مادة ٢٥ للمواطنين حق الاجتماع الخاص في هدوء غير حاملين سلاحا ودون حاجة إلى إخطار سابق، ولا يجوز لرجال الأمن حضور إجتماعاتهم الخاصة، والإجتماعات العامة والمواكب والتجمعات مباحة في حدود القانون.

التفسير : **(لأنه حيثما اجتمع اثنان أو ثلاثة باسمي فهناك أكون في وسطهم) (متى ١٨ : ٢٠)** ففي أي قداس أو اجتماع يجتمع أكثر من اثنين أو ثلاثة باسم المسيح. بل صلاتنا الشخصية في مخادعنا إذ نصلي متشفعين بالقديسين والملائكة، حينئذ نجتمع أرضيين مع سمائيين، وبحسب وعد المسيح يكون هو في وسطنا، فيتحول المخدع إلى سماء

مادة ٢٦ الدفاع عن الوطن وأرضه واجب مقدس، والتجنيد إجبارى وفقا للقانون.

في حالة الدفاع عن الوطن فعلى المسيحي أن يقوم بواجباته والتزاماته نحو وطنه بروح الاحترام والإخلاص، و الخضوع لأوامر وقرارات السلطة الحاكمة(لتخضع كل نفس للسلاطين الفائقة، لأنه ليس سلطان إلا من الله، والسلاطين الكائنة هي مرتبة من الله، حتى إن من يقاوم السلطان يقاوم ترتيب الله، والمقاومون سيأخذون لأنفسهم دينونة .فإن الحكام ليسوا خوفا للأعمال الصالحة بل للشريرة. أفتريد أن لا تخاف السلطان؟ افعل الصلاح فيكون لك مدح منه، لأنه خادم الله للصلاح! ولكن إن فعلت الشر فخف، لأنه لا يحمل السيف عبثا، إذ هو خادم الله، منتقم للغضب من الذي يفعل الشر .لذلك يلزم أن يخضع له، ليس بسبب الغضب فقط، بل أيضا بسبب الضمير .فإنكم لأجل هذا توفون الجزية أيضا، إذ هم خدام الله مواظبون على ذلك بعينه.

(فأعطوا الجميع حقوقهم: الجزية لمن له الجزية. الجباية لمن له الجباية. والخوف لمن له الخوف. والإكرام لمن له الإكرام) (روميا ١٣ : ١- ٧)، فإن أُمر الحكومة بحمل السلاح ذوداً عن الوطن فعلى المواطنين الخضوع وخوض المعارك، سواءً أكانت الحروب التي يشترك فيها حروباً عادلة مشروعة أو حروباً غير عادلة وغير مشروعة، فالمسئولية لا تقع على المواطن بل على السلطة التي قررت الدخول في هذه الحروب، ودماء القتلى من أي طرف كان يطلبها الله من أيدي الحكّام صانعي القرار لا من يدي المواطنين . و يجب أن نضع أمام أعيننا قصة الكتيبة الطيبية كمثال عن التفاني فى خدمة الوطن و التمسك بالله فقد كانت الكتيبة الطيبية من الأقباط المسيحيين المحاربين الأشداء وعددهم ٦٦٠٠ قبطي مسيحي وكانوا تحت قيادة قائداً شجاعاً اسمه موريس وقد أبلت هذه الكتيبة الطبية بلاءاً حسنا في الحروب التي خاضتها وشهد ببسالتهم قيادة الجيش الرومانى، وأوفدوا إلى القائد مكسيميانوس في فرنسا الذي أختاره دقليديانوس ليكون شريكة في حكم الإمبراطورية

الرومانية وقد قسمت هذه الكتيبة إلى قسمين احدهما ليحارب على حدود فرنسا والآخر ليحارب في سويسرا. صدر الأمر بالتبخير للأوثان وأعتبار دقليديانوس إلهً قبل البدء في الحرب وكان من المعتاد أن تقدم العبادة للآلهة الوثنية قبل بدء المعارك.و صدر الأمر للكتيبة المصرية أن تشارك في تقديم البخور في هذه العبادة ولكن جنود الكتيبة رفضوا معلنين أنهم وإن كانوا يؤدون واجباتهم للدولة، فهم مسيحيون لا يعبدون إلا الإله الحقيقي رب السماء والأرض فرفضت الكتيبة القبطية الامتثال للأمر والتبخير للأوثان.إزاء هذا الموقف أمر الإمبراطور بأن تقف الكتيبة صفوفاً، وفي كل صف عشرة، وبعد كل تسعة جنود. يجلد العاشر ثم تقطع رأسه ولكن الباقين ازدادوا إصراراً على مسيحيتهم، فأمر الإمبراطور بتكرار جلد العاشر وقتله فجلدوا بالسياط الرومانية التي تحتوى في نهايتها قطع من الرصاص.. ولما تمسك الأقباط بإيمانهم المسيحي اغتاظ الإمبراطور فأمر بأن يصطف أقباط الكتيبة الطيبية صفوفاً وكل صف يتكون من عشرة أفراد، وكان يأخذ العاشر من كل صف ويقتله أمامهم حتى يخاف الباقيين ويبخروا للأوثان ولكن أضطر الأمبراطور أن يقتلهم جميعاً في النهاية لأنه لا يوجد من بينهم قبطى واحد رجع عن إيمانه بالمسيح وكان ذلك في العام الثالث للشهداء. ومن شجاعة القبطى قائد الكتيبة الطيبية أنه قام بكتابة خطاباً باللغة القبطية وقدمه إلى الأمبراطور يعلن فيه طاعته له في أى أمر بالدفاع عن الاراضى الرومانية ولكن إيمانه بالإله يخصه وقد قدمه للمسيح، وكان قائد الكتيبة الضابط الصعيدي ((موريس)) والضباط زملاؤه فكانوا يشجعون جندهم أن يثبتوا على إيمانهم ، وحينئذ اصدر الإمبراطور أمراً بقتل جميع أفراد الكتيبة حيثما تكون معسكراتها، فكانت مذبحة هائلة ومجزرة همجية فظيعة – تناثرت فيها أشلاء المصريين فوق وادي أجون وارتوت أرضه بدمائهم. حدث هذا في السنوات الأخيرة من القرن الثالث الميلادي. خلدت سويسرا هؤلاء الشهداء الأقباط من ابطال الكتيبة الطيبية بإقامة كنيسة في زيورخ باسم " القديس موريس " يتردد صدى أجراسها في فضاء أوروبا لتعلن للعالم كله شجاعة أقباط مصر وإيمانهم المسيحيى الأصيل وتخليداً لذكرى هذا الموقف العظيم، غير سكان الوادي اسم مدينة أجون وأطلقوا عليها اسم قائد الكتيبة المصري فصار اسمها حتى اليوم " سان موريس " في مقاطعة فاليه وأقيمت بها في منتصف القرن الرابع كنيسة، ولقد كان استشهاد الجنود المصريين، وما صاحبه من شجاعة وصمود ورجولة – هذا كله كان يملأ أهالى المنطقة إعجاباً بهم وتقديراً لهم، وكان يدفعهم للتساؤل عن سر هذه العظمة. وهكذا بدأ تحول سكان هذه المناطق من الوثنية إلي المسيحية. وارتبطت أسماء العديد من أفراد الكتيبة بمختلف المدن والقرى – وفي مقدمتهم القائد موريس، الذي اطلق اسمه علي مدينتين، الأولى سبق ذكرها والثانية "سان موريتز " (بالنطق الألماني) في مقاطعة انجاندين بسويسرا، وأقيم له تمثال في ميدان كبير بها. واختارت مقاطعة زيورخ شعارها وختمها ثلاث صور من أبطال هذه الكتيبة الطيبية وهم " فيلكس وريجولا أخته وأكسيبر أنيتيوس " وهم يحملون رؤوسهم تحت أذرعتهم . أبناء منطقة طيبة (محافظة الأقصر حالياً)، وأن ذكرى بعض هؤلاء تعتبر هناك من الأعياد الرسمية.

فالخضوع للسلطة الحاكمة هو موقف إيجابي متزن بين موقفين متناقضين هما التمرد والخنوع و كما راينا فى موقف الكتيبة الطيبية أنهم رأوا أن الخضوع للموت على أيدى السلطة الحاكمة أفضل من الخنوع لرغبة السلطة فى أبعادهم عن ديانتهم المسيحية .

الباب الرابع : المعاهدات فى الكتاب المقدس

إنَّ أكثر ما يميّز العهد القديم هو أنه ليس من قصص الخيال. إنَّ الأحداث التي نجدها مذكورة فيه قد جرت أحداثها في زمانٍ ومكان. إننا نعرف اليوم عن عالم الكتاب المقدس القديم، من خلال الاكتشافات الأثرية الحديثة حصلت في القرن الماضي عدة اكتشافات أثرية حول الثقافات التي كانت تحيط بإسرائيل القديمة، أعطتنا بصيرة عديدة حول طبيعة عهود الكتاب المقدس.

معنى العهد وعناصره

تعني كلمة العهد- في العبرية- ترتيباً أو اتفاقاً، وهي مشتقة على الأرجح من فعل يعني (أكلوا خبزاً معاً) مما يعني أن أطراف العهد كانوا بعد إبرامهم العهد أو المعاهدة يأكلون معاً. والكلمة في اليونانية لها نفس المعنى العبري، ونجدها على سبيل المثال **(هذَا هُوَ الْعَهْدُ الَّذِي أَعْهَدُهُ مَعَهُمْ بَعْدَ تِلْكَ الأَيَّامِ، يَقُولُ الرَّبُّ، أَجْعَلُ نَوَامِيسِي فِي قُلُوبِهِمْ وَأَكْتُبُهَا فِي أَذْهَانِهِمْ ١٧وَلَنْ أَذْكُرَ خَطَايَاهُمْ وَتَعَدِّيَاتِهِمْ فِي مَا بَعْدُ». ١٨وَإِنَّمَا حَيْثُ تَكُونُ مَغْفِرَةٌ لِهذِهِ لاَ يَكُونُ بَعْدُ قُرْبَانٌ عَنِ الْخَطِيَّةِ.)(عب ١٠: ١٦- ١٨).**

تعريف المعاهدات :

عرفوها بأنها التزام بين الدول .وهذا التعريف ضيق إذ لا يحوى تعريف المعاهدة ،وقالوا هي كل أتفاق بين الأسرة الدولية يهدف على إحداث نتائج قانونية وهذا التعريف قاصر . بل قال فريق آخر بأنها هي : أتفاق دولي يتم إبرامه بين شخصين آو أكثر من أشخاص القانون الدولي .

وعرفوها بأنها : أتفاق بين دولتين أو أكثر كتابة ويخضع لأحكام القانون الدولي سواء تم في وثيقة واحد أو أكثر أيا كانت التسمية التي تطلق علية.

أما مفهوم قانون المعاهدات الدولية فهو: هو مجموع القواعد القانونية الدولية التي تحكم نظام إبرام وشروط نفاذ وسريان المعاهدات الدولية وكيفيه انقضائها .

إما مرادفاتها :

كلمة معاهده : تعني وجود اتفاق بين دولتين أو أكثر لتحديد الحقوق والواجبات المتبادلة أو لحل مسألة أو تعديل علاقة أو وضع قواعد وأنظمة تتعهد الدول باحترامها .

اتفاقية :هي التصرف الذي يتخذه طرفان أو أكثر برضاهما ويهدف إلى إحداث نتائج قانونية

العهد: (كعهد عصبة الأمم) –الميثاق : (كميثاق جامعة الدول العربية)

النظام :(نظام محكمة العدل الدولية). كما من مترادفاتها.البيان والعقد والإعلان والتسوية والبروتوكول.

العناصر المشتركة بين المعاهدات ومرادفاتها:

العنصر الأول: وجود وثيقة مكتوبة .

العنصر الثاني :انعقاد الوثيقة بين أشخاص القانون الدولي .

العنصر الثالث :أن هذه الوثيقة تولد نتائج وتركة قانونية .

تصنيف المعاهدات الدولية :

تصنف المعاهدات الدولية من حيث عددها إلى :

(١)معاهدات ثنائية .وهى بين دولتين .

(٢)معاهدات متعددة الأطراف:وهي بمشاركة أكثر من دولتين .

وتصنف المعاهدات من حيث موضوعاتها إلى:

معاهدات سياسية : وهى تضم اتفاقات ألا حلاف العسكرية والتعاون المشترك والعلاقات الدبلوماسية .

معاهدات اقتصادية : وهى تشمل الاتفاقات الاقتصادية في مجال الزراعة والصناعة والمواصلات وغيرها.

معاهدات خاصة :وهى تشمل معاهدات في مجال التعاون الثقافي والاتفاقات القانونية مثل ،اتفاقيات مكافحة الجريمة وتقنين القواعد القانونية .

تتميز المعاهدات الدولية بأربعة عناصر هي :

١- الموضوع أو الموضوعية :

تعتبر المعاهدة اتفاقا بكل ما تحمل هذه الكلمة من معنى بل إن الاتفاق يعتبر جوهر المعاهدة وأساس وجودها ،ويختلف مضمون المعاهدة من معاهده على أخرى بحسب طبيعتها ونية أطرافها . كل العهود التي قُطعت بين البشر هي (عهود شرطية) أي أن هناك بعض الشروط الملزمة لطرفي العهد. أما عهود الله مع الإنسان فقد تكون عهوداً من طرف واحد هو الله مثل عهده مع إبراهيم أو داود، أو تكون ثنائية كعهد الله مع شعبه القديم في حوريب (سيناء)- ومع هذا لا تخلو العهود الأحادية من بعض الشروط المتعلقة بالإنسان كعلاقة العهد مع إبراهيم وهي الختان.

٢- الأطراف :

تبرم المعاهدات الدولية بين أشخاص القانون الدولي ، وهى الدول والمنظمات الدولية والدويلات (أعضاء الاتحاد الفدرالي) والأشخاص الاعتبارية في القانون الدولي .   قد يكونوا أفراداً مثلما حدث بين يعقوب ولابان (تك٣١: ٤٤- ٤٦)، أو شعوباً مثل العهد الذي أراد ناحاش العموني أن يفرضه على سكان يابيش جلعاد (١صم١١: ١، ٢)، أو العهد بين الله والإنسان مثل عهد الله مع إبراهيم أو داود، أو عهد الفداء الذي كان بين الآب والأبن.

٣- القانون واجب التطبيق :

يجب إن يطبق القانون الدولي على الاتفاق الدولي والغرض من ذلك تميز المعاهدة الدولية عن غيرها من الاتفاقات التي ،وأن كانت مبرمة بين أشخاص القانون الدولي إلا أنها تخضع لقواعد قانون أخرى ، أو لنصوص القانون الداخلي أو أكثر حسما يقرر أطراف الاتفاق .

٤- الشكل :
لا يشترط القانون الدولي شكلا معينا لكي يكون الاتفاق ملزما لأطرافه ،غذ العبرة هي نيتهم . فيعتبر الاتفاق معاهدة دولية سواء تمت صياغته ،في وثيقة واحدة أوفى وثيقتين أو أكثر ،بل يعتبر الاتفاق معاهدة دولية أيا كانت التسمية .
وتدل العناصر الاربعه في مجموعها على الطبيعة الاتفاقية للمعاهدات الدولية .
في أية معاهده دولية دون رضاها ،كما أنه ليست هنالك أية سلطة تملك إجبارها على الدخول في معاهده لا ترغب في تصبح طرفا فيها .
يدخل إبرام المعاهدات الدولية في أخص خصائص السياسة الخارجية للدولة وأعني بذلك السلطة التنفيذية (رئيس الدولة – أو الحكومة - أو وزير الخارجية) .

إنَّ المعاهدات فى الكتاب المقدس تقترب فى مفهومها لعدة كتابات قديمة مختلفة تساعدنا على فهم العهود بشكل أعمق. ولكن بالنسبة لمقاصدنا هنا :
فإن أحد أهم الاكتشافات هو مجموعة من الكتابات المعروفة باسم **معاهدات (الامبراطور– الخادم) (Suzerain -Vassal) .**
إنَّ عبارة "Suzerain" تُشتق من الجذر نفسه الذي تُشتق منه الكلمة اللاتينية قيصر، وتزار في اللغة الروسية، أو كايزر في الألمانية، إنها تعني "إمبراطور". وكلمة "Vassal" تعني "خادم أو تابع" بالطبع، أو في هذه الحالة تعني "خادم الإمبراطور". انَّ معاهدة الإمبراطور-الخادم كانت اتفاقية دولية معقودة بين إمبراطور عظيم، وملك وأمة أقل شأناً. تبعاً لهذه المعاهدات فإن الملك والأمة الأقل شأناً يصبحون خدماً للامبراطور العظيم.
إنَّ عالم الكتاب المقدس القديم كان عالم إمبراطوريات. وهذه الحقيقية السياسة قد سيطرت، في طرق عديدة، على الأراضي الطبيعية للشرق الأدنى القديم وشكّلت طريقة تفكير الشعب في كل مجالات الحياة. وينطبق هذا بالتأكيد على الطريقة التي كانت تؤسس وتدار فيها الإمبراطوريات ويحافظ عليها. كان فراعنة مصر، وملوك الحثّيين الأقوياء، وملوك الأشوريين، يستولون أو يضمون إليهم الأمم والدول الأضعف أو أراضي المدن ليوسعوا من رقعة ممالكهم. كان العديد من هذه العلاقات الدولية تدار من خلال ما نسميه اليوم معاهدات الإمبراطور– الخادم.
إنَّ معاهدات الإمبراطور– الخادم هامة لدراسة العهد القديم لعدة أسباب، ولكن ما يهمنا بشكل خاص هو فكرة رئيسة واحدة: معاهدات الإمبراطور– الخادم أوجدها الملوك لإدارة ممالكهم. باستثناءات نادرة، فإن النواحي الرسمية لهذه المعاهدات كان لها نموذج ثلاثي يمكن توقّعه.

أولاً: تُفتح المعاهدات بتركيز على المحبة والإحسان، واللطف الذي أبداهم الإمبراطور نحو خدّامه. تبدأ بمقدمة يُعرِّف فيها الملك عن نفسه. وفي بعض المراحل التاريخية، كانت تتبع المقدمة عمل تاريخي يذكر فيها الملك الأشياء الجيدة العديدة التي فعلها لشعبه.
ثانيا : يركّز على ضرورة تحلّي الخدم بالإخلاص؛ ويذكر بوضوح نوع الطاعة المطلوبة من خدم الإمبراطور. وقد أُعطيت القواعد والقوانين لتشرح نمط الحياة التي يُتوقّع من الخدّام أن يحيوها في مملكة الإمبراطور.
ثالثا : نتائج الولاء وعدم الولاء من قبل الخادم. كان يُعطى الوعد للخدّام الأوفياء بمزيد من البركات والمكافآت، أمَّا غير الأوفياء فكان التهديد لهم باستنزال اللعنات عليهم أو بالعقاب.
تظهر أيضاً عناصر أخرى في هذه المعاهدات. مثال على ذلك، اتَّخذت الإجراءات للاحتفاظ بوثائق المعاهدة في مكان أمين، ودُعي الشهود الإلهيون ليراقبوا الأطراف المشتركة في المعاهدات. لكن جوهر العلاقة بين الملك وخدّامه يمكن أن تكون على هذا النحو.
الملوك العظام يعلنون كرمهم وحبهم للخير تجاه الملوك والأمم الأقل شأناً. ويتوقع الملوك الحصول على خدمات مخلصة من خدّامهم لأنهم أظهروا لهم اللطف. ثم يعلنون العواقب الإيجابية والسلبية لإخلاص خدامهم أو لعدم إخلاصهم. كما سنرى، هذه الملامح الثلاثة لمعاهدات الحاكم والمحكوم، سوف تساعدنا لنفهم بشكل أوضح طبيعة عهود العهد القديم وصلتهم بمملكة الله.
و كانت أقدم معاهدة بحسب الكتاب المقدس هي العهد مع نوح **(وَلكِنْ أُقِيمُ عَهْدِي مَعَكَ، فَتَدْخُلُ الْفُلْكَ أَنْتَ وَبَنُوكَ وَامْرَأَتُكَ وَنِسَاءُ بَنِيكَ مَعَكَ.) (تك٦: ١٨).**
(وَبَنَى نُوحٌ مَذْبَحاً لِلرَّبِّ. وَأَخَذَ مِنْ كُلِّ الْبَهَائِمِ الطَّاهِرَةِ وَمِنْ كُلِّ الطُّيُورِ الطَّاهِرَةِ وَأَصْعَدَ مُحْرَقَاتٍ عَلَى الْمَذْبَحِ،) (تك٨: ٢٠) وَبَارَكَ اللهُ نُوحاً وَبَنِيهِ وَقَالَ لَهُمْ: «أَثْمِرُوا وَاكْثُرُوا وَامْلأُوا الأَرْضَ،) ،(وَقَالَ اللهُ لِنُوحٍ وَبَنِيهِ: «وَهَا أَنَا مُقِيمٌ مِيثَاقِي مَعَكُمْ وَمَعَ نَسْلِكُمْ مِنْ بَعْدِكُمْ، ١٠وَمَعَ كُلِّ ذَوَاتِ الأَنْفُسِ الْحَيَّةِ الَّتِي مَعَكُمْ: الطُّيُورِ وَالْبَهَائِمِ وَكُلِّ وُحُوشِ الأَرْضِ الَّتِي مَعَكُمْ مِنْ جَمِيعِ الْخَارِجِينَ مِنَ الْفُلْكِ حَتَّى كُلُّ حَيَوَانِ الأَرْضِ. أُقِيمُ مِيثَاقِي مَعَكُمْ فَلاَ يَنْقَرِضُ كُلُّ ذِي جَسَدٍ أَيْضاً بِمِيَاهِ الطُّوفَانِ. وَلاَ يَكُونُ أَيْضاً طُوفَانٌ لِيُخْرِبَ الأَرْضَ». وَقَالَ اللهُ: «هذِهِ عَلاَمَةُ الْمِيثَاقِ الَّذِي أَنَا وَاضِعُهُ بَيْنِي وَبَيْنَكُمْ وَبَيْنَ كُلِّ ذَوَاتِ الأَنْفُسِ الْحَيَّةِ الَّتِي مَعَكُمْ إِلَى أَجْيَالِ الدَّهْرِ: وَضَعْتُ قَوْسِي فِي السَّحَابِ، فَتَكُونُ عَلاَمَةَ مِيثَاقٍ بَيْنِي وَبَيْنَ الأَرْضِ. فَيَكُونُ مَتَى أَنْشُرْ سَحَاباً عَلَى الأَرْضِ وَتَظْهَرِ الْقَوْسُ فِي السَّحَابِ أَنِّي أَذْكُرُ مِيثَاقِي الَّذِي بَيْنِي وَبَيْنَكُمْ وَبَيْنَ كُلِّ نَفْسٍ حَيَّةٍ فِي كُلِّ جَسَدٍ، فَلاَ تَكُونُ أَيْضاً الْمِيَاهُ طُوفَاناً لِتُهْلِكَ كُلَّ ذِي جَسَدٍ. فَمَتَى كَانَتِ الْقَوْسُ فِي السَّحَابِ أُبْصِرُهَا لأَذْكُرَ مِيثَاقاً أَبَدِيّاً بَيْنَ اللهِ وَبَيْنَ كُلِّ نَفْسٍ حَيَّةٍ فِي كُلِّ جَسَدٍ عَلَى الأَرْضِ». وَقَالَ اللهُ لِنُوحٍ: «هذِهِ عَلاَمَةُ الْمِيثَاقِ الَّذِي أَنَا أَقَمْتُهُ بَيْنِي وَبَيْنَ كُلِّ ذِي جَسَدٍ عَلَى الأَرْضِ». (تك٩: ١، ٨- ١٧). كان العهد أحادياً موجهاً من الله إلى نوح ونسله وكذلك إلى الأرض، وقد وضع الله شروط العهد وهي الموجودة في (تك ٩: ١-١٧)، وكان (قوس قزح) هو علامة العهد.
ثم عهد الله مع إبراهيم ونسله وَقَالَ الرَّبُّ لأَبْرَامَ: **«اذْهَبْ مِنْ أَرْضِكَ وَمِنْ عَشِيرَتِكَ وَمِنْ بَيْتِ أَبِيكَ إِلَى الأَرْضِ الَّتِي أُرِيكَ، ٢فَأَجْعَلَكَ أُمَّةً عَظِيمَةً، وَأُبَارِكَكَ، وَأُعَظِّمَ اسْمَكَ، وَتَكُونَ بَرَكَةً. ٣وَأُبَارِكُ مُبَارِكِيكَ، وَلاَعِنَكَ أَلْعَنُهُ، وَتَتَبَارَكُ فِيكَ جَمِيعُ قَبَائِلِ الأَرْضِ». (تك١٢: ١-٣)**

- وَلَمَّا كَانَ أَبْرَامُ ابْنَ تِسْعٍ وَتِسْعِينَ سَنَةً ظَهَرَ الرَّبُّ لأَبْرَامَ وَقَالَ لَهُ: (أَنَا اللهُ الْقَدِيرُ. سِرْ أَمَامِي وَكُنْ كَامِلاً،) (تك١٧: ١).

- وَقَالَ: «بِذَاتِي أَقْسَمْتُ يَقُولُ الرَّبُّ أَنِّي مِنْ أَجْلِ أَنَّكَ فَعَلْتَ هَذَا الأَمْرَ وَلَمْ تُمْسِكِ ابْنَكَ وَحِيدَكَ، ١٧أُبَارِكُكَ مُبَارَكَةً، وَأُكَثِّرُ نَسْلَكَ تَكْثِيراً كَنُجُومِ السَّمَاءِ وَكَالرَّمْلِ الَّذِي عَلَى شَاطِئِ الْبَحْرِ، وَيَرِثُ نَسْلُكَ بَابَ أَعْدَائِهِ، ١٨وَيَتَبَارَكُ فِي نَسْلِكَ جَمِيعُ أُمَمِ الأَرْضِ، مِنْ أَجْلِ أَنَّكَ سَمِعْتَ لِقَوْلِي». (تك٢٢: ١٦- ١٨).

- بِالإِيمَانِ قَدَّمَ إِبْرَاهِيمُ إِسْحَاقَ وَهُوَ مُجَرَّبٌ - قَدَّمَ الَّذِي قَبِلَ الْمَوَاعِيدَ، وَحِيدَهُ، الَّذِي قِيلَ لَهُ: «إِنَّهُ بِإِسْحَاقَ يُدْعَى لَكَ نَسْلٌ» إِذْ حَسِبَ أَنَّ اللهَ قَادِرٌ عَلَى الإِقَامَةِ مِنَ الأَمْوَاتِ أَيْضاً، الَّذِينَ مِنْهُمْ أَخَذَهُ أَيْضاً فِي مِثَالٍ." (عب١١: ١٧- ١٩).

بدأ عهداً من طرف واحد وهو الله (تك١٢: ١- ٣)، ولكن بعد أن أبدى إبراهيم استعداده للطاعة ثم الطاعة الكاملة في تقديم ابنه، أصبح هناك طرفان للعهد: الله وإبراهيم. ولكن العهد الأهم كان في سيناء بين الله وشعبه الذي أخرجه من أرض مصر (خر١٩- ٢٣)....

يبدو جلياً أنَّ عهد موسى مُصاغ بطريقة تشبه معاهدات الملك–الخادم في الشرق الأدنى القديم. يتألف عهد موسى من نفس العناصر الثلاثة التي سبق ورأيناها في معاهدات الملك-الخادم، وهذا التشابه سوف يساعدنا بشكل أساسي لنفهم أنَّ عهود الله كانت الطريقة التي حكم وأدار الله بها ملكوته.

في (خروج ١٩:٤-٦) أعطى الله أولاً عهدهُ لإسرائيل بواسطة موسى بهذه الطريقة.

(أنتم رأيتم ما صنعت بالمصريين. وأنا حملتكم على أجنحة النسور وجئت بكم إليّ. فالآن إن سمعتم لصوتي وحفظتم عهدي تكونون لي خاصةً من بين جميع الشعوب. فإن لي كل الأرض. وأنتم تكونون لي مملكة كهنة وأمة مقدَّسة.)

إنَّ هذه الآيات ترفع الستار عن مشهد دخول الله في عهد مع إسرائيل في جبل سيناء. وهي تعكس عن قرب العناصر الثلاثة لمعاهدة الملك–الخادم.

تذكرون أنَّ معاهدات الملك–الخادم كان لها ثلاثة أجزاء: إظهار محبة الخير وإحسان الملك، الحصول على ولاء الأتباع، واهمية الولاء وعدم الولاء. ومن الممتع، نفس الاشياء الثلاثة تظهر في عهد موسى. نستطيع أن نجد هذه العناصر في (خروج ١٩:٤-٦)

أولاً، ذكَّر الله إسرائيل بإحسانه الإلهي الذي أظهره في الطريقة التي خلّصهم فيها بنعمته من العبودية في مصر.

كما قال في خروج ١٩:٤(أنتم رأيتم ما صنعت بالمصريين. وأنا حملتكم على أجنحة النسور وجئت بكم إليَّ.)

ذكَّر الله الإسرائيليين ، أنه ملكهم الرحوم؛ لقد كان عظيماً ما فعله عندما خلَّص إسرائيل من مصر، وفي سياق إحسانه وكرمه الذي أظهره لشعبه عرض أن يعقد عهداً مع شعبه.

ثانياً، طالب الله بالولاء الإنساني.

استمعوا ثانية لخروج ١٩:٥.(فالآن إن سمعتم لصوتي وحفظتم عهدي تكونون لي خاصَّةً من بين جميع الشعوب.)

طلب الله الولاء من خدامه البشر. مع أنَّ عهد موسى كان مبنياً على رحمة الله وليس على أعمال البشر الصالحة، كان الله ما يزال يطلب من خدّامه الولاء، وقد شرحت شريعة موسى عدة طرق لإظهار هذا الولاء. كان مُنتظراً من الشعب أن يطيع أنظمة وقواعد العهد.

ثالثاً، كان عهد موسى يستوجب عواقب الولاء والخيانة.
هذا العنصر يصبح واضحاً في **خروج ١٩:٥-٦:(فالآن إن سمعتم لصوتي وحفظتم عهدي تكونون لي خاصّة من بين جميع الشعوب. فإنَّ لي كل الأرض. وأنتم تكونون لي مملكة كهنة وأمَّة مقدَّسة.)**
أوضح الله أنه إذا كان الشعب مخلصاً فسوف يحظى ببركات عظيمة: سوف يكون خاصته، وملكوت كهنوتي. فهو يقول ضمناً، إذا لم يكونوا مخلصين، فسوف تحلّ لعنته عليهم.
إذن، نحن نرى أنَّ النماذج الثلاثة لمعاهدات الملك-الخادم تظهر في عهد الله مع موسى: كما كان الملوك يُظهرون اللطف والإحسان نحو خدمهم، أعطى الله أولاً البرهان على كرمه وإحسانه الإلهيين. استمر العهد ليعلن ما ينتظره من ولاء بشري نحو الله. كما حدّد عواقب البركات واللعنات.
إنَّ حقيقة كون العهد الموسوي يعكس تلك العناصر الموجودة في عهود الملك- الخادم، يبرهن على أنَّ عهود العهد القديم كانت من حيث الجوهر تدابير ملكية. إنَّ العهود والمملكة يسيران جنباً إلى جنب، لأن العهود كانت الواسطة التي حكم بها الله مملكته. كانت هي الإدارة الحكومية لمملكة الله. لقد قادت العهود هذه المملكة نحو قدرها لتمتد حتى نهاية الأرض.
والعهود التي جاءت بعد ذلك، سواء تجديد العهد في أرض موآب على مشارف أرض كنعان بعد أربعين سنة أو العهد مع داود
- **(مَتَى كَمِلَتْ أَيَّامُكَ وَاضْطَجَعْتَ مَعَ آبَائِكَ أُقِيمُ بَعْدَكَ نَسْلَكَ الَّذِي يَخْرُجُ مِنْ أَحْشَائِكَ وَأُثَبِّتُ مَمْلَكَتَهُ. هُوَ يَبْنِي بَيْتاً لاِسْمِي، وَأَنَا أُثَبِّتُ كُرْسِيَّ مَمْلَكَتِهِ إِلَى الأَبَدِ. أَنَا أَكُونُ لَهُ أَباً وَهُوَ يَكُونُ لِيَ ابْناً. إِنْ تَعَوَّجَ أُؤَدِّبْهُ بِقَضِيبِ النَّاسِ وَبِضَرَبَاتِ بَنِي آدَمَ، وَلَكِنَّ رَحْمَتِي لاَ تُنْزَعُ مِنْهُ كَمَا نَزَعْتُهَا مِنْ شَاوُلَ الَّذِي أَزَلْتُهُ مِنْ أَمَامِكَ. وَيَأْمَنُ بَيْتُكَ وَمَمْلَكَتُكَ إِلَى الأَبَدِ أَمَامَكَ. كُرْسِيُّكَ يَكُونُ ثَابِتاً إِلَى الأَبَدِ».(٢صم٧: ١٢- ١٦).**
- **(«قَطَعْتُ عَهْداً مَعَ مُخْتَارِي. حَلَفْتُ لِدَاوُدَ عَبْدِي. إِلَى الدَّهْرِ أُثَبِّتُ نَسْلَكَ وَأَبْنِي إِلَى دَوْرٍ فَدَوْرٍ كُرْسِيَّكَ».) (مز٨٩: ٣، ٤).**
وفيه وعد الله داود بأن ابنه سوف يحكم حكماً آمناً، كما وعده بملك أبدي في شخص المسيا أو يوآش الملك.... الخ، كانت كلها مستمدة من عهد الله مع شعبه في سيناء.

خاتمة

الفكر هو نتاج التفكير الذى هو عمل البشر و من صنع الأنسان أما السياسة فهى حكم المجتمع بواسطة السلطة و هكذا يصبح الفكر السياسى هو مجمل التفكير البشرى فى فكرة السلطة و بناءا علية (فالفكر السياسى هو مجموعة القوانين و الأسس و النظم السياسية التى وضعها المفكرون السياسيون لرسم صورة الدولة و تنظيم العلاقات بين السلطة الحاكمة و أفراد المجتمع الذى تمارس فيه تلك السلطة) و مصادر (علم السياسة) تختلف بطبيعتها : فالمصدر الأساسي ليس أبدا أو دائما داخل العقل ولكنه أيضا داخل الوحي. فالأفكار لا تأتي دائما أو نهائيا من الإنسان الباحث عن اكتشاف العالم، إنها تأتي من الله وهو صاحب السيادة و الذي يرسل رسله و أنبيائه للناس فالعقيدة المسيحية نابعة من الله .

يقول سقراط، بداية الفلسفة هي الحيرة و الدهشة والاستغراب التي تعطي الاهتزاز و الحراك للعقل، أما الفلسفة في المسيحية فهى الإيمان بأمور لا ترى و بالتالي هي ابتعاد عما يدركه العقل المحدود و الانطلاق لما هو غير محدود أو ما لا يمكن أن يدركه العقل إذا هي(فعل ثقة). فالنبي إبراهيم يجسد إنسان الإيمان لأنه يخضع من غير تذمر لأوامر الله .

و الوحي لا يلغي العقل أو يقصيه، كما أن ما هو فوق طبيعي لا يلغي الطبيعي وحيث أن خالق ما فوق طبيعي هو من خلق الطبيعي. هناك معرفة عقلانية للأشياء ما فوق طبيعية وللحقائق الروحية الداخلية في الوحي. كل هذا يؤكد إمكانية معرفة أكيدة و طبيعية لله و في نفس الوقت وجود قانون أخلاقي و روحي طبيعي في داخل كل إنسان. إذا يوجد حقائق عقلانية خالصة : و الباب مفتوح أمام الفلسفة. و من وجهة نظر المسيحية، إن العهدين القديم و الجديد يعودان لتاريخ واحد متشابه حيث تنتشر عناية و تعاليم الله، الوحي يتقدم، يكتمل ويتحقق مع فعل التجسد. حيث فى الإنجيل يوجد برنامج سياسي للإصلاح الاجتماعي و الاقتصادي. فالمسيح يدعو إلى تغيير القلوب، وليس لتغيير القوانين أو المؤسسات. كما أنه تطرق إلى مسألة النظام أو المشاكل الأخلاقية و السياسية للحروب و مجامع كهنة اسرائيل و تفشى الرشوة و غياب العدالة فى المجتمع . الإنجيل يعتني بشكل كبير بإزالة الصورة المتعلقة بالمسيح كقائد حربى لكنه . برغم التطور الروحي الذي تشهد به النصوص التوراتية وكل كلام القديسين، الفكرة القديمة عن المسيح كقائد حربى تبقى الأقوى في داخل المجتمع اليهودي: (المسيح سيأتي ليقوم أو يكمل مهمة سياسية) إقامة المملكة الدنيوية لإسرائيل إذا وفق ظروف الزمن، سيضع نهاية للاحتلال الروماني. ولكن هذه المهمة ليست المهمة التى كان السيد المسيح مكلف بها لكنه لم يتجاهل قضايا اليهود عندما عرضت علية و فى النهاية ظلمة اليهود و حوكم و صلب كسياسى معادى لقيصر يدعى أنه ملك اليهود .

قائمة المراجع

- الكتاب المقدس بعهدية .
- تاريخ اليهود يوسيفوس المؤرخ اليهودي
- السنكسار .
- صور عن الحياة الإجتماعية اليهودية في أيام المسيح بقلم : الفريد ايديرشيم
- مقالات من الانترنت الحوار في تعليم المسيح بحسب الأناجيل د. جورج عوض ابراهيم
- بحث عن لغة الخطاب السياسي المشكلة والحل تأليف الدكتور وليد عبدالحي جامعة اليرموك .
- تاريخ الفكر المسيحى تأليف الدكتور القس حنا جرجس الخضرى .
- عبقرية المسيح فى التاريخ و كشوف العصر الحديث بقلم عباس محمود العقاد
- الكتاب المقدس والحلول الاقتصادية تأليف : مايكل نبيل أخنوخ
- السياسيات ارسطو نقلة من الاصل اليونانى الى العربية الأنبا أوغسطيتس بربارة البوليسى - اللجنة الدولية لترجمة الروائع الأنسانية بيروت ١٩٥٧
- الدولة و الكنيسة الوثنية و المسيحية الجزء الثانى تاليف دكتور رأفت عبد الحميد
- بيزنطة بين الفكر و الدين و السياسة تأليف دكتور رأفت عبد الحميد
- الدين و السياسة فى مصر المعاصرة تأليف القمص سرجيوس
- الكنيسة و السياسة تأليف القمص باسيليوس اسحق
- شريعة الرحمن تأليف أ/ سعد الله ذكرى
- كتاب مجتمع يسوع تقاليده وعاداته دار المشرق بيروت ١٩٩٩ الأب سامى حلاق اليسوعى

الفهرس